中国低碳经济年度发展报告
（2015）

中国人民大学气候变化与低碳经济研究所 编著

石油工业出版社

内 容 提 要

本书梳理了2014年中国低碳经济发展面临的关键机遇与挑战，以及中国低碳经济顶层设计与各项工作的推进情况，总结了低碳经济的国内外研究情况，并综述了国内和国际的低碳经济指标体系研究进展。本书继续了低碳经济竞争力的数据积累与分析工作，对2014年国内和国际的低碳竞争力进行了排名与细致的比较分析，分别对低碳效率、低碳引导和低碳社会进行研究，重新审视各个低碳竞争力指标的内涵、外延，结合相关的实际经验，对中国的低碳效率、低碳引导和低碳社会现状进行分析，从而为中国的低碳经济发展提出对策建议，同时也改进了低碳经济竞争力评价指标体系。最后，本书又以福建省三明市、浙江省湖州市为案例，分析了低碳经济发展的地方经验，探索生态环境与经济增长相协调的低碳经济发展模式的实践之路。

本书可供低碳经济的研究、决策和实施者以及相关专业的师生参考使用。

图书在版编目（CIP）数据

中国低碳经济年度发展报告 . 2015 ／中国人民大学气候变化与低碳经济研究所编著 . — 北京：石油工业出版社，2018.9

ISBN 978-7-5183-2778-2

Ⅰ.①中… Ⅱ.①中… Ⅲ.①中国经济-低碳经济-经济发展-研究报告-2015 Ⅳ.①F124.5

中国版本图书馆 CIP 数据核字（2018）第 164195 号

出版发行：石油工业出版社
（北京安定门外安华里2区1号楼　100011）
网　　址：www.petropub.com
编辑部：（010）64523738
图书营销中心：（010）64523633
经　　销：全国新华书店
印　　刷：北京中石油彩色印刷有限责任公司

2018年9月第1版　2018年9月第1次印刷
787×1092毫米　开本：1/16　印张：14
字数：280千字

定价：79.00元
（如出现印装质量问题，我社图书营销中心负责调换）
版权所有，翻印必究

《中国低碳经济年度发展报告（2015）》编委会

主　任：程天权　山红红

副主任：杨　志　赵彦云　周　珂　齐家国（美国）
　　　　周　游　Constantin Holzer（奥地利）

主　编：郭兆晖

编　委：（排名不分先后）
　　　　赵俊豪　李英东　胡振雄　周钊宇
　　　　范　超　马玉琪　张建超

Preface 前言

中国经过2013年碳交易元年，迎来了低碳经济深入推进之年。2014年，中国加强与世界各国的合作与交流，参加联合国利马气候大会，再次明确了"共同但有区别的责任"原则。在各个领域积极采取措施，稳步推进低碳经济发展各项工作。积极加强低碳经济发展顶层设计，开展多层次、多领域试点与示范，努力建设统一的碳市场，促进产业和能源低碳转型，带动全社会广泛参与，加快低碳经济发展的步伐。

2014年，世界范围内碳定价机制继续迅猛发展，新型碳定价机制不断涌现，现有碳定价机制不断完善。在应对碳泄漏和气候减缓行动上，国际社会正逐步达成许多重要共识，国际合作水平进一步提升。面对世界范围内碳定价机制的蓬勃发展，中国也从自身实际出发，积极推进碳市场发展。2013年北京、广东、上海、深圳和天津开始正式启动区域碳市场，2014年重庆和湖北也相继加入。另外，中国在推进碳交易试点建设的同时，也积极地筹划建立覆盖全国范围的碳市场，为中国应对气候变化、建设美丽中国奠定了坚实基础。

低碳经济也已成为国内外经济研究的重要热点。2014年有上万篇国内外相关的学术研究。本书从这些研究中精选出国内外各几十篇优秀论文，综述当年学术研究的进展。这些研究从理论上阐述了低碳经济的相关概念与假说；从实证上分析了碳减排与降低碳强度的具体方法与模式；辨析了推进碳交易、碳税及碳金融的利弊得失；介绍了发展低碳经济的技术路径。这些学术研究也将为中国的低碳经济发展提供学理支撑。

当然，低碳经济不能只停留在学术研究、政治口号上，需要精确地定量评价，而这种评价本身就需要可持续的研究支持。本书使用中国人民大学气候变化与低碳经济研究所开发的中国省域低碳经济竞争力指标体系与低碳经济国际竞争力指标体系连续多年分别对中国各省（直辖市、自治区）及世界主要国家（地区）做了深入评析。在2014年度，中国各省的低碳经济竞争力排名榜又发生了变化：海南蝉联冠军，江西获得亚军，北京跃升季军。中国在低碳经济国际竞争力排名榜名落孙山，列在参评国家倒数第二。

在"GDP至上"的发展模式下,低碳经济的初期发展必然与地方政府的实际利益产生矛盾。而一些地区正在探索一种生态环境与经济增长相协调的低碳经济发展模式。本书以福建省三明市、浙江省湖州市为案例,分析了低碳经济发展的地方经验。三明与湖州两地都是东部发达地区中资源丰富但又相对欠发达的区域,而两地分别探索出了值得他地借鉴的低碳经济发展之路,实现各具特色的赶超式发展。本书最后分析了绿色矿山与蓝色硅谷的案例,两者共同谱写了一部低碳发展的"山海经"。

本书是《中国低碳经济年度发展报告》的第四个年度报告,是在杨志教授、赵彦云教授等人的艰辛思考与研究的基础上,对低碳经济研究的继续,前三份报告不仅界定了低碳经济研究的基本概念和思想,确定了科学的低碳经济竞争力评价指标体系,并利用国内统计年鉴、世界银行—世界发展指数数据库及瑞士洛桑国际管理发展学院的世界竞争力年度发展报告对国内和国际的低碳竞争力进行了排名与分析。在此基础上,本书将数据扩展到了2013年,将低碳发展情况更新到了2014年,并且围绕低碳经济竞争力评价指标体系,进行了深入的理论和案例研究。

本书的写作工作由郭兆晖主持,具体分工如下:第一部分由赵俊豪撰写;第二部分由李英东、胡振雄撰写;第三部分由周钊宇、赵俊豪撰写;第四部分由范超、马玉琪撰写;第五部分由郭兆晖、张建超撰写。

本书获得了国家社科基金青年项目生态文明竞争力评价指标体系研究及中央党校创新工程校级重点科研项目区域经济协调与绿色发展研究的资助。

感谢石油工业出版社的大力帮助!感谢本书参考文献中的众多作者!

目录 | Contents

第一部分　中国低碳经济发展概况

> 中国经过2013年碳交易元年，迎来了低碳经济深入推进之年。2014年，中国加强了与世界各国的合作与交流，参加了利马联合国气候变化大会（简称利马大会），再次明确了"共同但有区别的责任"原则。在各个领域积极采取措施，稳步推进低碳经济发展各项工作。积极加强低碳经济发展顶层设计，开展多层次、多领域试点与示范，努力建设统一的碳市场，促进产业和能源低碳转型，带动全社会广泛参与，加快低碳经济发展的步伐。

第一章　中国低碳经济发展的国际环境 ……………………………………… 3
第一节　中国加强与世界各国的合作交流 …………………………………… 3
　　一、中美低碳合作 ………………………………………………………………… 3
　　专栏　碳减排需要一诺千金 …………………………………………………… 5
　　二、中欧低碳合作 ………………………………………………………………… 6
　　三、中国与其他国家的低碳合作 ………………………………………………… 8
第二节　利马联合国气候变化大会 …………………………………………… 10
　　参考文献 ………………………………………………………………………… 12

第二章　中国低碳经济深入推进之年 ………………………………………… 13
第一节　2014年中国低碳经济发展整体回顾 ………………………………… 13
　　一、取得的成就和不足 ………………………………………………………… 13
　　二、低碳经济发展的展望 ……………………………………………………… 14
第二节　加强低碳经济的顶层设计 …………………………………………… 15
　　一、制定法律法规 ……………………………………………………………… 15
　　二、加强制度建设 ……………………………………………………………… 17
　　三、设立专门机构 ……………………………………………………………… 18
第三节　探索低碳经济基层试点 ……………………………………………… 18
　　一、推动全国碳交易统一市场 ………………………………………………… 19

  二、低碳省区和低碳城市试点 …………………………………………… 19
  三、开展低碳工业园区、社区、城（镇）试点 ………………………… 19
  四、推进其他领域低碳试点示范 ………………………………………… 20
 第四节 促进产业和能源低碳转型 ……………………………………………… 24
  一、调整产业结构 ………………………………………………………… 24
  二、节能与提高能效 ……………………………………………………… 24
  专栏 以第三次工业革命推动能源利用转变 …………………………… 26
  三、优化能源结构 ………………………………………………………… 28
  专栏 中国如何占据未来全球能源治理有利地位？ …………………… 29
  四、控制非能源活动温室气体排放 ……………………………………… 31
  五、开展低碳研究 ………………………………………………………… 31
 第五节 全社会广泛参与低碳实践 ……………………………………………… 32
  专栏 美丽中国始于绿色生活 …………………………………………… 33
 参考文献 ………………………………………………………………………… 35

第二部分 中国碳市场大发展年

> 2014年世界范围内碳定价机制继续迅猛发展，新型碳定价机制不断涌现，现有碳定价机制不断完善。在应对碳泄漏和气候减缓行动上，国际社会正逐步达成许多重要共识，国际合作水平进一步提升。面对世界范围内碳定价机制的蓬勃发展，中国也从自身实际出发，积极推进碳市场发展。2013年，北京、广东、上海、深圳和天津开始正式启动区域碳市场，2014年重庆和湖北也相继加入。另外，中国在推进碳交易试点建设的同时也积极地筹划建立覆盖全国范围的碳市场，为中国应对气候变化、建设美丽中国奠定了坚实基础。

第三章 国际碳定价机制发展状况与趋势 ……………………………………… 39
 第一节 世界上现有和新兴的碳定价机制 ……………………………………… 39
  一、全球碳定价机制概要、近期发展和新兴趋势 ……………………… 39
  二、国际层面的碳定价机制概况 ………………………………………… 41
  三、国家及地区层面的碳定价机制概况 ………………………………… 43
  四、公司内部的碳定价机制 ……………………………………………… 45
 第二节 碳定价机制与竞争的关系并防范碳泄漏 ……………………………… 45
  一、碳定价机制对竞争的积极作用 ……………………………………… 46

二、碳定价对竞争的消极作用 …………………………………… 47

　　三、如何评估碳泄漏风险 …………………………………………… 47

　　四、哪些公司面临碳泄漏风险 …………………………………… 48

　　五、如何规避碳泄漏风险 …………………………………………… 49

　第三节　碳定价机制是减缓气候变化国际合作的催化剂 …… 50

　　一、国际合作的激励 ………………………………………………… 50

　　二、国际合作的效益 ………………………………………………… 51

　参考文献 …………………………………………………………………… 52

第四章　中国碳市场发展状况与趋势 ……………………………… 53

　第一节　碳市场从愿景到实践 …………………………………… 53

　　一、碳市场的政策演进 …………………………………………… 53

　　二、各碳市场试点概况 …………………………………………… 54

　　专栏　试点碳市场悄然进入新一轮竞争 ………………………… 58

　第二节　碳市场体系的构建特点 ………………………………… 61

　　一、坚强有力的政策支撑 ………………………………………… 61

　　二、日趋完善的市场基本建设 …………………………………… 62

　　三、配额管理、配额分配及违约处罚 …………………………… 64

　　四、监督管理与可测量、可报告和可核实 ……………………… 65

　第三节　碳市场存在的问题 ……………………………………… 67

　　一、相关法律缺位 …………………………………………………… 67

　　二、市场规则、标准建设有待完善 ……………………………… 68

　　三、市场机制的作用尚未真正形成 ……………………………… 68

　　四、各交易市场分割严重 ………………………………………… 69

　　专栏　用市场之手撬动碳交易市场 ……………………………… 69

　　专栏　操纵碳市场的成本有多低？ ……………………………… 70

　第四节　发展碳市场的建议 ……………………………………… 72

　　一、立足国情，有序推进 ………………………………………… 73

　　二、突破立法瓶颈，健全法律体系 ……………………………… 73

　　三、完善市场机制，更好地发挥政府作用 ……………………… 73

　　四、促使地方性市场走向全国统一市场 ………………………… 74

　　专栏　用碳市场解"气候资金结" ………………………………… 74

　　专栏　从边干边学到全国碳交易市场的经济学逻辑 …………… 76

　参考文献 …………………………………………………………………… 77

第三部分　低碳经济学术研究进展

> 低碳经济成为国内外经济研究的重要热点。2014年有上万篇国内外相关的学术研究。本部分从这些研究中精选出国内外各几十篇优秀论文,综述当年学术研究的进展。这些研究从理论上阐述了低碳经济的相关概念与假说;从实证上分析了碳减排与降低碳强度的具体方法与模式;辨析了推进碳交易、碳税及碳金融的利弊得失;介绍了发展低碳经济的技术路径。这些学术研究也将为中国的低碳经济发展提供学理支撑。

第五章　国外低碳经济学术研究进展 ············ 81
第一节　碳减排相关的理论和实证进展 ············ 81
一、环境库兹涅茨曲线 ············ 81
二、碳泄漏问题 ············ 82
三、绿色悖论 ············ 83
四、污染天堂假说 ············ 83
五、碳足迹分析 ············ 84
六、碳排放的社会成本 ············ 85
第二节　低碳经济发展的市场机制与技术路径进展 ············ 86
一、碳税的征收标准及其收入分配效应 ············ 86
二、碳交易的制度设计与国际合作 ············ 87
三、以CCS为代表的低碳经济发展的技术路径进展 ············ 88
参考文献 ············ 89

第六章　国内低碳经济学术研究进展 ············ 96
第一节　低碳经济相关基本概念的研究 ············ 96
第二节　中国碳排放强度研究 ············ 96
一、中国碳排放强度的时空特征研究 ············ 96
二、碳排放影响因素分析 ············ 97
第三节　促进低碳经济发展的措施 ············ 98
一、适当提升碳价格 ············ 98
二、合理征收碳税 ············ 99
三、低碳工业发展模式 ············ 100
第四节　碳金融与碳交易研究 ············ 100

一、碳金融研究 ·· 100
　　二、碳交易研究 ·· 101
　参考文献 ··· 102

第四部分　低碳经济指标体系和竞争力分析

　　　低碳经济不能只停留在口号上，需要精确地定量评价，而这种评价本身就需要可持续的研究支持。本系列报告使用中国人民大学气候变化与低碳经济研究所开发的中国省域低碳经济竞争力指标体系与低碳经济国际竞争力指标体系连续多年分别对中国各省（直辖市、自治区）及世界主要国家（地区）进行了深入评析。在本年度，中国各省的低碳经济竞争力排名榜又发生了变化：海南蝉联冠军，江西获得亚军，北京跃升季军。中国在低碳经济国际竞争力排名榜上名落孙山，在参评国家中倒数第二。排名变动的成因且看下文分析。

第七章　中国省域低碳经济竞争力分析 ·· 107
　第一节　中国省域低碳经济竞争力评价体系的基本设计 ····································· 107
　　一、低碳效率指标体系 ·· 109
　　二、低碳引导指标体系 ·· 113
　　三、低碳社会指标体系 ·· 123
　第二节　2007—2014年全国省域低碳经济竞争力分析 ·· 129
　　一、低碳经济竞争力排名 ··· 129
　　二、低碳经济竞争力区域划分 ··· 132
　第三节　2014年中国高碳、中碳、低碳地区竞争力变动分析 ······························ 133
　　一、低碳地区竞争力分析 ··· 133
　　二、中碳地区竞争力分析 ··· 137
　　三、高碳地区竞争力分析 ··· 140
　参考文献 ··· 143

第八章　中国低碳经济国际竞争力分析 ·· 144
　第一节　低碳经济国际竞争力综合排名 ·· 144
　　一、低碳经济国际竞争力指标体系的基本设计 ··· 144
　　二、2014年全球低碳经济国际竞争力综合排名 ··· 145
　第二节　中国低碳经济国际竞争力综合水平评价 ··· 146
　　一、2014年中国低碳经济国际竞争力处于弱势地位 ·································· 146
　　二、2014年中国低碳经济国际竞争力排名较2009年有所下降 ····················· 147

三、中国低碳经济国际竞争力中各子竞争力提升乏力 …………… 149

第三节　2014年中国低碳经济国际竞争力变动分析 ………………… 150
　　一、低碳效率子竞争力分析 ……………………………………… 150
　　二、能耗效率子竞争力分析 ……………………………………… 155
　　三、低碳社会子竞争力分析 ……………………………………… 160
　　四、低碳引导子竞争力分析 ……………………………………… 165

第四节　低碳经济国际竞争力与国际综合竞争力比较 ………………… 169
　　一、WEF、IMD 全球竞争力与低碳经济国际竞争力排名比较 … 169
　　二、造成全球竞争力与低碳经济竞争力排名差异的因素 ……… 171
　　三、低碳经济国际竞争力与 WEF 竞争力排名比较分析 ……… 171
　　四、低碳经济国际竞争力与 IMD 国际竞争力排名比较分析 … 172
　　参考文献 …………………………………………………………… 173

第五部分　低碳经济发展案例

> 在"GDP 至上"的发展模式下，低碳经济的初期发展必然与地方政府的实际利益产生矛盾。而一些地区正在探索一种生态环境与经济增长协调的低碳经济发展模式。三明与湖州两地都是发达地区中资源丰富但又欠发达的区域，而两地分别探索出了值得他地借鉴的低碳经济发展之路，实现着各具特色的赶超式发展。绿色矿山与蓝色硅谷的案例共同谱写了一部低碳发展的"山海经"。

第九章　三明林业资源有偿使用和生态补偿制度改革 …………… 177
第一节　完善林权交易制度 ……………………………………………… 177
　　一、寻求相关法律法规政策依据 ………………………………… 178
　　二、调整交易服务平台的定位 …………………………………… 181
　　三、构建林权交易网络体系 ……………………………………… 182
　　四、探索公益林的有限流转制度 ………………………………… 183
　　五、探索林地经营权流转证发证制度 …………………………… 184
第二节　创新碳汇交易制度 ……………………………………………… 184
　　一、摸清碳资产家底 ……………………………………………… 185
　　二、确定排放配额总量 …………………………………………… 185
　　三、确定区域内碳"大户" ……………………………………… 186
　　四、政府与"大户"一起干中学 ………………………………… 186

五、尝试碳汇交易 ……………………………………………………… 187

　　六、创建碳汇交易试点 …………………………………………………… 189

　　七、引入社会资本参与碳汇建设 ………………………………………… 189

　第三节　健全林业生态补偿制度 …………………………………………… 190

　　一、提高补偿标准，实现动态增长 ……………………………………… 190

　　二、探索分类补偿，提高公平性 ………………………………………… 191

　　三、扩大补偿范围，辅助功能区建设 …………………………………… 191

　　四、创新补偿机制，增加补偿来源 ……………………………………… 192

　　五、建立激励机制，推动良性经营 ……………………………………… 193

第十章　湖州以创新推动绿色低碳转型　　194

　第一节　创新驱动绿色低碳技术升级 ……………………………………… 194

　　一、加强绿色低碳科技创新平台建设 …………………………………… 194

　　二、加大绿色低碳技术研发推广力度 …………………………………… 195

　　三、加快培养和引进绿色低碳领域科技人才 …………………………… 195

　第二节　创新驱动产业绿色低碳发展 ……………………………………… 196

　　一、"生态+"产业发展 ………………………………………………… 196

　　二、传统产业转型升级 …………………………………………………… 197

　　三、推动循环经济发展 …………………………………………………… 197

　第三节　创新驱动生态文明制度设计 ……………………………………… 198

　　一、建立自然资源产权制度 ……………………………………………… 198

　　二、健全生态补偿机制 …………………………………………………… 198

　　三、推动资源要素市场化配置机制 ……………………………………… 199

　专栏　湖州打造"绿色矿山" ……………………………………………… 200

　专栏　"蓝色硅谷"低碳创新融入海洋生态文明 ………………………… 208

第一部分
中国低碳经济发展概况

中国经过2013年碳交易元年,迎来了低碳经济深入推进之年。2014年,中国加强了与世界各国的合作与交流,参加了利马联合国气候变化大会(简称利马大会),再次明确了"共同但有区别的责任"原则。在各个领域积极采取措施,稳步推进低碳经济发展各项工作。积极加强低碳经济发展顶层设计,开展多层次、多领域试点与示范,努力建设统一的碳市场,促进产业和能源低碳转型,带动全社会广泛参与,加快低碳经济发展的步伐。

第一部分

中国地缘政治概况

第一章 中国低碳经济发展的国际环境

低碳经济在全球气候变暖的大环境中应运而生。为了遏制全球变暖，世界主要国家1992年达成《联合国气候变化框架公约》（United Nations Framework Convention on Climate Change，UNFCCC），1997年达成《京都议定书》，成为全球集体行动的重要制度基础。《京都议定书》指导全球气候治理的"京都模式"，确定了总体框架，强制要求温室气体减排，自上而下规定减排目标，采用发达国家和发展中国家二分法，以"共同但有区别的责任和各自能力"为原则，实际上发展中国家免责。"京都模式"规定强制减排与世界范围的发展中心主义存在冲突，发展中国家实际上免责的待遇也不断受到批评，因此这一安排遭受到以美国为代表的国家的消极对抗，陷入了困境。自从2009年哥本哈根气候大会后，"京都模式"已经名存实亡。

全球多边主义气候治理的路径遭遇到重大失败，却开启了全球气候治理体系多元化、多层化和复杂化的进程。在这种大背景下，探索的脚步从未停止。由以前温室气体强制减排，转变为推动经济低碳化，积极拥抱低碳经济浪潮，国际组织、国家、跨国公司等多元行为体在国际、国家、市场等多个层次上，在节能减排、碳捕捉与封存、金融市场等领域展开合作与探索，推动低碳经济向前发展。

进入2014年，中国广泛参与全球气候治理，在国际舞台扮演重要角色，加强与美国、欧盟及其他国家的合作交流，取得了显著的成果；参加利马联合国气候变化大会，再次明确了"共同但有区别的责任"原则。

第一节 中国加强与世界各国的合作交流

一、中美低碳合作

中国和美国分别是世界上第二大和第一大经济体，都是能源消费大国和温室气体排放大国，也分别是最大的发展中国家和发达国家。2014年，中国和美国的二氧化碳排放量、能耗、国内生产总值以及人口分别占全球总量的43%，40.8%，35.7%和23.4%。中国和美国的一举一动都会对全球经济、能源消费、应对全球气候变化产生举足轻重的影响。中美加强气候变化合作不仅有助于凝聚各方共识，增强政治互信，积极推动气候变化国际多边进程，还将促进全球绿色低碳转型，为全球应对气候变化做出重要贡献。

哥本哈根会议之后，各方对多边进程普遍缺乏信心，国际气候谈判进展缓慢，迫切需要新的政治推动力。2014年11月，中美两国元首在联合国利马气候变化大会前发布气候变化联合声明，共同宣布了2020年后各自应对气候变化的行动和目标。这些行动是向低碳经济转型长期努力的组成部分，并考虑到2℃全球温升目标。美国计划于2025年实现在2005年基础上减排26%~28%的全经济范围减排目标，并将努力减排28%。中国计划在2030年左右二氧化碳排放达到峰值且将努力早日达峰，并计划到2030年非化石能源占一次能源消费比重提高到20%左右。双方均计划继续努力，并随时间而提高力度。

中美低碳合作作为发展中国家和发达国家合作的一个组成部分，为推动国际气候变化多边进程做出了贡献。中国和美国按照公约缔约方华沙和利马会议的决议要求于2015年上半年分别向公约秘书处提交了"国家自主贡献"文件。两国雄心勃勃的目标将为实现2℃温控目标做出显著的贡献，为全球应对气候变化和低碳转型提供更强劲的动力，确定了公约进程发展的大局。美国根据公约关于发达国家为发展中国家提供资金支持的要求，于2014年承诺向绿色气候基金（GCF）注资30亿美元；中国作为最大的发展中国家，也宣布将扩大现有气候变化南南合作的规模，并将建立气候变化南南合作基金，进一步加大帮助发展中国家减缓和适应气候变化的力度，这也正在形成中美合作支持发展中国家应对气候变化的新格局。

中美两国在应对气候变化领域合作前景广阔，共同推动全球低碳转型，积极进行技术创新和务实合作，深化清洁能源合作，借助低碳绿色转型巩固和提高国际竞争力。

2013年4月，两国建立了中美气候变化工作组的工作框架，确定了载重汽车和其他汽车减排、智能电网、碳捕集利用和封存、温室气体数据收集和管理以及建筑和工业能效5个重点合作领域，邀请包括国家和地方政府部门、大学、民间团体和私营部门等在内的利益相关方在联合实施计划的指导下共同推进应对气候变化务实合作与行动。

2014年3月、4月和7月多次召开中美气候变化工作组会议，并多次接见美国特别顾问、代表，听取过去一年的工作汇报，并就合作领域和项目等问题进行了交流讨论，举行了成果签约仪式。7月举行了第6轮中美战略与经济对话气候变化问题特别联合会议，肯定了工作组一年来的工作，核准了工作组进展报告，并同意继续在工作组框架下，进一步深化协调与合作，全面落实两国元首共识，为中美新型大国关系注入新动力。

中美非常重视气候变化政策对话，在气候变化工作组框架下定期组织针对2020

年前和2020年后应对气候变化行动的强化政策对话，促进双方关于2020年后控制温室气体排放、气候变化国际谈判和实现各自气候行动目标的国内计划等问题的交流。这些活动有效地促进了双方在气候变化合作领域增信释疑、求同存异、保持合作的良好势头。

在气候变化工作组框架之外，两国也开展了卓有成效的合作与交流。国际高温气冷堆技术会议、中国清洁炉灶与燃料国际研讨会、中美能效论坛等会议吸引了来自美国的专家和企业，宣传推介包括政策信息发布、行业对接洽谈、企业专场推介、新闻发布等活动。

经过两国政府的积极努力，中美气候变化合作已经成为双边关系的新亮点。两国通过气候变化领域的对话与合作，充实了建立新型大国关系的基础，为中美在经贸、科技等其他领域加强合作创造了新的条件和机会。

专栏

碳减排需要一诺千金

2014年11月12日，中美双方在北京发布《中美气候变化联合声明》。

中国是世界上最大的发展中国家。在联合国框架的气候谈判中，根据"共同但有区别的原则"，中国一直没有绝对量碳减排的义务，但中国还是提出了相对量碳减排，即降低单位GDP二氧化碳排放（碳强度）的目标。而这份声明提出到2030年左右二氧化碳排放达到峰值，实际上是说中国在2030年左右之后要进行绝对量碳减排。这是中国向全球做出的又一个庄严承诺。

回顾中国碳减排的历史，中国每次做出的承诺都能转化为有约束力的政策，并付之于行动。

2009年9月22日，中国政府在联合国气候变化峰会承诺，争取到2020年单位GDP二氧化碳排放比2005年有显著下降；到2020年非化石能源占一次能源消费比重达到15%左右。

中国很快把这份承诺落实到具体政府工作中。2009年11月25日，国务院召开常务会议，决定到2020年中国单位GDP二氧化碳排放比2005年下降40%~45%；到2020年，中国非化石能源占一次能源消费的比重达到15%左右。2009年12月18日，中方代表团在哥本哈根气候大会上重申了中国的碳减排承诺。2011年3月，中国政府把低碳相关指标作为约束性指标写入"十二五"规划，规定"十二五"期间单位GDP二氧化碳排放要降低17%；2015年非化石能源消费占比要提高到11.4%。

从碳减排的实践来看，中国从 1990 年至 2005 年，单位 GDP 二氧化碳排放强度下降 46%。截至 2013 年底，中国碳强度比 2005 年下降 28.56%，相当于减少 25 亿吨二氧化碳排放；非化石能源占一次能源的比重已达到 9.8%。可以说，中国为全球应对气候变化做出了超过自身国际义务的努力。

反观美国碳减排的历史，2001 年乔治·布什就任总统后不久，就在当年 3 月宣布单方面退出《京都议定书》，导致《京都议定书》差点胎死腹中。布什明确表示："世界第二的温室气体排放国是中国，中国却被排除在《京都议定书》的限制之外。这是一个需要全世界付出 100%努力的问题。美国政府一贯乐于在有关气候变化的事务中担任领导角色，但不愿意被需要承担义务的这一有缺陷的条约所束缚。我们现在的做法必须和降低大气中温室气体浓度这一长远目标相一致。"

由此可见，美国不仅不履行自身碳减排的国际义务，还把"脏水"泼向中国，而且美国所谓的"降低大气中温室气体浓度这一长远目标"迟迟没有出台具体的减排数字。

直到 2009 年 11 月 25 日，美国承诺 2020 年前实现温室气体排放量在 2005 年基础上减少 17%，奥巴马总统在哥本哈根会议上确认了这个减排数字。但是，这只相当于在联合国协定的基准年份（1990 年）基础上减少 3%~4%。而根据《京都议定书》，美国到 2012 年就要在 1990 年基础上减少 7%。尽管承诺的减排量被大幅缩减，但是时至今日 17%的碳减排目标还没有获得美国立法通过。

从实践上看，2014 年美国环保局公布了向《联合国气候变化框架公约》提交的国家排放清单，2005—2012 年，美国的温室气体排放量下降了近 10%。对于美国承诺的 2020 年减排目标而言，已经实现过半。但要注意的是，全球经济危机导致的被动减排"助推"了美国的减排事业。

《中美气候变化联合声明》公布两天后，国家发展和改革委员会（以下简称国家发改委）副主任解振华就在国家发改委举行的新闻发布会上表示，中方"确定 2020 年之后的目标，要在未来的 5 年计划当中真正加以落实，所以这些目标也是要经过全国人大审议批准的，一旦批准之后是有约束力的"。不知美国的"口头"承诺何时能通过立法程序，真正实现一诺千金。

（来源：郭兆晖. 碳减排需要一诺千金[N]. 中国石油报，2014-12-09.）

二、中欧低碳合作

中国和欧盟是全球气候治理的关键参加者，中欧合作对于全球气候治理具有举足轻重的作用。

通过中欧峰会为双方应对气候变化合作进行战略规划。自 2002 年第 5 次中欧峰会开始，气候变化问题开始成为中欧领导人会晤的重要议题。第 8 次中欧领导人会晤期间，2005 年 9 月，中国与欧盟发表《中欧气候变化联合宣言》，建立了中欧气候合作伙伴关系。根据宣言，中欧以 UNFCCC 和《京都议定书》的目标和原则作为合作基础，将加强气候变化的合作与对话；将在低碳技术的开发、应用和转让方面加强合作；共同改进经济能源强度，促进可持续发展。2006 年 10 月，中欧达成中欧气候变化伙伴关系滚动工作计划。双方合作框架采取以下形式：一是中欧峰会；二是双边磋商机制，双方同意就中欧在能源、经济发展与温室气体排放的相互关系等方面进行合作。在 2013 年中欧峰会上中欧共同制定的《中欧合作 2020 战略规划》中，决定加强协调与合作，致力于在国际贸易与投资、金融、环境、气候变化等重点领域制定公正、合理、有效的规则。双方将实现创新、包容和可持续发展视作中欧共同面临的任务，主张国际社会应采取积极措施，应对气候变化、保护环境。

2010 年 4 月，在北京举行中欧气候变化部长级磋商，并发表了《中欧气候变化对话与合作联合声明》，由此形成了中欧气候变化部长级对话与合作机制。在"中欧气候变化伙伴关系"和《中欧气候变化联合宣言》的基础上，按照 2009 年中欧峰会达成的关于加强中欧在气候变化领域协调与合作的共识，进一步加强政策对话和合作。声明同意建立部长级定期气候变化对话机制，并建立部长级气候变化热线，辅以高官级的磋商和工作层级的讨论，就气候变化国际谈判中的关键问题、各自国内政策和措施以及气候变化具体合作项目的开发和实施等问题交换意见。此前，由中国环境保护部部长和欧盟委员会环境委员组成的中欧环境政策部长对话机制早在 2003 年就启动了，主要目的是为中欧环境合作提供政策对话和信息交流平台，促进中欧双方在环境领域的沟通和了解。

在以上建立的框架下，中国在 2014 年 5 月召开了中欧气候变化双边磋商会议，在 4 月召开了与英国、在 9 月召开了与德国（第五次工作组会议）等欧盟成员方的气候变化工作组的双边会议，推动有关的框架协议签署及项目合作。6 月于伦敦发表《中英气候变化联合声明》。《中英气候变化联合声明》称，中英两国均已采取切实行动实施了控制或减少排放、推动低碳发展的政策，欢迎双方已有的在低碳合作方面的紧密关系，这也将巩固我们的国际努力。双方同意，通过中英气候变化工作组加强双边政策对话和务实合作。

中欧在应对气候变化的问题上，广泛开展应对气候变化的项目合作，建立了中国与欧盟、中国与欧盟成员方、欧盟与中国地方政府等多层次的项目合作机制。例如，中欧清洁发展机制（Clean Development Mechanism，CDM）促进项目、中欧煤炭利用近零排放合作项目及中欧能源环境项目。2014 年 4 月，在北京召开 CDM 基金 2013 年度赠款项目工作部署会，就2013年度赠款项目合同签署和执行相关工作进行了具体部署。2014年5月，中国与欧盟正式启动全新的碳交易合作项目。欧方专家将与中国7个碳交易试点城市的专家和政策制定者分享欧盟碳交易领域的经验，并为中国建立国家层面的碳交易体系提供支持，包括支持一些关键系统"模块"的设计，如设立碳排放上限、配额的发放、建立关键的市场架构以及设立监督、报告、核查与认证体系等。

中欧在国际气候谈判中曾共同采取行动促成了《京都议定书》的签署和生效。在推动后京都进程方面，中欧也进行了沟通与合作。欧盟努力促成2015年巴黎气候大会。2014年12月召开第4届中欧论坛，以应对气候变化、反思发展模式、共建公民伦理为主题，以期对2014年联合国利马气候变化大会和2015年联合国巴黎气候变化大会有所助益。

中国与欧盟在应对气候变化上既有合作，也有分歧，在资金和技术转让方面，中国认为发达国家应向发展中国家提供资金和技术，而欧盟强调知识产权的保护。中国希望在遵守UNFCCC所确立的共同但有区别原则、公平原则和各自能力原则基础上达成2020年后加强应对气候变化的国际协议。欧盟认同共同但有区别原则和各自能力原则，但认为强制减排国家和无减排义务国家的区分不能建立在1992年的收入水平上。中欧在应对气候变化问题上的进一步合作前景令人乐观，未来在双边层面中欧应对气候变化合作会不断得到加强，在多边层面会加强协调，在全球气候治理体系会加强合作，充实中欧全面战略伙伴关系的内涵，为建立公平、合理和共赢的2020年后全球应对气候变化机制做出积极贡献。

三、中国与其他国家的低碳合作

中国与其他国家通过各种机制开展低碳合作。政府间气候变化专门委员会（Intergovernmental Panel on Climate Change，IPCC）是牵头评估气候变化的国际组织。它是由联合国环境规划署（United Nations Environment Programme，UNEP）和世界气象组织（World Meteorological Organization，WMO）于1988年建立的，作为一个科学机构，来自世界各地的数千名科学家自愿以作者、撰稿作者和评审人员的身份参加IPCC的工作，负责评审和评估全世界产生的有关认知气候变化方面的最新科学技术和社会经济文献。在此之前，IPCC发布的4次评估报告，有力推动了《联合国气候变化框架公约》《京都议定书》等的诞生和签署，成为国际社会建立应对气候变化制度、采取应对气候变化行动最重要的科学基础，成为国际社会对气候变化科学认识方面权威和主流的共识性文件，极大地推动了国际社会应对气候变化行动的进程。

2014年，IPCC开展了《第5次评估报告》的编写工作，IPCC第5次评估报告编写工作于2008年正式启动，共有800多名科学家作为主要作者参与，历时近6年时间。该报告包括有关自然科学基础，影响、适应和脆弱性以及减缓气候变化 3 份报告，分别由 IPCC 的 3 个工作组编写，此外还有一份综合报告。第一工作组的报告已于 2013 年 9 月获得接受和批准。第二工作组和第三工作组的报告分别于 2014 年 3 月（横滨）和 4 月（柏林）获得接受和批准，而综合报告于 2014 年 11 月（哥本哈根）获得批准和通过，综合报告的核心结论是：人类对气候系统的影响是明显的；人类对气候的干扰越大，面临的风险就越高；人类可以采取措施限制气候变化，建立一个更加繁荣、可持续发展的未来。此次报告中，中国作者数量明显增加，中国科学家的著作在报告中的贡献比例也比之前明显提高。中国十分重视这份报告，2014 年 5 月、11 月多次召开评估报告的宣讲会。

亚太经合组织（Asia-Pacific Economic Cooperation，APEC）是亚太地区层级最高、领域最广、最具影响力的经济合作机制。1989 年 11 月，在澳大利亚首都堪培拉举行 APEC 首届部长级会议，标志 APEC 正式成立。有 5 个层次的运作机制，领导人非正式会议、部长级会议、高官会、委员会和工作组及秘书处。APEC 近年来在应对气候变化、可持续发展、能源安全等领域开展广泛合作，2007 年（悉尼）、2009 年（新加坡）、2011 年（夏威夷）和 2013 年（巴厘岛）领导人非正式会议都涉及相关议题。2014 年 11 月（北京）会议期间，习近平和奥巴马还发布了《中美气候变化联合声明》。同年 9 月还召开了主题为"携手通向未来的亚太可持续能源发展之路"的能源部长会议。会议通过的《2014 年亚太经合组织能源部长会议北京宣言》明确，21 个成员方将共同致力于构建亚太能源安全新体系，承诺 2030 年 APEC 地区可再生能源发电量在地区能源结构中的比重比 2010 年翻一番，同时就加强能源安全、促进亚太地区能源投资和贸易、提高能源效率和发展可持续社区、促进清洁能源资源开发和化石能源的清洁化利用等议题达成了一系列共识。此外，2014 年 10 月还组织了气候研讨会，研讨全球极端气候和水文灾害的应对方法。

气候谈判往往通过集团进行，立场相近发展中国家集团（Like-minded Developing Countries，LMDC）是由 33 个发展中国家组成的集团，成员有中国、印度和诸多石油出口大国（如沙特阿拉伯）等。基础四国（中国、印度、南非和巴西，这 4 个国家的英文首字母合为英文单词 BASIC，即基础）是由巴西、南非、印度和中国四大发展中国家组成的集团，以应对不断增加的外界压力。集团内部成员之间磋商协调，共同推动气候变化谈判进程。2014 年 9 月，立场相近发展中国家集团气候变化谈判协调会代表来北京研讨，受到张高丽的接见。基础四国气候变化部长级会议在 2014 年 2 月（印度）、8 月（印度）、10 月（南非）等多次举行，四国就联合国气候变化利马会议成果、2015 年国际气候协议、提高 2020 年前行动力度、联合国气候峰会等问题深入交换意见，取得广泛共识。2014 年 8 月会议后，还发表了联合声明。

南南合作在帮助发展中国家应对气候变化方面发挥了独特作用。应对气候变化日益成为中国与发展中国家合作的优先和重点领域，知识与经验分享、技术转移、技术和制度层面的能力建设以及共享分析数据是发展中国家气候合作的关键领域。在2012年6月举行的联合国可持续发展大会上，国务院总理温家宝宣布，中国政府将拨款2亿元人民币（约合每年1000万美元）开展为期3年的气候变化南南合作，支持和帮助非洲国家、最不发达国家和小岛屿国家等应对气候变化。2014年9月，张高丽在联合国气候峰会上表示，从2015年开始在现有基础上把每年的资金支持翻一番，建立气候变化南南合作基金。中国2014年6月、9月和10月多次举办应对气候变化的科技、政策研讨会，还为发展中国家学员开办与气候变化相关的培训班，帮助发展中国家共同应对气候变化。

此外，中国还与其他国家建立了联系与合作，并通过联合国开发计划署、环境规划署、亚洲开发银行以及各基金会等国际组织和非政府机构，积极参与世界应对气候变化和绿色发展的议题和项目。例如，2014年10月与新加坡合作开展中国—新加坡天津生态城重大项目，3月与印度合作编制《2014年中印低碳研究报告》。

第二节　利马联合国气候变化大会

UNFCCC是1992年5月在联合国纽约总部通过的，同年6月在巴西里约热内卢举行的联合国环境与发展大会期间正式开放签署，并于1994年3月21日生效。从1995年开始，每年举行一次UNFCCC缔约方大会，简称"联合国气候变化大会"。

1997年12月，第3次缔约方大会在日本京都举行，会议通过了《京都议定书》，对2012年前主要发达国家减排温室气体的种类、减排时间表和额度等做出了具体规定。《京都议定书》于2005年开始生效。根据这份议定书，2008—2012年，主要工业发达国家的温室气体排放量要在1990年的基础上平均减少5.2%，其中欧盟将6种温室气体的排放量削减8%，美国削减7%，日本削减6%。

2012年，在卡塔尔多哈举行的第18次缔约方会议通过了《京都议定书》第二承诺期修正案，为相关发达国家设定了2013—2020年的温室气体量化减排指标。欧盟、澳大利亚等宣布加入第二承诺期，日本、加拿大等宣布不加入第二承诺期。

2013年11月，第19次缔约方会议暨《京都议定书》第9次缔约方会议在波兰首都华沙举行。大会主要有3个成果：一是德班增强行动平台基本体现"共同但有区别的原则"；二是发达国家再次承认应出资支持发展中国家应对气候变化；三是就损失损害补偿机制问题达成初步协议，同意开启有关谈判。然而，3个议题的实质性争议都没有解决。

2014年12月,第19次缔约方会议在秘鲁首都利马举行,会议为期两周,来自194个国家、利益相关方的国际组织、民间社团、私营部门和一些大众媒体约15000人,出席了此次大会。利马联合国气候变化大会是UNFCCC第20次缔约方会议暨《京都议定书》第10次缔约方会议,主要目标之一是为预计2015年底达成的新协议确定若干要素,并力争就碳排放量达成一个全球性的协议,继而于2015年在巴黎联合国气候变化大会上正式签署,并将于2020年正式生效。大会最终通过了《利马气候行动倡议》等一系列决定,但也遗留了一些重要问题。会议期间,中国代表团积极建设性地参与谈判,促进各方凝聚共识,做出了应有的贡献。

利马大会就2015年巴黎大会协议草案的要素基本达成一致意见,为各方2015年进一步起草并提出协议草案奠定了基础。这些要素涉及减缓和适应气候变化、资金支持、技术转让、能力建设等方面。

利马大会第一次将适应气候变化提升到与减缓同等的高度,适应气候变化是应对气候变化的逻辑起点和重要组成部分,全球气候系统的改变给人类生产和生活带来严峻而又深远的影响,极端天气和气候事件严重破坏基础设施,威胁粮食安全,全球平均气温的上升给能源和水资源的供应及分配带来负面影响,破坏生态系统的平衡,也给人类身体健康和稳定生活带来冲击。

利马大会深化了在华沙达成的"关于和气候变化相关的灾害与损失"的国际机制。由发达国家和发展中国家的专家组成的工作组将完善对于气候变化影响的量化评估,并提出管理气候风险的政策建议,这些工作将对国际社会进一步理解气候变化的影响和适应气候变化的成本及责任分摊起到推动作用,也为2015年巴黎大会关于2020年后全球协议的达成做出贡献。

利马大会还就继续推动德班平台谈判达成共识,进一步明确并强化2015年的巴黎协议在UNFCCC下,遵循"共同但有区别的责任原则"的基本政治共识,初步明确了各方2020年后"国家自主减排贡献"(Intended Nationally Determined Contributions,INDC)所涉及的信息。

在关于预期INDC方面,各国就贡献的要素、时间尺度、评估与审议等问题进行了磋商,形成了一定的共识。大会基本形成了2020年后适用于所有国家、具有法律约束力的全球协议应该平衡减缓、适应、资金、技术及能力建设等问题的共识,进一步明确了在21世纪末将全球升温控制在2℃作为国际社会应对气候变化的总目标,各大国将于2015年3月前提交自己的减排目标,其他各国不迟于6月。但各国的减排目标,不会有严格的国际审查。联合国将在11月1日前,根据各国的减排目标,计算出"总减排量",为2015年12月的巴黎会议做好准备。

除欧盟、中国和美国在利马大会前宣布了各自的行动目标外,本次气候大会上德国等国家也宣布了自己的减排目标，巴西、印度尼西亚等国家重点就森林保护和减少毁林与森林退化所带来的排放宣布了自己的目标，许多国家将提升清洁能源使用比例作为应对气候变化主要目标做出了承诺。截至利马大会结束，包括中国在内的21个国家批准了关于《京都议定书》第二承诺期的多哈修订案，这为国际社会2020年前行动提供了法制保障。

最后，大会还促成绿色气候基金捐资承诺已超预期，达到102亿美元，旨在帮助发展中国家适应气候变化，这次捐资是增进各方信任的"首付款"，预期2020年将达到1000亿美元。除美国、日本等国家在利马会议前宣布对绿色气候基金注资外，本次会议上德国、比利时、西班牙、奥地利、澳大利亚、挪威等发达国家也做出了资金安排；一些发展中国家，如韩国、墨西哥、秘鲁、哥伦比亚等也做出了注资承诺，而中国等国家则通过加强南南合作的方式来体现应对气候变化领域的大国责任。

但是，最终决议力度与各方预期尚有差距，发达国家与发展中国家在一些重大原则和机制问题上存在分歧，没有确定下来，留待未来解决。对于是否继续按照《联合国气候变化框架公约》那样把所有参与方划分为"附件一缔约方"和"非附件一缔约方"，新的气候变化协议是否具有法律约束力，都没有提及；草案的所有要素形式明确了下来，但内容都未确定。重申了"华沙损失与损害国际机制"的重要性，但没有引入；发达国家向发展中国家提供技术转让只是一些咨询和信息服务，而不是发展中国家希望的技术投资、碳市场机制条款加入进来，但具体哪些机制还不明确。

中国代表团积极建设性地参与谈判，促进各方凝聚共识，做出了应有的贡献。《中美气候变化联合声明》是丰富"共同但有区别的责任原则"内涵的重要源泉，中美的行动为新协议谈判注入了新的政治动力。中国政府在会上宣布，将支持建立"气候变化南南合作基金"，并承诺在2015年后将出资规模翻一番，受到各方一致好评。

利马大会是成功迈向2015年"新气候协议"的重要步骤，为2015年底的巴黎气候大会提供了清晰的路径。中国、美国和欧盟都宣布了自己的行动目标，其他国家不迟于2015年6月提交自定减排计划，表明其应对气候变化的决心和态度，掀起了全球应对气候变化的政治势头。

参 考 文 献

［1］国家发展和改革委员会．中国应对气候变化的政策与行动2014年度报告［R］．国家发展和改革委员会，2014．

［2］《中国低碳年鉴》编辑委员会．中国低碳年鉴2015［M］．北京：冶金工业出版社，2016．

第二章　中国低碳经济深入推进之年

中国在国际勇于做出表率，积极承担应对气候变化的责任，做出国家贡献的承诺，在国内则紧锣密鼓抓紧布局，低碳经济从无到有，取得了良好的开局。2014年是中国的低碳经济深入推进之年，绿色发展正在成为潮流，这一年中国确定了中期的目标，采取了积极措施争取尽快实现：加强顶层设计，制定法律法规和加强制度建设，法律法规体系越来越健全；低碳试点覆盖范围不断扩大，向着统一的碳市场方向发展；积极促进产业和能源低碳转型，节能减排取得实效，产业不断转型升级；调动全社会力量广泛参与到低碳实践，低碳意识的影响力也得到增强。

第一节　2014年中国低碳经济发展整体回顾

绿色低碳发展逐渐成为全球经济发展的方向和潮流，成为产业和科技竞争的关键领域。各国都在加快制定绿色低碳发展战略和政策。从国内看，改革开放以来，中国经济社会发展取得了举世瞩目的成就，但由于经济发展方式粗放，能源消费结构不合理，单位国内生产总值能耗水平偏高，资源环境瓶颈制约不断加剧。当前，中国仍处在工业化、城镇化进程中，加快推进绿色低碳发展，有效控制温室气体排放，已成为中国转变经济发展方式、大力推进生态文明建设的内在要求，是调整经济结构、推进新的产业革命的重大机遇，也是中国作为负责任大国的国际义务。

一、取得的成就和不足

2013年，中国度过了低碳经济发展的关键一年。这一年加强了顶层设计，大量中央和地方层面相关法律法规颁布；国家应对气候变化工作领导小组组成单位和人员进行调整，由国务院总理李克强任领导小组组长；初步形成了中国低碳发展的战略目标、基本思路、重点领域和主要任务等内容；颁布了循环经济发展战略及专项规划，细化了建设的中长期目标以及近期的具体指标，部署了实现循环发展的具体行动；起草完成了《国家应对气候变化规划（2014—2020年）》，提出中国到2020年前应对气候变化主要目标、重点任务及保障措施。稳步推进低碳经济发展各项工作。首先，在深圳启动碳交易，这一年成为碳交易元年。产业结构调整取得重大成果，第三产业增加值首次超过第二产业，能源低碳发展进入新阶段，2014年单位GDP二氧化碳排放同比下降了 6.1%。初步探索了一批具有特色的低碳发展模式，落实低碳实践，试点省市温室气体排放取得了显著高于全国平均降幅水平的成绩；中国在气候变化国际谈判中继续发挥积极建设性作用，推动华沙会议取得积极成果，广泛推进国际交流与合作，为应对全球气候变化做出了重要贡献。

进入 2014 年，离中国全面建成小康社会更近了一年。今后也是中国大力推进生态文明建设、转变经济发展方式、促进绿色低碳发展的重要战略机遇期，中国经济社会发展正步入一个新的历史时期。

2014 年，全国单位 GDP 能耗同比下降 4.8%，降幅比 2013 年的 3.7% 扩大 1.1 个百分点。"十二五"前 4 年，全国单位 GDP 能耗累计下降 13.4%，实现节能约 6.0 亿吨标准煤，相当于少排放二氧化碳 14 亿吨。全国非化石能源占一次能源消费比重达到 11.2%，同比增加 1.4 个百分点；非化石能源发电装机占全部发电装机总量的 32.6%，同比提高 1.7 个百分点。2014 年划定国家储备林 1500 万亩，全国共完成造林 8324 万亩、森林抚育 1.35 亿亩。

但是应充分认识到当前低碳发展的问题和不足。中国的低碳工作基础还相对薄弱，相关法律法规、体制机制、政策体系、标准规范还不健全，相关财税、投资、价格、金融等政策机制需要进一步创新，市场化机制需要进一步强化，统计核算等能力建设急需加强，绿色低碳技术研发和推广应用能力需要进一步提高，人才队伍建设相对滞后，全社会的低碳意识和环保素质亟待提高。

二、低碳经济发展的展望

在绿色低碳发展逐渐成为全球经济发展的方向和潮流的国际形势下，在积极应对气候变化成为国家重大战略和深入推进生态文明建设的国内形势下，要以此为契机，大幅降低碳排放强度，形成绿色低碳发展的倒逼机制，按照绿色低碳发展和控制温室气体排放行动目标的要求，统筹推进调整产业结构、优化能源结构、节能提高能效、增加碳汇等工作。

在低碳发展的实践中，应坚持国内和国际两个大局统筹考虑。从现实国情和需要出发，大力促进绿色低碳发展。积极建设性地参与国际合作应对气候变化进程，发挥负责任大国作用，有效维护中国正当发展权益，为应对全球气候变化做出积极的贡献。

坚持减缓和适应气候变化同步推动。积极控制温室气体排放，遏制排放过快增长的势头。加强气候变化系统观测、科学研究和影响评估，因地制宜采取有效的适应措施。坚持科技创新和制度创新相辅相成。

加强科技创新和推广应用，增强应对气候变化科技支撑能力。注重制度创新和政策设计，为应对气候变化提供有效的体制机制保障，充分发挥市场机制作用。

坚持政府引导和社会参与紧密结合。发挥政府在应对气候变化工作中的引导作用，形成有效的激励机制和良好的舆论氛围。充分发挥企业、公众和社会组织的作用，形成全社会积极应对气候变化的合力。

低碳发展的主要目标，从中期来看，按照"国家自主贡献"，中国将于2030年左右使二氧化碳排放达到峰值并争取尽早实现，2030年单位国内生产总值二氧化碳排放比2005年下降60%~65%，非化石能源占一次能源消费比重达到20%左右，森林蓄积量比2005年增加45亿立方米左右。从短期来看，按照《国家应对气候变化规划（2014—2020年）》，到2020年单位国内生产总值二氧化碳排放比2005年下降40%~45%，非化石能源占一次能源消费的比重达到15%左右，森林面积和蓄积量分别比2005年增加4000万公顷和13亿立方米。与此同时，低碳试点示范取得显著进展，能力建设取得重要成果，国际交流合作广泛开展，是实现主要目标的实施措施，也是低碳发展的题中应有之义。

第二节　加强低碳经济的顶层设计

2014年，党的十八届四中全会通过《中共中央关于全面推进依法治国若干重大问题的决定》，全国人大通过了新修订的《中华人民共和国环境保护法》（以下简称《环境保护法》），中国社会科学院（以下简称社科院）发布了《中华人民共和国气候变化应对法（建议稿）》，国务院和各部委发布了一系列重要规章和规划，指导低碳工作，完善了相关法规。还实行了低碳工作的制度，建立了低碳标准体系，加强了组织领导。

一、制定法律法规

（一）十八届四中全会要求建立生态文明法律制度

2014年10月，中国共产党十八届四中全会通过的《中共中央关于全面推进依法治国若干重大问题的决定》提出，用严格的法律制度保护生态环境，加快建立有效约束开发行为和促进绿色发展、循环发展、低碳发展的生态文明法律制度，强化生产者环境保护的法律责任，大幅度提高违法成本。

（二）"史上最严"的环保法律

2014年，全国人大常委会修改了《环境保护法》《中华人民共和国大气污染防治法》，完善严格监管所有污染物排放的环境保护管理制度，实行最严格的源头保护制度、损害赔偿制度和责任追究制度。4月24日，十二届全国人大常委会第八次会议审议通过了新修订的《环境保护法》，于 2015 年 1 月 1 日施行。新修订的《环境保护法》将"推进生态文明建设，促进经济社会可持续发展"列入立法目的，将保护环境确立为基本国策，将"保护优先"作为第一基本原则，将"生态红线"等首次写入法律，明确提出对违法排污企业实行按日连续计罚，罚款上不封顶。专家们认为，修订后的《环境保护法》将成为"史上最严"的环保法律，对于保护和改善环境、保障公众健康、推进生态文明建设、促进经济社会可持续发展，具有重要意义。

（三）千呼万唤始出来的气候变化立法

2014 年 3 月，由中国社会科学院法学研究所草拟的《中华人民共和国气候变化应对法（建议稿）》初稿在北京发布，并提交给国家发改委。这是中国专门以"应对气候变化"为主题的第一个系统的法律建议文本。正在尝试起草"气候变化应对法"或为这部法律的起草提供意见的研究机构还有清华大学环境资源能源法学研究中心、中国科学院科技政策与管理科学研究所、中国政法大学、中国民间气候变化行动网络 4 家。国家发改委应对气候变化司也要起草一份。7 月，国家发改委主持召开中国《中华人民共和国气候变化应对法》草案论证会。草案综合了中国科学院（以下简称中科院）、社科院和中国政法大学各自起草的专家建议稿，并在其基础上取众家之长编写而成。此前，2008 年社科院已经开始研究气候变化立法，2009 年全国人大常委会发布了一个关于气候变化的决定，开始考虑制定法律。2010 年 1 月，社科院正式启动该法案起草项目。2012 年 3 月，社科院将草案意见稿全文公布。

（四）完善相关规章

2014 年 12 月 10 日，国家发改委发布第 17 号令发布《碳排放权交易管理暂行办法》，自发布之日起 30 日后施行，包括总则、配额管理、排放交易、核查与配额清缴、监督管理、法律责任等方面，规范碳排放权交易市场的建设和运行，为推动建立全国碳市场奠定管理和规则基础，为推动全国性碳排放权交易市场建设起到重要的指导作用，发挥规划引领作用。2014 年 9 月，国家发改委发布《国家应对气候变化规划（2014—2020 年）》，大多数省（自治区、直辖市）发布了省级应对气候变化专项规划，推动将应对气候变化内容纳入国民经济发展规划。科学技术部（以下简称科技部）开展了《"十二五"国家应对气候变化科技发展专项规划》落实情况检查评估。中国民航局完成了《民航行业"十三五"节能减排与应对气候变化规划》的前期研究。

按照《中国低碳年鉴 2015》汇编的相关法律法规，统计了不同级别、不同类别的数量，见表 2-1。2014 年，中国颁布大量法律法规，中央层面以部门规章为主，具有一定的体系。正在尝试起草的《中华人民共和国气候变化应对法》弥补了低碳经济的综合性法的缺失，有着突破性的意义，但是距离通过仍需要一段时间，类似《低碳经济法》直接指导低碳经济的综合性法难见踪影。

表 2-1 2014 年发布的低碳相关的主要法律法规情况

级别	数量
全国法律规章	5①
地方法律规章	5
中央政策文件	10
部门政策文件	38
规划方案	5

①其中,《中华人民共和国应对气候变化法》以初稿形式公布。

二、加强制度建设

(一) 推进碳排放总量控制及其分解落实

2014 年 12 月,国家发改委印发了《关于逐步建立全国碳排放总量控制制度和分解落实机制的通知》,明确提出建立全国碳排放总量控制制度和分解落实机制的总体部署及要求。此前,2013 年 8 月 15 日,国家发改委印发了《单位国内生产总值二氧化碳排放降低目标责任考核评估办法》,进一步将国内生产总值二氧化碳排放降低指标和完成情况,纳入各地区(行业)经济社会发展综合评价体系和干部政绩考核体系,大大推进了碳市场的发展。

(二) 推行低碳标准制度

2014 年 7 月 15 日,全国碳排放管理标准化技术委员会成立,该委员会主要负责碳排放管理术语、统计、监测,区域碳排放清单编制方法,企业、项目层面的碳排放核算与报告,低碳产品、碳捕获与碳储存等低碳技术与设备,碳中和与碳汇等领域国家标准制修订工作。广东、重庆等地积极推动低碳产品认证工作,选择有代表性的行业和产品类别,实施和推广低碳认证制度。中国低碳产品认证制度的建立工作于 2010 年 9 月启动,由国家发改委和国家认证认可监督管理委员会(以下简称国家认监委)共同组织实施,工信部、环境保护部等部委共同参与,中国质量认证中心牵头承担。2013 年 8 月,国家认监委发布第一批《低碳产品认证目录》公告。国家质量监督检验检疫总局(以下简称国家质检总局)、国家标准化管理委员会(以下简称国家标准委)制定完成电力生产企业温室气体排放核算与报告要求国家标准。国家铁路局制定《高速铁路设计规范》和《绿色铁路客站评价标准》,推进绿色铁路客站发展。国家林业局 2014 年发布《碳汇造林技术规程》和《造林项目碳汇计量监测指南》两项林业行业标准。

(三) 推进统计核算制度

自 2014 年以来,国家统计局先后印发了《应对气候变化统计指标体系》《应对气候变化部门统计报表制度（试行）》和《政府综合统计系统应对气候变化统计数据需求表》等文件，正式建立了应对气候变化统计报表制度。有序组织并推进了第三次气候变化国家信息通报、首次"两年更新报告"和温室气体清单编制工作。在对2005年和2010年省级温室气体清单进行评估和验收的基础上，国家发改委组织开展了两年份省级温室气体清单联审，确保清单质量。公布了化工、钢铁、电力等24个行业企业温室气体排放核算方法与报告指南，推进企业温室气体排放数据直报的制度设计和系统建设。地方积极开展企业温室气体排放核算和报告能力建设，组织企业逐步完成温室气体排放报告工作。

三、设立专门机构

早在2013年7月，国务院就对国家应对气候变化工作领导小组组成单位和人员进行了调整，由国务院总理李克强任领导小组组长，并增加了部分职能部门，全国各省、自治区、直辖市均成立了以政府行政首长为组长的应对气候变化领导机构。国家发改委成立了应对气候变化司，负责国家应对气候变化领导小组的协调联络办公室工作，相应的省、自治区、直辖市都成立了省区市一级的气候变化领导小组。这有利于积极发挥国家气候变化专家委员会决策咨询作用，为国家重大气候决策提供支撑。目前，中国已经初步建立了由国家应对气候变化领导小组统一领导、国家发改委归口管理、有关部门和地方分工负责应对气候变化管理体制和工作机制。

其他相关部委也相继成立了与低碳工作有关的机构。例如，交通运输部成立了部节能减排工作领导小组及部节能减排与应对气候变化工作办公室，住房和城乡建设部（以下简称住建部）成立了低碳生态城市建设领导小组，积极稳妥推进城镇化。

这期间陆续成立了一大批NGO组织，比较有代表性的中国低碳经济发展促进会隶属于国家发改委中国投资协会，是应对气候变化、促进低碳经济发展的国家级二级社团组织。中国低碳协会致力于绿色经济可持续发展，推动低碳技术创新，走绿色低碳发展道路，业务上接受国家发改委、环境保护部等部门业务指导。中国绿色碳汇基金会是首家以增汇减排、应对气候变化为主要目标的全国性公募基金会，业务主管单位是国家林业局，致力于推进以应对气候变化为目的的植树造林、森林经营、减少毁林及其他相关的增汇减排活动等。

第三节　探索低碳经济基层试点

2014年，中国推动碳交易试点向着统一市场而努力，深化国家低碳省区和低碳城市试点，扎实推进低碳工业园区、低碳社区、低碳城（镇）、绿色交通等试点，从不同层次、不同领域探索低碳发展路径和模式。

一、推动全国碳交易统一市场

碳交易即二氧化碳排放权交易，是在政府部门限定企业二氧化碳排放分配额基础上，多排放二氧化碳的企业从少排放的企业那里购买配额的一种交易。碳交易包括所有温室气体，不同温室气体最终全部折算成一定量的二氧化碳。通过排碳"有价"，倒逼企业节能减排，促进经济向低碳化转型。

中国碳交易试点均实施总量控制下的碳排放权交易，同时接受国内核证的自愿减排量（CCER）抵消碳信用。目前，中国的碳排放权交易所涉及的碳交易产品主要为：总量控制下的碳排放权配额和可用于抵消配额清缴的核证自愿减排量。2014年5月，国务院办公厅印发了《2014—2015年节能减排低碳发展行动方案》，要求推动碳排放权交易试点。2014年12月，经国务院同意，国家发改委发布了《碳排放权交易管理暂行办法》，包括总则、配额管理、排放交易、核查与配额清缴、监督管理、法律责任等方面，规范碳排放权交易市场的建设和运行，对于推动碳排放权交易试点和全国性市场建设起到重要指导作用。研究起草了《全国碳排放权交易管理条例》，建设并投入运行国家碳交易注册登记系统。据悉，中国将在2017年启动全国统一的碳市场，届时将迎来全新的发展机遇。

二、低碳省区和低碳城市试点

各低碳试点进一步强化峰值目标倒逼机制，完善温室气体排放数据统计和管理体系，建立控制温室气体排放目标责任制，构建低碳产业体系，积极倡导低碳绿色生活方式和消费模式，加强低碳发展保障能力和基础工作。

国家在2010年、2012年公布了两批42个试点省市名单，自此以后，有13个试点建立了低碳发展专项资金，36个试点建立起碳减排控制目标分解考核机制，试点省市均已明确提出峰值目标或正在研究提出峰值目标，其中大部分省市提出的峰值年份在2025年及2025年以前。2014年，排污权交易范围和试点名单都有所扩展。9月，国务院发布《国务院办公厅关于进一步推进排污权有偿使用和交易试点工作的指导意见》，推进在天津、河北、内蒙古等11个省（自治区、直辖市）开展的排污权试点工作。水利部提出将在宁夏、江西、湖北、内蒙古、河南、甘肃和广东7个省区开展水权试点。节能量交易也在多个地区试行。

三、开展低碳工业园区、社区、城（镇）试点

（1）开展国家低碳工业园区试点。2014年6月，工信部与国家发改委审核公布

了第一批55家国家低碳工业园区试点名单。2015年批复同意了39家低碳工业园区试点实施方案。各试点园区通过推广可再生能源，加快传统产业低碳化改造和新型低碳产业发展，实现园区单位工业增加值碳排放大幅下降。通过3年左右的时间，打造一批掌握低碳核心技术、具有先进低碳管理水平的低碳企业，探索适合中国国情的工业园区低碳管理模式，引导和带动工业低碳发展。

（2）开展低碳社区试点。2014年3月，国家发改委发出《关于开展低碳社区试点工作的通知》（发改气候〔2014〕489号），在全国范围内组织开展低碳社区试点工作，重点结合国家保障性住房建设、新型城镇化建设和社会主义新农村建设，打造一批符合不同区域特点、不同发展水平、特色鲜明的低碳社区试点。到"十二五"末，全国开展的低碳社区试点争取达到1000个左右，择优建设一批国家级低碳示范社区。本次低碳社区试点建设主要围绕低碳理念引领、低碳文化和低碳生活方式培育、低碳运营模式推行、绿色节能建筑推广、低碳基础设施建设、社区环境营造6个方面开展创建活动。

四、推进其他领域低碳试点示范

（1）增加森林碳汇。森林碳汇指的是自然界中碳的寄存体，从空气中清除二氧化碳的过程、活动和机制。随着《京都议定书》的发布，森林碳汇进入《京都议定书》规定的CDM，越来越受到关注。森林碳汇比起其他减排方式更加经济和高效，是优质的替代方式，有利于扩大中国未来的排碳权空间。森林碳汇项目虽处于发展初期，2014年国际碳市场中森林碳汇项目所占比例不足0.1%，总量很少，但是潜力巨大。中国拥有世界上最大的人工林，发展森林碳汇，有着天然的优势。2014年4月，国家林业局印发《关于推进林业碳汇交易工作的指导意见》（林造发〔2014〕55号），加快生态林业和民生林业建设，努力增加林业碳汇，积极推进林业碳汇交易，为实现2020年中国控制温室气体排放行动目标做出贡献。《关于推进林业碳汇交易工作的指导意见》提出了指导思想、基本原则、完善CDM林业碳汇项目交易、推进林业碳汇自愿交易、保障措施等内容。8月，广东长隆碳汇造林项目通过国家发改委的审核备案，是全国第一个可进入碳市场交易的中国林业温室气体自愿减排项目。10月，全国首个农户森林经营碳汇交易体系——《临安农户森林经营碳汇交易体系》在临安发布。正式启动新一轮退耕还林还草工程，2014—2015年累计安排退耕还林还草任务1500万亩、荒山荒地造林任务100万亩。积极推进国家储备林建设，2014年划定国家储备林1500万亩。2014年，全国共完成造林8324万亩、森林抚育1.35亿亩。

（2）推进碳捕集、利用与封存（Carbon Capture and Storage，CCS）示范。国家发改委和全球碳捕集与封存研究院合作主办"二氧化碳捕集技术、装备及产业发展现场研讨会"等活动。举办首届 CCS 技术与工程示范高级研修班。支持中国石油化工联合会、中国石油、神华集团联合实施开展了大规模一体 CCS 项目。环境保护部组织编制了《二氧化碳捕集、利用与封存环境风险评估技术指南（试行）》，提出了 CCS 示范项目的环境风险评估方法。国土资源部初步完成了 417 个盆地二氧化碳地质储存潜力与适应性评估，在内蒙古成功实施了中国首个二氧化碳地质储存示范工程。

（3）继续开展绿色交通试点示范。新增 17 个绿色交通城市 7 个绿色港口，69 个绿色交通装备项目。组织开展了水运行业应用液化天然气试点。

截至 2014 年底，全国低碳发展试点与示范名单见表 2-2。

表 2-2 全国低碳发展试点与示范名单（截至 2014 年底）

项目	公布时间	批准单位	相关文件	名单
第一批国家低碳省区低碳城市试点	2010 年 7 月 19 日	国家发改委	《国家发展改革委关于开展低碳省区和低碳城市试点工作的通知》	广东省、辽宁省、湖北省、陕西省、云南省、天津市、重庆市。 深圳市、厦门市、杭州市、南昌市、贵阳市、保定市
第二批国家低碳省区低碳城市试点	2012 年 11 月 26 日	国家发改委	《国家发展改革委印发关于开展第二批国家低碳省区和低碳城市试点工作的通知》	海南省、北京市、上海市。 石家庄市、秦皇岛市、晋城市、呼伦贝尔市、吉林市、大兴安岭地区、苏州市、淮安市、镇江市、宁波市、温州市、池州市、南平市、景德镇市、赣州市、青岛市、济源市、武汉市、广州市、桂林市、广元市、遵义市、昆明市、延安市、金昌市、乌鲁木齐市
碳排放权交易试点	2011 年 10 月 29 日	国家发改委	《国家发展改革委办公厅关于开展碳排放权交易试点工作的通知》	北京市、天津市、上海市、重庆市、广东省、湖北省、深圳市
国家低碳工业园区试点名单（第一批）	2014 年 6 月 29 日	工信部、国家发改委	《工业和信息化部发展改革委关于组织开展国家低碳工业园区试点工作的通知》	北京中关村永丰高新技术产业基地、北京采育经济开发区、天津滨海高新技术产业开发区华苑科技园、天津经济技术开发区、河北唐山国家高新技术产业开发区、山西太原高新技术产业开发区、内蒙古自治区乌海经济开发区、内蒙古自治区鄂托克经济开发区、内蒙古自治区赤峰红山经济开发区、辽宁沈阳经济技术开发区、辽宁大连经济技术开发区、吉林化学工业循环经济示范园区、吉林长春经济技术开发区、吉林延吉国家高新技术产业开发区、黑龙江齐齐哈尔高新技术产业开发区、黑龙江大庆高新技术产业开发区、上海化学工业区、上海金桥经济技术开发区、江苏宜兴

续表

项目	公布时间	批准单位	相关文件	名单
国家低碳工业园区试点名单（第一批）	2014年6月29日	工信部、国家发改委	《工业和信息化部发展改革委关于组织开展国家低碳工业园区试点工作的通知》	环保科技工业园、江苏苏州工业园区、江苏泰州医药高新技术产业开发区、浙江嘉兴秀洲工业园区、浙江杭州经济技术开发区、浙江温州经济技术开发区、浙江宁波经济技术开发区、安徽合肥经济技术开发区、安徽池州经济技术开发区、福建长泰经济开发区、江西新余国家高新技术产业开发区、江西南昌国家高新技术产业开发区、山东临沂经济技术开发区、山东日照经济技术开发区、山东青岛国家高新技术产业开发区、河南郑州高新技术产业开发区、河南洛阳国家高新技术产业开发区、湖北武汉青山经济开发区、湖北孝感高新技术产业开发区、湖北黄金山工业园区、湖南湘潭国家高新技术产业开发区、湖南岳阳绿色化工产业园、湖南益阳高新技术产业开发区、广东东莞松山湖高新技术产业开发区、广西壮族自治区南宁高新技术产业开发区、海南老城经济开发区、重庆璧山工业园区、重庆双桥工业园区、四川达州经济开发区、贵州贵阳国家高新技术产业开发区、贵州遵义经济技术开发区、陕西西安高新技术产业开发区、甘肃嘉峪关经济技术开发区、青海格尔木昆仑经济技术开发区（格尔木工业园）、青海西宁经济技术开发区甘河工业园区、宁夏回族自治区石嘴山高新技术产业开发区、新疆维吾尔自治区乌鲁木齐高新技术产业开发区（新市区）
绿色循环低碳交通运输省试点	2013年5月27日	交通运输部	《加快推进绿色循环低碳交通运输发展指导意见》	江苏省
交通运输部绿色循环低碳交通运输城市试点		交通运输部		北京、重庆、深圳、厦门、杭州、南昌、贵阳、保定、无锡、武汉、天津、邯郸、济源、鞍山、蚌埠、南平、烟台
交通运输部绿色循环低碳公路试点		交通运输部		广东广中江高速、云南麻昭高速、河南三淅高速、河北京港澳高速（京石段）、河北京港澳高速（石安段）、江苏宁宜高速公路、成渝高速、鹤大高速、昌樟高速、道安高速、花久高速、港珠澳大桥

续表

项目	公布时间	批准单位	相关文件	名单
交通运输部绿色循环低碳港口试点		交通运输部		天津港、青岛港、蛇口集装箱码头有限公司、广州港、大连港、福州港、日照港
全国试点示范绿色低碳重点小城镇	2011年9月26日	财政部、住建部、国家发改委	《关于开展第一批绿色低碳重点小城镇试点示范工作的通知》	北京市密云区古北口镇、天津市静海县大邱庄镇、江苏省苏州市常熟市海虞镇、安徽省合肥市肥西县三河镇、福建省厦门市集美区灌口镇、广东省佛山市南海区西樵镇、重庆市巴南区木洞镇
国家低碳生态城示范区试点	2012年7月	财政部、住建部		无锡太湖新城
国家低碳生态示范市试点	2011年1月31日	住建部		深圳市
全国林业碳汇交易试点	2011年11月	林业部	《国家林业局关于推进林业碳汇交易工作的指导意见》	浙江义乌
全国低碳旅游示范区试点	2012年9月16日	环境保护部、国家旅游局		安徽·黄山风景区、陕西·华山风景区、陕西曲江大雁塔·大唐芙蓉园、江苏水乡·周庄景区、江苏南京·夫子庙秦淮风光带、江苏古淮河文化生态景区、江苏常州·春秋淹城景区、江苏无锡太湖鼋头渚风景区、上海野生动物园、四川青城山·都江堰风景区、四川·九寨沟风景区、四川峨眉山、乐山大佛风景区、山西·平遥古城、山东威海·刘公岛风景区、广东深圳·观澜湖旅游度假区、河南·嵩山少林寺风景区、吉林·通榆向海风景区、黑龙江伊春·梅花河山庄度假村、宁夏·沙湖旅游区
国家低碳城（镇）试点	2015年8月	国家发改委	《国家发展改革委关于加快推进国家低碳城（镇）试点工作的通知》	广东深圳国际低碳城、广东珠海横琴新区、山东青岛中德生态园、江苏镇江官塘低碳新城、江苏无锡中瑞低碳生态城、云南昆明呈贡低碳新区、湖北武汉华山生态新城、福建三明生态新城

第四节　促进产业和能源低碳转型

一、调整产业结构

产业结构调整是节能减排的主要手段，解决产能过剩问题，推动传统产业改造升级。自2014年以来，国家发改委、工信部等有关部门印发了《重大环保技术装备与产品产业化工程实施方案》《关于部分产能严重过剩行业在建项目产能置换有关事项的通知》《2014年工业绿色发展专项行动实施方案》等以促进关键传统产业升级。2011—2014年，累计淘汰落后炼钢产能7700万吨、水泥6亿吨、平板玻璃1.5亿重量箱，提前一年完成"十二五"淘汰落后产能任务。

发展战略性新兴产业是中国的重要战略任务，大力培育发展战略性新兴产业成为支撑经济社会可持续发展的支柱性和先导性产业，有助于优化升级产业结构，提高发展质量和效益。服务业是节能减排的新领域，大力发展服务业也是一项重要举措。2014年8月，国务院印发了《关于加快发展生产性服务业促进产业结构调整升级的指导意见》，首次对生产性服务业发展做出全面部署，提出要加速软件和信息技术服务、工业设计、现代物流等生产型服务业发展。截至2014年底，全国信息消费规模达到2.8万亿元，增长18%；电子商务交易额达到12万亿元，增长20%；电信业、软件和信息技术服务业、互联网行业收入分别增长4%、20%和50%。服务贸易快速发展。经过各方努力，中国产业结构不断优化，截至2014年底，三次产业结构优化为9.2%:42.6%:48.2%，较2013年的10%:43.9%:46.1%有了明显改善，产业结构调整对碳强度下降目标完成的贡献度越来越大。

二、节能与提高能效

（1）强化节能管理及考核。2014年5月，国务院印发了《2014—2015年节能减排低碳发展行动方案》（以下简称《行动方案》），全面安排部署了2014年及2015年节能减排降碳工作。硬化节能减排降碳指标、量化任务、强化措施，对2014年、2015年节能减排降碳工作做出具体要求。《行动方案》提出了2014年、2015年节能减排降碳的具体目标：2014—2015年，单位GDP能耗、化学需氧量、二氧化硫、氨氮、氮氧化物排放量分别逐年下降3.9%、2%、2%、2%及5%以上，单位GDP二氧化碳排放量两年分别下降4%及3.5%以上。《行动方案》将今明两年能耗增量控制目标、燃煤锅炉淘汰任务、主要大气污染物减排工程任务、黄标车及老旧车辆淘汰任务分解落实到了各地区。同时，提出了重点任务分工及进度安排，将重点工作落实到国务院有关部门，并明确了时间要求。国家发改委发布了《进一步加大节能工作力度确保完成"十二五"节能目标任务的通知》，会同有关部门对全国 31 个省（自治区、直辖市）2013 年度节能和控制能源消费总量目标完成及措施落实情况进行了现场考核。开展项目节能评估审查，2014 年共完成节能评估审查项目 320 个，审查项目合计年综合能耗量约 2900 万吨标准煤，从源头核减不合理能源消费量约 150 万吨标准煤。

（2）加快实施节能重点工程。早在 2012 年国务院发布《节能减排"十二五"规划》时，就对有关领域、行业的节能减排提出了明确的任务和要求，侧重于重点行业和重点领域节能减排措施的细化及目标的量化。2014 年继续安排中央预算内资金支持节能项目，安排中央预算内资金 13 亿元，支持了 617 个节能技术改造及产业化项目和节能监察机构能力建设项目，可以实现节能 268 万吨标准煤。

（3）进一步完善节能标准标识。国家发改委、国家质检总局和国家标准委等全力推进实施"百项能效标准推进工程"。国家质检总局组织开展节能产品惠民工程相关产品能效标识专项执法检查行动。

（4）推广节能技术与产品。2014 年，国家发改委印发了《节能低碳技术推广管理暂行办法》《国家重点节能低碳技术推广目录（2014 年本）》，加快节能低碳技术进步和推广普及。继续实施节能产品惠民工程，发布第一批及第二批节能环保汽车推广目录和第六批高效节能电动机推广目录，以财政补贴方式推广节能灯 1 亿只。国家发改委印发了《能效"领跑者"制度实施方案》《"能效之星"产品目录》和《节能机电设备（产品）推荐目录》。

发展循环经济是中国的一项重大战略决策，加快转变经济发展方式，建设资源节约型、环境友好型社会，是促进节能的战略之举。国家发改委制订印发了《2015 年循环经济推进计划》，并推动循环经济示范试点，完善配套政策制度促进城市及产业废弃物的无害化处置、资源化利用，提升中国相关领域的技术装备水平。2014 年全年，中国累计回收各类再生资源 2.45 亿吨，与利用原生材料相比，相当于节能 2 亿吨煤。

节能减排的工作方针已经渗透到各个部门，2014 年着重在建筑、交通领域和公共机构推进节能。住建部修订《公共建筑节能设计标准》，全国城镇新建建筑全面执行节能强制性标准，积极发展绿色建筑，修订《绿色建筑评价标准》，制定发布《绿色商店建筑评价标准》，深入推动北方采暖地区既有居住建筑供热计量及节能改造，积极推进可再生能源建筑应用，通过建设可再生能源建筑应用示范市县等，为推动建筑产业化发展，住建部印发了《关于推进建筑业发展和改革的若干意见》。

（5）推进交通领域节能。2014 年，交通运输部印发了《2014 年交通运输行业节能减排工作要点》，发布《交通运输节能减排项目节能减排量和节能减排投资额核算细则（2014 年版）》。开展绿色循环低碳交通制度框架设计，发布绿色交通省份、城市、公路、港口评价指标体系。推进能耗监测试点工作，在北京、邯郸、济源、常州、南通、淮安 6 个城市开展交通运输能耗监测试点，组织开展公路水路运输企业能耗统计监测试点，全年共监测公路水路企业 125 家。严格实施道路运输车辆燃料消耗量限值标准，累计发布 31 批、3 万余个达标车型。发布《乘用车燃料消耗量限值》《重型商用车燃料消耗量限值》及《关于加快新能源汽车在交通运输行业推广应用的实施意见》等文件。

（6）推动公共机构节能。2014 年，国家机关事务管理局（以下简称国管局）、国家质检总局印发《关于切实加强公共机构能源资源计量工作有关事项的通知》，对《公共机构能源资源消费统计制度》进行修订，发布《公共机构节能节水技术产品参考目录（2015）》，印发《关于 2015 年公共机构节约能源资源工作安排的通知》。组织开展第二批节约型公共机构示范单位的创建及评价验收工作、中央国家机关节约能源资源考核工作及加强公共机构节能信息报送工作，推进"公共机构节能关键技术研发及示范"和"公共机构绿色节能关键技术研究及示范"项目。

经过各方努力，2014 年全国单位 GDP 能耗同比下降 4.8%，降幅比 2013 年的 3.7% 扩大 1.1 个百分点。"十二五"前 4 年，全国单位 GDP 能耗累计下降 13.4%，实现节能约 6.0 亿吨标准煤，相当于少排放二氧化碳 14 亿吨。

专栏

以第三次工业革命推动能源利用转变

中国经济在改革开放后不断发展，尤其是加入世界贸易组织（WTO）后，以廉价的劳动力与资源获得大量的国际市场需求，出口大幅上升，经济增长模式也相应转向出口导向型。2008 年的国际金融危机以及紧接着而来的欧洲债务危机，导致中国的外部需求急剧萎缩。中国政府通过 4 万亿元的投资刺激计划，大幅推动了中国企业的投资规模，经济增长方式也随之变为投资拉动型。目前的状况是，不但货币政策紧，财政政策也紧，加上出口不景气，导致中国经济很冷，一些企业的日子不好过。这些反映在数据上，即 GDP 增速走低，在过量投资导致产能过剩的情况下，企业利润大幅下滑。

此种情况下，中国的能源利用陷入一场方向截然相反的角力之中。中国蕴藏着丰富的煤炭、石油资源，这使中国更加倾向于依赖日渐式微的传统能源。可以说，中国在可再生能源方面的地位正如沙特阿拉伯在石油产业中的地位一样，而中国每平方米的新能源潜力要远高于世界上大多数其他国家。因此，这就需要中国尽快转变经济增长模式，促进以新能源为核心的第三次产业革命的发展，进而推动中国能源利用模式的大变革。

其中的关键点是，我们要转变传统的政府投资模式，把投资于单纯规模大、能效低的大项目的资金转移到第三次产业革命的基础设施上来。新能源结合互联网形成的能源互联网是第三次产业革命的基础设施，并且是大幅提升能源利用效率的产物。在能源互联网中，发电、输电、用电的效率都可以得到提高。

由于新能源的地理分布比较分散，而且形成能源互联网后，更加利于中小微企业的分散经营。随着第三次产业革命的深入，在能源互联网中，每个家庭、每个社区、每个企业都可以拥有自己的新能源电力设备，在满足自身需要的前提下，还可以出售电力给电网公司，在电力不足的情况下可以购买电力。

能源互联网促使竞争与合作并存。在竞争与合作中，企业的活力增强了，应变能力提高了。市场经济模式也不再是单纯追求利润的自利型的竞争关系，而是逐步向竞争与合作融合的方向发展。我们现在生存的是一个生态环境危机全球化的背景：一地污染，全球受灾。因此，各国企业也开始合作应对全球生态环境危机。

这一切导致了传统产业结构出现巨大变革——产业结构扁平化。消费者购买行为和购买体验的丰富使消费者需求偏好成为一个动态的变量。经济由供给方规模经济向需求方规模经济转变，买方市场正在形成，消费者的主导地位日益突出。企业将调动一切能够引致需求的技巧，致力于探索利基市场，从事差异化、多样性的小批量生产，从产品种类的"长尾"中挖掘新的市场。

2008年国际金融危机爆发之后，美国政府致力于推动制造业复兴计划。2010年，《美国制造业振兴法案》正式生效，其最终目的在于促使美国经济赢得后危机时代的国际竞争制高点，引领第三次产业革命。全球分工体系的确立、产业的升级具有不可逆性，美国制造业的复兴，并不是简单恢复与重建传统制造业，返回劳动密集型和资源要素性的增长模式，实质是以高新技术为依托，推动产业升级，新兴产业成为"再工业化"的主攻方向，以创造新的经济增长点。

中国不仅面临着发达国家"再造"制造业的巨大影响，还面临其他新兴市场国家与日俱增的挑战。2012年上半年，墨西哥占世界头号进口国美国制成品进口额的14.2%，而2005年这一数字仅为11%。令人意外的是，多年来在美国进口市场赢得大量份额的中国，却开始失去优势。石油价格的上涨使得产品从中国出口到美国市场的成本越来越高，这就让墨西哥的优势彻底体现出来。

中国制造业在面对这么多挑战的背景下，急需向以新能源和互联网为基础设施的第三次产业革命升级过渡，变革中国的能源利用模式。这样才能促进中国的产业发展与能源利用实现良性互动，摆脱制造业高能耗、高污染的窘境，真正在"天蓝、地绿、水净"的环境下实现"中国经济发展第二季"。

（来源：节选自郭兆晖. 以第三次工业革命推动能源利用转变［N］. 中国石油报，2013-12-03.）

三、优化能源结构

能源活动二氧化碳排放是中国温室气体的主要排放源，控制温室气体排放主要是抓好能源活动这个关键，控制总量、提高效率和清洁度是节能减排的重要方面。首先是严格控制能源消费总量。2014年11月，国务院印发了《能源发展战略行动计划（2014—2020年）》，明确提出2020年中国能源发展目标，实施煤炭消费减量替代，降低煤炭消费比重，京津冀鲁、长三角和珠三角等要削减区域煤炭消费总量。为贯彻落实《大气污染防治行动计划》，2014年12月，国家发改委会同有关部门印发了《重点地区煤炭消费减量替代管理暂行办法》，对北京市、天津市、河北省、山东省、上海市、江苏省、浙江省和广东省的珠三角地区提出煤炭消费减量替代工作目标及方案。

加强化石能源清洁化利用。为推进煤炭清洁高效利用，2014年9月，以国家发改委等六部门令印发《商品煤质量管理暂行办法》，提高煤炭质量和利用效率。2014年10月，国家发改委会同环境保护部、国家质检总局等印发《燃煤锅炉节能环保综合提升工程实施方案》，以保障燃煤锅炉安全经济运行、提高能效、减少污染物排放。为推动天然气利用步伐，2014年3月，国家能源局印发了《能源行业加强大气污染防治工作方案》，提出天然气增加供应的具体目标及任务。2014年4月，国家发改委印发了《关于建立保障天然气稳定供应长效机制的若干意见》，提出保障天然气长期稳定供应的任务及措施。2014年7月，国家能源局发布了《关于规范煤制油、煤制天然气产业科学有序发展的通知》，规范煤制油煤制气项目并提出了能源转化效率、能耗、二氧化碳排放等准入值。2014年11月，国家发改委会同有关部门发布了《天然气分布式能源示范项目实施细则》，进一步推动天然气分布式能源发展。2014年全年，天然气表观消费量为1845亿立方米，占一次能源消费比重接近6%。

2014年底，燃煤电厂装机量达到9.1亿千瓦，占装机总量67%，燃煤电厂排放了大气中90%的二氧化硫、67%氮氧化合物，是中国大气中温室气体和各种污染物的重要排放源。随着最严的《环境保护法》的实施，迫切要求火电机组实现升级改造，实现减排。9月，国家发改委、环境保护部、国家能源局联合印发了《煤电节能减排升级与改造行动计划（2014—2020年）》，提出2020年电煤超过煤炭消费比重60%，并对煤电机组供电煤耗提出明确要求。2014年，火电机组清洁化水平得到进一步提升，除热电联产外，新建煤电机组几乎全部采用60万千瓦及以上超超临界参数的大机组，30万千瓦及以上火电机组比例提高到75.1%，全国6000千瓦及以上火电机组供电标准煤耗319克/（千瓦·时），同比下降2克/（千瓦·时），煤电机组供电煤耗继续保持世界先进水平。

最后，推动非化石能源发展。随着天然气、水电等清洁能源开发利用力度的加大，中国的能源消耗总量虽然不断上升，但是非化石能源消费量在全部能源消费中的比例明显提高。2014年，国家发改委、国家能源局等先后发布了《关于完善抽水蓄能电站价格形成机制有关问题的通知》《关于进一步落实分布式光伏发电有关政策的通知》等政策文件，支撑可再生能源的发展。截至2014年底，全国非化石能源占一次能源消费比重达到11.2%，同比增加1.4个百分点；非化石能源发电装机占全部发电装机总量的32.6%，同比提高1.7个百分点，其中，水电、并网风电、并网太阳能和核电装机同比分别增长7.9%，25.9%，60.7%和37.0%。非化石能源发电量占全国发电总量的24.6%，同比提高2.3个百分点，其中，水电、风电、太阳能和核电发电量同比分别增长15.7%，10.1%，194.1%和19.5%。

专栏

中国如何占据未来全球能源治理有利地位？

"面对能源供需格局新变化、国际能源发展新趋势，保障国家能源安全，必须推动能源生产和消费革命。"这是习近平总书记在中央财经领导小组第六次会议上的一段讲话。

发展新能源产业，以实现可持续、包容性的经济增长和社会发展，是世界能源结构调整的大势所趋。在世界能源结构由以传统化石燃料为主向以新能源为主的转变过程中，中国只有积极投身这场能源生产和消费革命，充分发挥自身优势，才能在未来全球能源治理和利益格局中占据有利地位。

一方面，中国拥有极其丰富的风能和太阳能资源，国内待开采页岩气潜力大约是美国的两倍。与此同时，中国也是世界上最大的风力涡轮机和太阳能电池板生产国。另一方面，中国是世界上最大的二氧化碳排放国，2012年的总排放量达到99亿吨，主要原因在于排放大量二氧化碳的煤在中国能源消费中所占比例依然接近70%。

两利相权取其重，两害相权取其轻。在世界能源结构调整的大背景下，在中国自身面临严峻环境形势的现实中，对于新能源与传统能源之间的轻重抉择不难做出判断。不过，要通过发展新能源产业解决中国经济发展与环境保护的两难冲突，需要来自政治、经济、科技、教育、宣传等各方面的协同配合，是一项长期的系统工程，必须分清主次先后，稳步有序地推动中国能源结构的转型升级。

中国能源消费对煤炭发电的过分依赖，根源在于其交易价格长期受到扭曲。由于无法反映资源的稀缺性和消费对环境的破坏性，"便利、快捷"的传统发电方式将中国的能源消费引入了恶性循环。对此,在中国能源产业的发展中起主导作用的政府必须负起主要责任,有针对性地进行相关的制度改革,借助新体制、新机制的牵引作用带动全面有效的能源产业的转型升级。

长期以来,"以 GDP 论英雄"的干部考核体系在地方政府形成了思维定式,将"发展是硬道理"理解为单纯的 GDP 增长,因此,资源和资本密集型企业因高产值和高纳税额而受到特别青睐,其对环境的破坏却并未被追究问责。

2006 年起,中共中央组织部(以下简称中组部)开始采用新的干部考核体系,将污染物排放数量、万元 GDP 的消耗等加到经济发展的成本分析体系中,但地方官员在其提供的考核指标数据中存在造假行为,依然片面追求高增长。其动机很大程度上来源于无法匹配的事权与支出责任。中央政府直接收取的税收超过 40%,而地方政府负担了超过 80% 的支出责任,显然,尝试迅速截断企业污染源头的新干部考核体系并没有充分考虑到财政支出的流量依然在逐年增加。

因此,只有厘清中央和地方的事权与支出责任,才能真正帮助地方政府摆脱强调短期 GDP 增长的粗放型发展方式,转而探索建立经济发展与环境保护相互促进的可持续发展方式,通过制定切实合理的环境标准,实行科学的产业政策,推动新能源产业的发展。

党的十八届三中全会进一步明确了建立事权和支出责任相适应的制度,要求"部分社会保障、跨区域重大项目建设维护等作为中央和地方共同事权,逐步理顺事权关系;区域性公共服务作为地方事权"。现实中,新能源产业兼顾了经济增长与环境保护,既关系到地方的发展,也影响全面建设小康社会的大局,似乎变成了区域性与跨区域的交叉地带,为理顺中央和地方的事权关系增加了难度。对此,中央政府的顶层设计与地方政府间的积极配合及相互协作便显得尤为重要,"一亩三分地"的旧观念必须克服,互相推诿的工作态度更加要不得。

生产要素需要最终回归市场,只有在公开、透明的市场交易中,价格的调节机制才能充分发挥作用,优化能源配置,推动产业技术进步。2012 年,国务院发展研究中心及世界银行联合发布了《2030 年的中国》研究报告,对中国绿色经济发展部分列出了 6 项阻碍因素,前 4 项均需要通过市场机制解决,最后两项(政府部门协作、监管)实际也是为了更加有效地发挥市场机制的作用。因此,在推进政府体制机制改革的同时,必须尽早建立新能源交易平台。

完整的新能源交易平台至少应该包括新能源的现货交易市场和新能源的衍生品交易市场。其中,衍生品交易市场能够促进产品价格的形成,为新能源企业和个体生产者提供融资渠道,与现货交易市场相互促进、共同发展。目前,美国部分地区的 RPS（可再生能源标准）规范和 REC（可再生能源证书）市场是值得借鉴的推动新能源产业发展的方法。RPS 要求电力企业内可再生技术产生的发电量达到一定比例，如加利福尼亚州要求到 2020 年实现 33% 的比例；REC 市场则由于 RPS 的强制性而产生。REC 主要由新能源企业提供，电力企业可通过持有 REC 达到 RPS 的规范要求。同时，有组织和标准化的 REC 市场，减少了市场参与者的交易风险，这对尚处在起步阶段的新能源产业尤为重要。

在抢占全球能源治理格局技术和效益高地的过程中，中国必须充分发挥市场的力量，让价格杠杆调动企业家等参与者的创造力，不断提高能源绿色、低碳、智能化水平，加强生态环保的节能减排措施，走出一条清洁、高效、安全、可持续的能源发展之路。

（来源：节选自蔡思远，郭兆晖. 以价格杠杆激发企业创新力［N］. 中国石油报，2014-08-14.）

四、控制非能源活动温室气体排放

非能源活动温室气体是指非化石燃料燃烧等能源相关的温室气体排放，约占二氧化碳总排放量的 10%，占一氧化碳总排放量的 80% 以上，占氮氧化合物总排放量的一半左右。控制非能源活动温室气体排放是实现低碳发展的重要举措。

国家发改委会同外交部、财政部、环境保护部等有关部门，积极组织开展控制氢氟碳化物的重点行动，下发《关于组织开展氢氟碳化物处置相关工作的通知》，2014 年分两批下达了氢氟碳化物削减重大示范项目中央预算内投资计划，用于支持有关企业新建三氟甲烷（HFC-23）焚烧装置。

环境保护部制订《蒙特利尔议定书》下加速淘汰含氢氯氟烃的管理计划，积极参与国家三氟甲烷销毁处置的规则制定，并协助国家开展三氟甲烷销毁处置的核查工作，努力推动臭氧层保护与应对气候变化的协同增效；积极组织开展非二氧化碳类温室气体相关研究，依托中国环境与发展国际合作委员会平台开展"应对气候变化与大气污染治理协同控制政策研究"项目。

五、开展低碳研究

基础研究是科技发展的最重要基石，作为科技大国，中国很重视基础研究。2014 年以来，科技部、中国气象局等 16 个部门联合组织开展了第三次《气候变化国家评估报告》编制工作，系统总结中国气候变化科研最新成果。科技部通过国家科技支撑计划等渠道继续落实《"十二五"碳捕集利用与封存科技发展专项规划》任务部署，并联合工信部发布了《2014—2015年节能减排科技专项行动方案》，推动节能减排关键共性技术研发，先进适用技术推广应用，节能减排科技创新示范工程等。中国科学院持续开展"应对气候变化的碳收支认证及相关问题""低阶煤清洁高效梯级利用关键技术与示范"等战略性科技先导专项研究。国家发改委通过CDM基金支持有关部门和地方开展政策研究，提升能力建设。在国家科技支撑计划等渠道继续落实《"十二五"碳捕集利用与封存科技发展专项规划》的任务部署，形成燃烧前、燃烧后、富氧燃烧等捕集技术，驱油、驱气、化工利用、矿化利用、盐水层封存等利用与封存技术的研发与示范系统部署。指导"二氧化碳捕集、利用与封存产业技术创新联盟"加强了氧化CCS产学研合作与交流，以及同意大利等国家有关企业、机构开展国际合作。

加快推广应用。中国页岩气勘探开发取得重大突破，将在2017年建成中国首个百亿立方米页岩气田——涪陵页岩气田，标志着中国页岩气开发实现重大战略性突破，提前进入规模化、商业化发展阶段。在能源与资源领域，研发600兆瓦超临界循环流化床、±160千伏多端柔性直流输电示范工程、10兆瓦塔式太阳能热发电站等技术。在交通领域，研发插电式混合动力客车关键技术及系列化产品应用，新能源客车用同轴混联双电动机系统，高密度纯电驱动电动轿车用电动机及其控制器系列化产品，插电式混合电动汽车"秦"及插电式混合动力城市客车（TEG6129PEV）等技术。在建筑领域，研发建材装备与集成示范、城镇绿色节能建筑等技术。在钢铁、水泥、化工等材料领域，研发高炉出铁过程烟尘控制关键技术，钢铁工业烧结烟气中二氧化硫、氮氧化物及二噁英脱除技术等技术。在农业领域，重点开展畜禽废弃物高值化利用等关键技术研发。在消除雾霾方面，重点针对北京地区居民生活用小型燃煤炉污染控制、建筑施工等扬尘污染控制等，开展关键技术研发与应用示范。

第五节　全社会广泛参与低碳实践

2014年，气候变化越来越受到社会各界的关注，从政府到非政府组织、到企业、到公众，绿色、低碳发展理念逐步深入人心，全社会积极参与到低碳实践中。

政府积极引导低碳经济发展。国家发改委会同有关部门组织开展2014年"全国低碳日"和全国节能宣传周活动，举办第三届深圳国际低碳城论坛、生态文明贵阳国际论坛"全球低碳转型与绿色产业机会"分论坛、第一届中美气候智慧型/低碳城市峰会、低碳能源城市论坛等一系列活动，取得良好的宣传效果。交通运输部组织公交出行宣传周活动，公布交通运输行业首批30个绿色循环低碳示范项目。教育部在18所高校实施节能改造，开展"节水节电周"等主题活动，以"节能减排、绿色能源"

为主题组织大学生开展节能减排社会实践与科技竞赛。

非政府组织的踊跃参与,起到了推波助澜的作用。中国绿色碳汇基金会等机构联合举办"应对气候变化媒体课堂"活动,为媒体记者提供应对气候变化知识培训,并评选出2014年度"应对气候变化媒体课堂"优秀作品。中华环保联合会面向全国发起"守护蓝天碧水"的倡议活动。

企业是节能减排的主体,积极改造升级。中国电力投资集团公司(以下简称中电投集团)重点投资新能源板块,加快新能源基地建设,努力践行低碳环保的发展方针。海尔始终贯彻低碳节能原则,开展LED节能改造、公寓余热回收、绿色绩效等。"十二五"前4年,国有资产监督管理委员会累计安排200亿元左右的国有资本经营预算用于支持各企业节能减排工作,中央企业节能减排降碳投入达2000亿元以上,累计实现节能量约1.46亿吨标准煤,相当于减少二氧化碳排放约3.5亿吨。2014年底,万科在秘鲁联合国气候变化大会"中国角"主办"城市的绿色低碳未来"主题边会,对外宣布向阿拉善SEE公益机构捐赠1万棵梭梭树苗,设立"利马中国企业日梭梭林"。比亚迪作为全球最大的可充电电池生产商和电动汽车行业引领者,积极将低碳和零排放新能源车推向全球。

社会各界公众通过参加多种形式的气候变化教育培训等活动,增进了对应对气候变化、践行低碳发展以及节能减排的认识,提升了积极参与应对气候变化的自觉性。越来越多的公众开始自觉选择低碳饮食、低碳居住、低碳出行的日常生活模式。节能减排进家庭、进社区、进学校等专项活动在全国各地广泛开展,号召人们树立"节能、节俭、节约"的工作与生活的理念。此外,依托微信、微博等网络平台,公众通过微信公众号以及微博话题讨论的方式,了解应对气候变化知识,践行低碳发展理念。

专栏

美丽中国始于绿色生活

近年来,政府环保意识与治理环境污染的能力日益增强,环保始终是政府工作的重中之重,从"全民治霾"到"APEC蓝",从《大气污染防治行动计划》到新《环境保护法》,"环保成绩单"亮点频现。民众对环境保护问题的持续关注、权利意识的不断强化,对城市管理者也是一种警醒:人民对美好居住环境的向往,始终是我们党和政府奋斗的目标。"如果中华大地被雾霾笼罩,如何看见她的美丽?"公众的呐喊振聋发聩。

生态环境问题的独特性在于，它直接关系到每一个人的切身利益。我们既是生态环境问题的制造者，又是生态环境问题的受害者。解决生态环境问题，需要每个人的努力。

绿色生活，体现了人类崭新的道德观、价值观和人生观，是带有环境意识的消费活动，是一种具有生态意识的、高层次的理性消费行为。它有三层含义：首先，倡导消费者在消费时，选择未被污染或有助于公众健康的绿色产品；其次，在消费过程中注重对垃圾的处置，不造成环境污染；最后，引导消费者转变消费观念，在追求舒适的同时，注重环保，节约资源和能源，实现可持续消费。

绿色生活的理念深入人心，但也引起了不少质疑：在国内交通、医疗、教育等公共服务系统尚存较大改善空间的现实基础上，要求每个人在任何情况下都优先选择低能耗的生活和消费方式，是否具有合理性？忽略舒适性的基本需求而直接谈论的绿色生活，是否会沦为空中楼阁？社会舆论中，类似观点不乏支持者。

的确，每个人都有选择自己生活方式的权利，但天下大事必作于细，从细节入手，从小事做起，环境才有可能得到改善。事实上，社会各阶层相继推出的环保行动已成为风靡全国的新风尚。

公众层面，环保民间组织发起的"光盘行动""26度空调"、呼吁环境保护部公开环境信息、参与公益诉讼等行动，使这些环保民间组织成为推动中国环境保护事业发展与进步的重要力量。当环境污染客观存在时，在既有制度和规则一时还难尽如人意的情况下，这些环保人士没有怨天尤人、踟蹰不前，而是始终充满信心，并用自己的行动来推动环境改善。他们为我们树立了一个绿色生活和绿色消费的样板，我们有必要给他们多一点掌声、多一些喝彩。

政府层面，新出台的《中华人民共和国政府采购法》提出，新能源汽车产业要成为国民经济的先导产业。政府的绿色采购不仅推动了新能源汽车产业的发展，而且带动了公共消费理念的"绿化"。如何用尽可能小的社会成本换取尽可能好的环境治理效果，是对城市管理者治理能力的一次检验。政府唯有发散思维、拓宽渠道、提高行动力，才能打破环境治理的坚冰。

环保是需要全社会共同参与的系统工程，这责任是政府的责任、企业的责任，也是每一位公民的责任。

言行之间，行胜于言。中国经济正在爬坡过坎，淘汰落后产能之艰，改变能源结构之难，践行绿色生活之不易，都是不可逃避的阵痛与代价。保护环境，难以毕其功于一役，而新的环保动力就蕴藏在百姓生活之中。透过群众这扇门，我们可以看到践行绿色生活与绿色消费的重大意义，这是成熟公民自然意识的觉醒。

只有真正形成绿色生活与绿色消费的产业格局及节约资源和保护环境相互促进的生产方式，才能从根本上扭转环境恶化的趋势，我们才会拥有晴空万里的美好家园。

（来源：节选自郭兆晖，许彩慧. 碳减排需要一诺千金［N］. 中国石油报，2015-06-04.）

参 考 文 献

［1］中国应对气候变化的政策与行动2014年度报告［R］. 国家发展和改革委员会，2014.

［2］《中国低碳年鉴》编辑委员会. 中国低碳年鉴2015［M］. 北京：冶金工业出版社，2016.

第二部分

中国碳市场大发展年

> 2014年世界范围内碳定价机制继续迅猛发展,新型碳定价机制不断涌现,现有碳定价机制不断完善。在应对碳泄漏和气候减缓行动上,国际社会正逐步达成许多重要共识,国际合作水平进一步提升。面对世界范围内碳定价机制的蓬勃发展,中国也从自身实际出发,积极推进碳市场发展。2013年,北京、广东、上海、深圳和天津开始正式启动区域碳市场,2014年重庆和湖北也相继加入。另外,中国在推进碳交易试点建设的同时也积极地筹划建立覆盖全国范围的碳市场,为中国应对气候变化、建设美丽中国奠定了坚实基础。

第三章 国际碳定价机制发展状况与趋势

2014年,世界范围内碳定价机制发展情况有三大特征:第一,新型碳定价机制不断涌现,现有碳定价机制不断完善,包括排放交易体系(Emissions Trading Scheme, ETS)、碳税、碳抵消额制度、气候金融以及公司内部碳定价等;第二,当前世界范围内碳定价标准并没有完全统一,国家之间减排政策也有所差别,使得碳泄漏现象频发,需要采取相应措施对碳泄漏进行规制;第三,为了使碳定价机制以及其他相应政策在减排过程中发挥尽可能大的作用,国际间合作必不可少。大范围国际合作需要以碳定价机制为渠道,同时,碳定价机制也使得国际合作的效果进一步提升,两者相辅相成,相互促进。

第一节 世界上现有和新兴的碳定价机制

从全球来看,2014年是有记录以来气温最高的一年,当前气温比工业化前水平高0.8℃。虽然目前全球变暖还处于较低水平,但是地球生态环境已经发生了变化——极端热浪和极端降雨不断涌现,干旱地区面积扩张以及北大西洋热带气旋频发等。如果温室气体排放趋势不能得到遏制,那么由气候变暖引发的全球气候灾害以及由此导致的人们财产和生命损失还将继续。科学家测算,如果全球升温幅度控制在2℃以内的话,那么大部分严重气候灾害将被避免。为了应对上述气候问题和实现温度控制目标,全球发展低碳经济是必然选择,而碳定价机制是一种迈向低碳之路的重要工具。

一、全球碳定价机制概要、近期发展和新兴趋势

(一)全球碳定价机制概要

截至2015年8月31日,全球共有31个国家和23个城市通过ETS和碳税对碳排放进行定价,占每年全球温室气体排放总量的12%(大约70亿吨二氧化碳当量),其中8%由ETS定价,剩下4%被碳税覆盖。自2012年1月1日以来,碳定价机制总数由20个上升到38个,增长了90%,2015年全球碳定价机制市场价值已达到500亿美元。过去10年,碳定价机制覆盖的全球温室气体排放份额增长了将近3倍。全球碳定价机制大体上经历了3个发展阶段:(1)1990—2005年,主要是碳税的引入和发展;(2)2005—2011年,随着《京都议定书》生效和欧盟排放交易体系(European

Union Emissions Trading Scheme，EU ETS）建立，碳定价机制飞速发展；（3）2012年至今，各种碳定价机制开始在发展中国家和发达国家兴起。当前每吨二氧化碳价格为1~130美元，尽管价格波动幅度较大，但99%的定价在30美元以下，85%的定价在10美元以下。有研究指出，每吨二氧化碳价格在2030年左右应该达到80~120美元，这样才能将全球变暖幅度控制在2℃以内。

（二）全球碳定价机制近期发展和新兴趋势

2014年1月1日到2015年8月1日，全球碳定价机制蓬勃发展。在国家层面，2014年11月12日，中国和美国这两个最大的温室气体排放国家在减排目标上达成一致。中国和欧盟在碳市场构建上也积极地互通有无、谋求合作。此外，法国、墨西哥和葡萄牙引入了碳税，韩国也建立了ETS。在区域层面，中国湖北省和重庆市引入了ETS，中国台湾地区宣布会在不久的将来引入ETS。美国俄勒冈州和华盛顿特区准备建立ETS。无论是政府官员还是商业精英，都积极地支持碳定价机制发展，并且坚信碳定价机制是打造全球低碳经济的有力工具。

碳定价机制在经历了10年发展之后，在实践中积累了许多宝贵经验，为进一步改进、完善和创新碳定价机制提供了丰富的实践基础。首先，碳定价机制的选择要结合国家和地区具体实际，其目标从根本上要服从于国家经济大方向和大战略。除了ETS、碳税和其他碳定价机制之外，取消化石燃料补贴、交通和能源基础设施投资以及能源效率标准等其他政策工具，也应当被纳入政府政策工具包，并根据国家和地区实际情况灵活应用。例如，欧盟对那些EU ETS没有覆盖的地区采用碳税政策。

其次，根据已有经验对碳定价机制进行微调。最新碳定价机制都拥有良好的价格稳定机制，例如，加利福尼亚州上限交易体系和韩国的配额储备机制都拥有最低限价和最高限价，有助于更好地节约减排成本。另外，碳价格的稳定性和可预测性可以有效地防范低碳类项目的投资风险。另一个增强碳价格信号功能的方法是通过市场稳定机制减少市场波动。在EU ETS中，碳排放配额大量剩余阻碍了碳价格信号功能的正常发挥，为此欧盟计划在2014年完成配额（Backloading）❶和市场稳定储备（Market Stability Reserve，MSR）❷，预计这两项政策将在2019年发挥作用。

再次，采取针对性措施防止碳泄漏。政府为了防止碳泄漏和保持那些高排放的出口导向型产业部门的国际竞争力，通常会免费地分配碳排放配额。例如，2014年欧盟确定了2015—2019年享受免费碳配额的产业部门名单。在韩国ETS内，所有碳排放

---

❶ 为了在短期内使EU ETS的排放配额的供求重新平衡，欧盟委员会建议更改拍卖时间表，暂停2013—2015年到第三阶段末的9亿配额的拍卖。这项措施影响了该时期的拍卖分配，但是不会减少第三阶段用于拍卖的配额总量。

❷ 是一套用于弥补延迟拍卖措施的临时性适用和实施效果的不足而建立的可持续、具有制度稳定性和可预见性的总量结构性问题解决方案。

配额在第一期内都是免费发放。另一个减少碳泄漏风险的方法是边境碳调整措施,即通过碳关税等贸易措施来防止碳泄漏。

最后,政府应当合理利用碳定价收益。2014年全球政府通过ETS下碳配额拍卖和碳税等手段获利将近150亿美元。碳定价收益有多种用途,减免税收、发放补助以及资助减排项目等。中国广东省将碳定价收益通过低碳发展基金来支持节能减排。瑞士政府将碳定价收益通过降低社保支出或提供其他社会服务的方式返还给公民。

二、国际层面的碳定价机制概况

(一)《联合国气候变化框架公约》下的碳定价机制

2015年11月,在巴黎举行了第21届联合国气候变化大会,其主要目的是达成一项普遍适用的协议,为2020年以后全球气候减缓行动做出安排。在此次大会之前的8月31日,57个国家代表(这些国家温室气体排放量相当于全球温室气体排放总量的61%)宣布了各自国家自主减排贡献方案(表3-1)。

表3-1 国家自主减排贡献方案

国家	截至年份	减排目标
中国	2030	与2005年相比,单位GDP排放下降60%~65%
欧盟	2030	排放水平将比1990年至少下降40%
美国	2025	排放水平将比2005年下降26%~28%
澳大利亚	2030	排放水平将比2005年下降26%~28%
加拿大	2030	排放水平将比2005年下降30%
日本	2030	排放水平将比2013年下降26%
新西兰	2030	排放水平将比2005年下降30%
俄罗斯	2030	排放水平将比1990年下降25%~30%
瑞士	2030	排放水平将比1990年下降50%
挪威	2030	排放水平将比1990年至少下降40%

尽管《联合国气候变化框架公约》(The United Nations Framework Convention on Climate Change,UNFCCC)各国在减排目标上做出了承诺,并且对未来充满信心,但是2020年前各国依旧面临一系列困难和挑战,例如,当前京都碳信用额市场出现萎缩;UNFCCC和《京都议定书》下的部分机制发展停滞不前。

2014—2015年核证减排量(Certified Emission Reduction,CER)和减排单位(Emission Reduction Unit,ERU)市场呈现出萎缩趋势(图3-1)。到2014年为止,EU ETS已经消耗了14.5亿吨二氧化碳当量碳信用额,占其2008—2020年总碳信用额16亿吨二氧化碳当量的90%。如果这种趋势持续下去,EU ETS将很快耗尽其碳信用额,使得市场上CER和ERU需求出现较大缺口,导致京都碳信用额供给严重大于需求。

尽管在《京都议定书》机制之外也存在着一部分 CER 和 ERU 需求，包括开发性碳倡议（Carbon Initiative for Development，Ci-Dev）和甲烷与减缓气候变化试点拍卖机制（Pilot Auction Facility for Methane and Climate Change Mitigation，PAF）等，但这些需求极为有限。尽管京都碳信用额在需求方面出现停滞，但其供给依旧处于扩张状态，据估计，2020 年前清洁发展机制（Clean Development Mechanism，CDM）将签发 66 亿吨二氧化碳当量碳信用额。供求严重不平衡将使得 2015—2020 年京都碳信用额价格达到历史最低点，并且在短期内难以恢复。

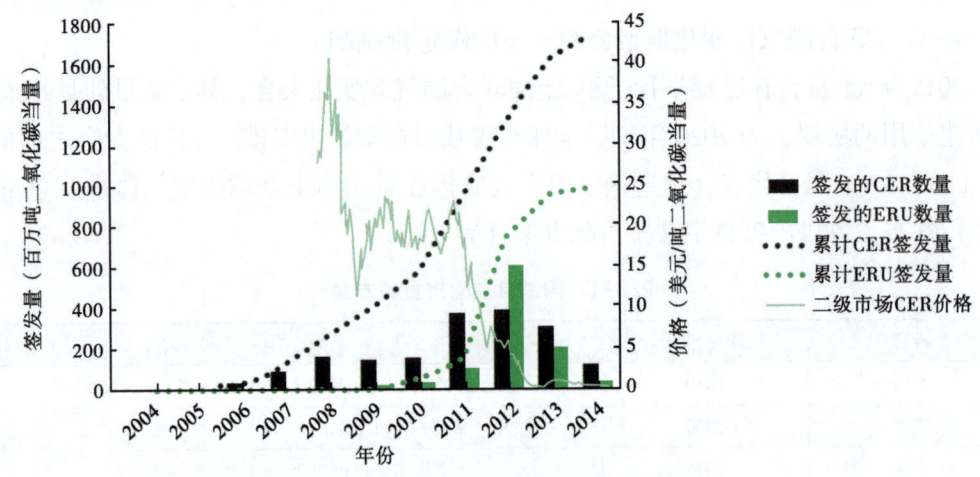

图 3-1　CER 和 ERU 签发数量及其价格变化趋势

2014—2015 年，CDM 项目注册数量为 160 个，比 2013 年减少 53%，共签发 1.04 亿吨二氧化碳当量的 CER，比 2013 年减少 61%，在 CER 一级市场共有 6000 万 CER 被交易，比 2013 年下降 70%。UNFCCC 秘书处正在研究 CDM 其他用途，借此来提升 CDM 需求，同时刺激减排活动。截至 2014 年底，CDM 支持下的发展中国家温室气体减排投资为 900 亿美元，占这些国家新能源投资的 13%。因此，多数人希望在后 2020 年能够继续利用 CDM 来激励减排投资，促进减排合作。联合履行机制（Joint Implementation，JI）在 2014 年没有新项目注册，签发 ERU 总额为 3100 万吨二氧化碳当量，比 2013 年减少 83%。UNFCCC 秘书处借鉴 CDM 的经验为 JI 拟订了一份技术性报告，帮助 JI 在节约成本的同时提升效率。UNFCCC 框架下的新市场机制（New Market Mechanism，NMM）和多元方法框架（Framework for Various Approaches，FVA）以及《京都议定书》下的国际交易体系（International Emissions Trading，IET）在 2014—2015 年没有取得任何实质性发展，许多问题依旧悬而未决。

（二）《联合国气候变化框架公约》外的碳定价机制

2014 年，自愿市场（Voluntary Carbon Market）碳抵消额交易额达到 3.95 亿美元，

交易量为 8700 万吨二氧化碳当量，与 2013 年相比提高 13.6%。然而，每年碳抵消额的签发数量和价格在持续下降，这是由政策不确定性以及公司碳抵消额项目减少导致的。

2015 年 6 月 9 日，各方对 UNFCCC 主导下的减少采伐和森林退化所致温室气体排放量（扩展版）（REDD+）机制的主要项目达成共识，包括保障措施、非市场手段和非减碳效益。这些主要项目的决议草案将会在第 21 届联合国气候变化大会展开讨论，如果相关决定被巴黎气候大会通过的话，那么对于第 19 届联合国气候变化大会上确立的"REDD+华沙框架"具有重要意义。当前各个国家开始积极地利用捐助国资金来启动和发展 REDD+相关基础设施和项目，例如，生物碳基金的森林可持续倡议（BioCarbon Fund's Initiative for Sustainable Forest Landscapes）会购买发展中国家已经核实的减排份额。纽约森林宣言（The New York Declaration on Forests）指出，如果政府能都切实有效地完成土地使用规划、增加透明度和完善法律等相关改革，那么到 2030 年，每年将减少 45 亿~88 亿吨二氧化碳当量排放。

基于结果的气候金融（Results-Based Finance，RBF）主要为那些经过核准的减排项目提供金融支持。一些 RBF 项目会直接购买 CER 和 ERU 以弥补减排单位的需求不足。一些 RBF 项目，比如 Ci-Dev 和 PAF，主要为碳市场基础设施建设提供资金。还有一些新诞生的 RBF 项目，比如拉丁美洲基于绩效的气候金融基金（Performance Based Climate Finance Facility），主要通过拍卖卖出期权的方式对项目开发者的减排成果提供保证性购买协议。

三、国家及地区层面的碳定价机制概况

（一）欧盟

2014 年，EU ETS 中碳配额价格由低于 5 美元/吨（二氧化碳当量）上升到将近 8 美元/吨（二氧化碳当量），2014 年平均价格为 7 美元/吨（二氧化碳当量），总交易额为 61 亿美元。截至 2015 年 8 月 1 日，欧盟碳配额价格已经略微超过 9 美元/吨（二氧化碳当量）。2014 年 2 月，欧盟临时决定将 2014—2016 年 9 亿碳配额拍卖推迟到 2019—2020 年，即所谓的配额后置。另外，为了更好地通过调节碳配额供给来实现碳价格的稳定性和可预测性，EU ETS 决定建立 MSR，当碳市场供给大于需求时，MSR 从市场中吸出碳配额；当供给小于需求时，MSR 向市场注入碳配额，起到碳配额蓄水池作用。2015 年 5 月 5 日，欧盟议会、欧盟理事会和欧盟委员会一致通过决议将在 2019 年正式完成 MSR，同时，将 2014 年延迟拍卖的 9 亿碳配额在 2019—2020 年转入 MSR 之中。

2014 年 10 月 27 日，EU ETS 做出了另一项重要决策，即批准了 2015—2019 年新

的一批碳泄漏名单。欧盟承诺到2030年，要比1990年排放水平至少下降40%，到2050年至少要下降80%，这些目标的实现离不开EU ETS。2015年7月15日，欧盟委员会提出2020年后对EU ETS进行改进，主要包括将每年减排上限由1.74%提高到2.2%，采用更具针对性的免费碳配额分配来防止碳泄漏，建立低碳基金资助工业领域低碳创新以及推动低收入地区能源部门现代化等。

（二）美国

近年来，ETS在加利福尼亚州以及参加区域性温室气体倡议（Regional Greenhouse Gas Initiative，RGGI）的美国东北部和中部东海岸10个州内不断成熟和发展。2014年1月，加利福尼亚州和魁北克省的上限及交易体系正式对接，并于9月完成第一笔拍卖交易。2015年，两个地区ETS分别将运输业纳入其中，使得ETS覆盖下温室气体总量达到两个地区温室气体排放总量的85%。加利福尼亚州宣布到2030年温室气体排放水平将比1990年下降40%，这一目标已经被纳入法案并接受州议会审议。华盛顿州和俄勒冈州正积极地建立ETS。2015年7月28日，华盛顿州长Inslee宣布设定温室气体排放上限，允许排放者之间对碳排放额度自由交易。俄勒冈州参议院和众议院讨论建立ETS以及将所得收益以红利的方式发放给每个公民。2015年8月3日，美国环境保护署通过《清洁能源计划》（Clean Power Plan），该计划指出，截至2030年，美国能源部门的排放量要比2005年下降32%。《清洁能源计划》将通过多种途径减少能源领域温室气体排放，包括排放交易、提高能源利用效率以及新能源替代等，各个州可以根据自身实际情况自由选择相应机制。《清洁能源计划》使得加利福尼亚州和RGGI相关各州可以利用现有ETS完成减排目标，得到了广泛的支持和认可。

（三）其他国家

除了欧盟和美国外，国际上其他国家在碳定价机制建设上也取得了显著成果（表3-2）。

表3-2　2014年部分国家碳定价机制发展情况

国家	时间	碳定价机制发展
墨西哥	2014年2月	能源部宣布在能源产业发展ETS
瑞士	2014年5月	截至2015年8月1日，已经进行了四次碳配额拍卖
葡萄牙	2014年9月	审核通过了5美元/吨（二氧化碳当量）的碳税数额
哈萨克斯坦	2014年	ETS正式生效
智利	2014年9月	议会批准实施碳税
韩国	2015年1月1日	ETS正式生效，涵盖钢铁、能源、建筑和航空多个部门
挪威	2015年5月	将天然气和液化石油气碳税税额由41美元/吨（二氧化碳当量）提高到50美元/吨（二氧化碳当量）

四、公司内部的碳定价机制

当前碳定价已经不仅仅局限于政府政策领域,同时也是商业决策的重要工具,私人公司内部碳定价行为越来越普遍,许多公司将其视为投资决策的重要组成部分。碳披露项目(Carbon Disclosure Project,CDP)指出,全球至少有 150 家公司(涵盖能源、金融、工业、制造业和日常消费品等大多数产业部门)使用自身内部碳定价,每吨二氧化碳当量价格为 6~89 美元(表 3-3)。

表 3-3 公司内部碳价格

价格区间(美元/吨二氧化碳当量)	0~20	20~40	40~60	60~80	80~100
公司名称	微软;谷歌;戴文能源公司;埃克西尔能源公司;道明银行;西太平洋银行;马歇尔百货;迪士尼公司	康菲公司;阿莫林公司;凯恩能源公司;英国石油公司;荷兰皇家壳牌公司	泰克资源公司;加拿大能源公司	埃克森美孚石油公司	英国国家电网;英国水务公司旗帜集团

对于大多数企业来说,内部碳定价是风险管理的一部分,可以用来评估碳价格变动对其项目的潜在影响,同时,内部碳价格是公司在进行低碳投资时衡量成本和收益的重要依据,有助于公司制定完善的投资决策。政府在设计碳定价机制时也可以借鉴吸收公司内部碳定价的经验,例如,商业气候平台项目(Business for Climate Platform),由巴西 20 个巨头公司联合打造,可以模拟 ETS 进行碳交易,为进一步发展和完善 ETS 提供了宝贵素材。在筹备第 21 届联合国气候变化大会的过程中,7 个石油天然气公司呼吁政府和 UNFCCC 向那些不存在碳定价机制的地区引入相应定价工具,同时构建一个全球框架使得各个国家内部定价工具相互对接,形成一个全球碳市场。在 2014 年纽约气候峰会上,超过 1000 家公司和投资人公开表示支持碳定价相关政策。长期投资者也开始意识到气候变化会影响投资收益,并且正在重新思考投资策略,调整投资方式。针对气候变化可能带来的风险,一些金融机构开始重新配置资产,并且将资本转移到低碳型和气候友好型项目当中,例如,瑞士养老基金 AP4 将投资向低碳类公司转移;挪威养老基金会在 2016 年 1 月 1 日之前终止其对煤炭类企业投资。

第二节 碳定价机制与竞争的关系并防范碳泄漏

碳定价可以促进创新型和环境友好型公司发展,同时会迫使那些高排放、高污染公司升级换代或淘汰出局,这对于整体经济效率的提升十分有益。当碳定价在更大范围内形成统一时,它对经济发展的促进作用将更加明显。然而,当前温室气体排放价格依旧处于分割状态,不同区域之间差异较大,国家之间发展相对不平衡,各个国家都担心他们的减排行动会削弱本国产业竞争力，使得本土公司在与国外没有排放成本的公司竞争时处于劣势地位。不同碳排放成本会导致碳排放活动发生转移，把二氧化碳排放从采取严格减排措施国家转移到没有采取严格减排措施国家，即所谓的碳泄漏。针对碳泄漏问题，国际间合作和协调是最根本、最有效的对策。

一、碳定价机制对竞争的积极作用

对温室气体排放进行定价会影响到公司的相对竞争力。这里需要强调一点，对于某些公司来说，为排放行为支付价格的确增加了成本，但不一定影响其竞争力，因为这些公司的核心竞争力是生产效率，即把一系列复杂投入品（能源、原料、劳动力、土地和知识）转化为高附加值产品和服务的能力。对于那些生产同质产品的行业来说，包括钢铁、水泥和电力等，成本则是最重要的竞争手段。处于这些行业的公司很难通过产品差异化来同竞争者争夺市场份额，他们必须依靠产品创新和缩减成本。通常情况下，这些同质产品大部分是高排放产品，碳定价会对公司生产成本产生重要影响。碳定价可以内化高排放公司的排放成本，进而可以真实地反映高排放公司和低排放公司各自的环境成本，保证两者在同一水平上相互竞争，促进经济向低碳方向发展。

即使是分割的碳定价，也可能对公司竞争力和生产力水平产生积极影响。"波特假说"指出，适当的环境管制将激励技术革新，提高产品质量，同时也可以部分或者全部抵消额外的合规成本。一般而言，"弱波特假说"，即环境管制会激励创新并且对竞争没有较大副作用，已经被经验事实充分地证明。然而对于"强波特假说"，即创新不仅可以降低成本，而且可以弥补额外的合规成本，从而提高公司利润，还有待更进一步地检验和论证。尽管严格的环境管制会对生产力水平和出口产生副作用，但是当环境政策目标是生产相关的排放时，这种影响十分微弱并且只会局限于少数产业部门。另外，当污染主要由消费导致时，严格的环保标准并不会削弱公司国际竞争力。近年来，越来越多的经验事实和科学研究支持"强波特假说"，不断地证明环境管制可以提高公司盈利能力。

然而，上述很多经验事实都来源于发达工业化国家。经济合作与发展组织（Organization for Economic Co-operation and Development，OECD）最近研究发现，严格的环境管制可以提高生产效率，但这主要发生在高科技产业部门，而那些低技术公司的生产水平却出现了不同程度的下滑。也有研究指出，从长期来看，严格环境管制对于生产力水平和出口有积极作用，特别是对发展中国家。相同的碳价格有可能给不同国家不同收入群体带来不同影响，对此要做出更加细致的研究。在发展中国家，存在着大量能源和劳动密集型产业，虽然这些产业技术水平落后，污染较大，但这些行业为大部分低收入家庭提供着基本收入，具有极其重要的经济意义和社会意义，在制定碳定价政策之前应综合考虑。

与指令性政策相比，基于市场机制的碳定价可以为公司提供更为多样的环境政策工具，使得公司在减排方式和减排期限的选择上具有高度灵活性，同时对于公司创新行为给予了动态激励，促进了绿色科技创新。绿色创新具有极大的溢出效应，能够迅速扩散到整个经济领域，带动整体经济效率迅速提升。相比较而言，化石燃料产业的科技创新应用领域比较狭窄，大多局限在成熟的、增长较为缓慢的产业部门。这里需要指出，环境政策带动下的大范围生产力提升来源于低效率公司的退出，对于这些退出企业的工人，政府需要通过社会保障体系为其搭建一道安全网。更为重要的是，要通过教育和培训来提升失业工人技能，帮助其实现再就业。对于发展中国家来说，大多数人在高排放行业工作并且收入水平较低，因此碳定价会对经济系统造成一定的影响，这些国家需要在科学技术、资源转移以及制度建设等方面做出努力，缓解国家结构转型过程中可能带来的冲击。

二、碳定价对竞争的消极作用

碳定价对公司生产力和竞争力的消极作用来源于不对称气候政策导致的不同地区之间不同的碳定价信号。非对称碳定价信号会迫使高排放公司将高碳类产品和投资转移到其他温室气体排放成本较低的国家。政府和环境专家担心这种转移会使得新地区排放增加，成为所谓的"污染天堂"，对新地区生产力和竞争力的长远发展十分有害。当前，碳定价对竞争的消极影响以及碳泄漏现象是全世界引入碳定价机制的最大挑战。碳泄漏会削弱当前减排行动的效果，同时会增加以后气候减缓行动的成本。与那些拥有碳定价政策地区相比，一个没有碳价格的地区需要耗费更多成本来实现相同的减排目标。在实际经济过程中，碳泄漏主要有3个渠道：（1）短期产出渠道，碳定价地区公司与那些没有碳定价地区的公司相比，成本上升，市场份额下降；（2）长期投资渠道，新投资会倾向于那些没有碳定价的地区；（3）化石燃料价格渠道，碳定价使得国内化石燃料需求降低，价格下降，同时使得世界其他地方化石燃料需求上升。

三、如何评估碳泄漏风险

碳泄漏在碳定价机制引入之前就引起了广泛争论，对其风险评估可以采取两种方式：（1）在政策推出之前用模型对其进行理论评估（Ex ante）；（2）在政策推行几年后根据现实情况对其进行实证检验（Ex post）。

理论评估模型测算出的碳泄漏比率变化范围相对较大。其中，经济系统可计算一般均衡模型测算出的泄漏比率为5%~20%，即碳定价地区减少1000kg的温室气体排放会导致其他地区增加 50~200kg 的排放量。然而在经济体中，当一些部门失去市场份额时，其他部门市场份额会相应地增加，使得碳泄漏比率在不同部门会有所不同，因此需要评估单个产业部门的碳泄漏比率，应采用单个部门局部均衡模型，该方法测算出的比率为 0~100+%，表明其他地区增加的碳排放量有可能超过碳定价地区的减排量。

实证检验模型主要基于过去已有的经验数据（主要是 EU ETS 和单个欧盟国家的碳税），通过计量经济学方法来测算碳定价和碳泄漏之间的相关关系。实证检验模型显示，迄今为止还没有证据表明碳价格会引发碳泄漏，至少在欧洲是这样。但是，这并不代表碳泄漏没有发生或者将来不会发生，原因有 4 点：（1）碳排放成本只占生产成本很小的一部分，或者其他更重要的因素影响了公司生产和投资决策；（2）当前碳价格还相对较低，难以产生显著性影响；（3）免费配额等减缓措施化解了碳泄漏风险；（4）实证检验模型仅仅局限于欧盟国家，地域范围较为狭窄，并且碳定价机制产生时间较短，使得数据时间跨度也相对较短。

四、哪些公司面临碳泄漏风险

由于非对称减排政策、不同碳排放成本以及碳泄漏风险的存在，政府有必要对那些面临碳泄漏风险的公司或产业部门进行协助。通常情况下，用碳价格水平、排放强度和贸易强度 3 个标准来判断一个行业是否面临碳泄漏风险。

（1）碳价格水平：表明排放成本的大小。

（2）排放强度：表明成本增加有多大程度是由于碳定价造成的，包括直接的原地排放成本和通过电价格转移的间接排放成本。

（3）贸易强度：表明公司或者产业部门向消费者转嫁成本而不会失去市场份额的能力。贸易强度较低时，碳定价机制覆盖的公司会与那些没有被覆盖的竞争者相互隔绝，发生碳泄漏风险较小。

当这 3 个标准被同时应用时就可以相对全面、客观地对公司或者产业部门的碳泄漏风险进行评估。例如，加利福尼亚州上限交易体系内的碳泄漏援助主要取决于排放强度和贸易强度，2018—2020 年，加利福尼亚州政府将根据产业部门面临碳泄漏风险的不同程度提供相应援助。

在对公司面临的碳泄漏风险进行评估时，除了考虑排放强度和贸易强度之外，还应当综合其他因素。例如，消费者价格敏感度、产业部门竞争强度、减排方案可行性和成本、主要贸易伙伴碳定价以及其他地区产品碳排放强度。可以看出，面临碳泄漏风险部门是那些排放强度和贸易强度都相对较高，同时减排成本也相对较高的产业部门。这里需要补充一点，政府碳泄漏援助需要随着时间的推移逐渐收窄，否则会造成财政和经济问题,同时对于高排放公司的长期援助会滋养高排放行为,使得减排行动大打折扣。当然,碳定价机制第一次引入时,有必要对所有部门进行援助,以便获得公众的认可和支持,随着碳定价机制逐渐成熟,可以适当收窄援助范围,施行对特定部门的精准援助。

五、如何规避碳泄漏风险

对于面临碳泄漏风险的公司或产业部门,政府可以通过多种方式对其进行援助,以便更好地规避碳泄漏风险。目前,政府援助手段主要有两种:基于碳定价机制的综合援助和补充性援助。综合援助是目前应用最为广泛的援助手段,一共包括6种,见表3-4。

表3-4 综合援助手段

名称	含义	实例
追溯原则(Grandfathering)	公司接受的免费碳配额与其历史排放量直接相关	EU ETS 第1期和第2期,哈萨克斯坦 ETS 第1期和第2期以及北京、重庆、广东、湖北、上海和天津等 ETS 试点
固定行业标杆分析法(Fixed Sector Benchmarking, FSB)	公司根据其历史产量及其产品所在行业的排放强度基准来接受免费配额	EU ETS 第3期
基于产出的配额分配(Output-based Allocation, OBA)	公司根据其实际产量及其产品所在行业的排放强度基准来接受免费配额	美国加利福尼亚州、新西兰和中国深圳
行政豁免(Administrative Exemptions)	免除一些公司或产业部门的碳定价义务,或为它们降低碳排放价格	欧盟一些国家的碳税和南非碳税计划
部分退款(Rebates)	为工业部门提供直接补贴或降低高排放工业部门其他税收负担	英国气候变化税和瑞典氮氧化物费
边境碳调整(Border Carbon Adjustments, BCA)	在边境对进口高排放产品征收关税或对出口企业进行补贴,除非产品进口国拥有与出口国相同的碳定价机制	

各种援助工具在可操作性、运行成本、碳泄漏规制和减排激励等方面都有它们各自的优势和劣势,需要根据具体部门的具体情况灵活使用。行政豁免虽然在减排激励上表现最差,但它操作十分容易。在碳定价机制引入初期,为了获得公众认可和支持,这种援助方法可以采用。追溯原则在项目早期阶段比较适用,因为此时如果直接采用行业基准方法会相对复杂,面临昂贵的管理成本。这里需要指出,追溯原则会对那些高排放行为提供不当激励,除非相关公司预计到其很快将会被基准方法取代。

与上述基于历史排放的碳配额分配方式相比,FSB 和 OBA 等基于行业基准的方法效果会更好。FSB 和 OBA 切断了公司与其历史排放量之间的联系,同时解除了公司获得免费碳配额的权利,可以有效地降低寻租行为。尽管测算行业基准会产生额外管理费用,但这是可以接受的。FSB 和 OBA 方法都有其各自的优势和劣势,需要在具体应用时进行权衡取舍。例如,OBA 可以很好地防止碳泄漏,但会有损碳定价机制的环保作用,除非在 OBA 基础上加入额外环保措施。

BCA 在环境保护方面作用明显,但却面临法律和政治层面的困难。尽管任何机制都离不开法律,但法律问题并不是不可逾越的障碍。政治障碍或许是 BCA 面临的最严峻挑战,用贸易手段解决气候问题依旧存在着较大的不确定性和风险,贸易争端可能扩散到其他国际关系和政治领域,使得 BCA 成本大幅度上升。此外,碳定价市场的良好运转需要可测量、可报告和可核实(Monitoring, Reporting, and Verification, MRV)3 个原则,然而在 BCA 机制中,很难对排放进行精确地核实。

补充性措施,包括补贴、税收优惠以及减排项目和低碳科技金融资助等,可以降低碳泄漏风险部门的排放成本,对规制碳泄漏起到一定作用。例如,欧盟和新西兰对于面临碳泄漏风险部门提供低碳科技研发基金。经验表明,解决碳泄漏问题需要对重点部门进行针对性援助,援助方案要兼顾有效性和可行性,要定期跟踪并根据实践经验进行修正和调整。然而,碳泄漏的最终解决还需要依靠国际合作,只有这样,才能使得全球范围内碳价格信号高度协调一致,进而消除引发碳泄漏的根本原因。

第三节 碳定价机制是减缓气候变化国际合作的催化剂

大范围国际合作可以用低成本方式实现全球升温控制在 2℃ 以内的目标。由于全球范围内财富和减排潜力的不均衡分配,所有国家都将在合作中受益。一些国家有能力减少温室气体排放,但他们已经用尽了低成本的减排方式,同时另一些国家拥有很多低成本的低碳发展机会,但是缺少资源对其进行利用。碳定价机制是国际合作的催化剂,也是国际间资金转让的重要载体。国际合作使得发达国家在减排过程中回避了最昂贵的方式,节约了相当一部分资金,通过碳定价机制,这些节约资金可以转让给低收入国家,帮助低收入国家进行现代化建设,实现低碳型经济增长,同时可以拉动低碳部门就业,以一种可持续的方式减少低收入国家贫困。以碳定价机制和气候金融为依托的国际合作可以在更大范围内整合现有资源,降低全球总温室气体排放量,对于稳定全球气候至关重要。

一、国际合作的激励

国际合作对于减排成本节约贡献程度的大小主要取决于国家之间最初减排责任的

分配、减排计划的严格执行、国家之间不同的减排成本以及参与减排行动的国家数目。虽然所有国家都将从减排合作中受益，但受益程度有所不同，有些国家是资源转让者，有些国家是资源接受者。减排合作中的责任分享机制（Effort-sharing）有两种方式：一种是基于最低成本原则，即让减排行为在成本最低的国家实现；另一种是基于规范性原则，即根据公平和公正等原则以及不同国家在减排努力上的偏好分配减排责任。规范性原则主要包括3种标准：（1）单位GDP等成本（Equal Costs Per GDP），即不同国家减排成本所占GDP的份额相等；（2）单位GDP收敛（Per GDP Convergence），即不同国家单位GDP排放收敛于同一水平；（3）人均排放收敛（Per Capita Convergence），即不同国家人均排放量收敛于同一水平。显然，这些规范性责任共享方法要比最低成本法更昂贵，需要通过合作使得规范性机制向最低成本机制迁移，最终降低总排放成本。研究表明，合作可以使得全球排放成本下降6%~67%。另外，如果按照人均排放收敛原则进行责任共享，那么效果要比单位GDP等成本原则和单位GDP收敛原则效果更好。

合作对于成本节约的贡献在不同地区差异显著。有模型测算得出，与不存在国际合作相比，基于单位GDP等成本责任共享方法的国际合作将使得到2030年，欧洲排放成本减少290亿美元，南非排放成本下降45%。虽然基于不同模型和责任共享方法计算出的排放成本节约量有所不同，但总体上而言，合作使得全球资源配置更加高效，所有国家都将从中受益。除了直接的排放成本节约之外，国际合作避免了气候恶化，对于人类健康和能源安全意义重大，同时增强了国家互信，消除了潜在冲突，促进了知识分享，具有难以估量的间接收益。

二、国际合作的效益

碳定价机制可以通过国家间资金转让的方式来调动资源，进而实现合作机制下的成本节约，涉及国家之间以及国际投资者之间的资金转让，可以通过补贴、优惠贷款和税收返还等方式对低碳科技进行投资，也可以对相关国家进行援助，帮助他们引入碳定价相关机制以及进行碳定价相关的基础设施建设。碳定价机制可以引导私人部门更积极地寻找和发现最低减排成本。同时，碳定价机制有很强的灵活性，可以帮助政府更好地处理减排行动和经济发展中的一系列不确定性。为了实现全球范围内更有效的减排合作，需要庞大的国际资金转让，很显然，单单靠政府公共支出是远远不够的，需要私人资本进行补充。发展中国家低碳行业面临来自传统行业的激烈竞争，同时也存在着主权风险，使得低碳投资存在着不确定性，吸引力较低。碳定价机制可以为投资者提供相应的避险工具和经济激励，从而解决上述问题。碳定价机制的组合使用可以更好地促进国际资金转让，碳抵消额制度可以在ETS下应用，例如，EU ETS

下的 CER 和 ERU；碳抵消额制度也可以应用到碳税中，例如，CER 被墨西哥政府应用于碳税体系之下；ETS 也可以直接链接，例如，加利福尼亚州和魁北克省上限交易体系的直接链接。

有研究指出，到 2030 年，全球每年资金净流量为 1000 亿~4000 亿美元，到 2050 年，这个数字将增加到 4000 亿~22000 亿美元。总体来看，发展中国家是资金接受者。但是也会因采取的测算方法不同而有所改变，例如，在人均排放收敛原则下，东亚将资金转让到其他地区，因为它的人均排放量相对较高。然而，在单位 GDP 等成本原则下，东亚将成为资金接受者。资金转让在全球温室气体零排放时也会发生，某些国家可以通过造林或二氧化碳捕获和存储的方式实现二氧化碳零排放或负排放，进而可以用来平衡某些国家的正排放。此时，可以通过碳定价机制链接上述两类国家，实现全球整体零排放的目标。长期来看，多个国家共同应对气候问题的效果要远远好于单个国家，气候减缓行动上的国际合作是大趋势和大方向，对于全球应对气候变化，实现绿色可持续发展具有极其重要的现实意义。

参考文献

[1] World Bank. State and Trends of Carbon Pricing 2015 [R]. World Bank, 2015.

第四章 中国碳市场发展状况与趋势

开展地方碳交易试点是中国应对气候变化、保护生态环境的重要举措，是积极发挥市场机制对绿色低碳发展的促进作用，对有序推进建设生态文明、美丽中国有着深远意义。从 2013 年起，经过一年多的探索与发展，北京市、天津市、上海市、深圳市、广东省、湖北省、重庆市都设立了碳市场，从而中国碳市场迈进新阶段。2014 年是中国开展碳交易试点的重要一年，湖北省、重庆市两大交易试点相继开市，同时，各试点地区发现问题，迎接挑战，加强体制机制建设，逐步完善碳市场，进行道路探索和经验积累，为构建全国统一的碳市场铺设道路，提供经验认识。

第一节 碳市场从愿景到实践

从 2011 年 10 月确定开展碳交易试点，到 2013 年 6 月 18 日，深圳作为中国第一个碳市场正式开始运行，再到 2014 年 7 个碳市场全部运行，中国碳市场从愿景到实践，迎接挑战和机遇。

一、碳市场的政策演进

2014 年 11 月 12 日，中美双方在北京发布《中美应对气候变化的联合声明》，指出中国计划在 2030 年左右二氧化碳排放达到峰值且将努力早日达峰，并计划到 2030 年非化石能源占一次能源消费比重提高到 20%左右。为实现减排目标，中国"十二五"规划中明确指出，"探索建立低碳产品标准、标识和认证制度，建立完善温室气体排放统计核算制度，逐步建立碳排放交易市场。"党的十八大报告中也明确指出，要积极开展碳排放权试点。党的十八届三中全会则提出要发展环保市场，建立碳排放权交易制度，建立吸引社会资本投入生态环境保护的市场化机制，推行环境污染第三方治理。2014 年《中共中央关于全面推进依法治国若干重大问题的决定》中指出，"用严格的法律制度保护生态环境，加快建立有效约束开发行为和促进绿色发展、循环发展、低碳发展的生态文明法律制度，强化生产者环境保护的法律责任，大幅度提高违法成本。"

为落实各项方针政策，中国积极推进碳市场建设。2011 年 10 月，国家发改委发布了《关于开展碳排放交易试点工作的通知》，将北京市、天津市、上海市、重庆市、深圳市、广东省、湖北省作为碳交易试点地区，批准这7个试地区在2013—2015年开展碳排放权交易试点工作。2011年12月，《"十二五"控制温室气体排放工作方案》提出中国控制温室气体的总体要求和主要目标，还提出基本建立温室气体统计核算体系，探索建立碳排放交易市场。2012年6月，国家发改委印发了《温室气体自愿减排交易管理暂行办法》（以下简称《办法》），为全国自愿减排交易开展奠定了技术和规则基础。根据《办法》，参与自愿减排的减排量需经国家主管部门在国家自愿减排交易登记簿进行登记备案，经备案的减排量称为中国核证减排量（Chinese Certified Emissions Reduction，CCER）。自愿减排项目减排量经备案后，在国家登记簿登记并在经备案的交易机构内交易。国内外机构、企业、团体和个人均可参与温室气体自愿减排量交易。

2014年5月，国务院《2014—2015年节能减排低碳发展行动方案》指出要推进碳排放权交易试点，研究建立全国碳排放权交易市场。2014年9月，《国家应对气候变化规划（2014—2020年）》提出，要确保实现到2020年单位国内生产总值二氧化碳排放比2005年下降40%~45%，同时要求加快建设全国碳排放交易市场。2014年12月，国家发改委公布了《碳排放权交易管理暂行办法》，涵盖总则、配额管理、排放交易、核查与配额清缴、监督管理等7方面的内容，为规范碳排放权交易市场的建设和运行提供了顶层设计上的支撑，为推动建立全国碳市场奠定了管理和规则基础。

二、各碳市场试点概况

北京、天津、上海、湖北、重庆、广东、深圳这7个试点省市在区位、人口、经济总量、环境条件等方面各不相同，建设起来的碳交易所各有定位与特点，在碳市场的表现也有所差异。7个交易市场并存的格局推动着中国低碳经济的发展，在应对气候变化、保护生态环境中摸索出一条新路子。

（一）各试点地区经济社会概况

作为碳交易试点的北京市、天津市、上海市、重庆市、广东省、湖北省、深圳市在中国版图中的跨度从华北伸展到华南，从沿海深入内陆，覆盖东中西三大板块。"两省五市"在中国经济社会发展中占据举足轻重的地位，覆盖国土面积48万平方千米，2014年7个试点省市的人口总数为25212.56万，GDP总和为186078.9亿元人民币，人均GDP都在4.7万元以上（表4-1）。2014年，7个试点省市在能源消费方面也有所表现，在能源消费总量方面，北京为6831.2万吨标准煤，天津为8145万吨标准煤，上海为11084.64万吨标准煤，湖北为16320万吨标准煤，重庆为7693.96万吨标准煤，广东为28669.57万吨标准煤（终端消费总量）；在万元地区生产总值能耗方面,北京为 0.36 吨标准煤,天津为 0.54 吨标准煤,上海为 0.482 吨标准煤,湖北约为 0.596 吨标准煤。

表 4-1 2014 年七省市试点地区基本概况

地区	人口	GDP（亿元）	人均 GDP（元）	第三产业占 GDP 比例（%）
北京	2151.6 万	21330.8	99995	0.7∶21.4∶77.9
天津	1516.81 万	15726.93	105231	1.3∶49.4∶49.3
上海	2425.68 万	23567.7	97370	0.5∶34.7∶64.8
湖北	6162.3 万	27379.22	47144.6	11.6∶46.9∶41.5
重庆	2991.4 万	14262.6	47850	7.4∶45.8∶46.8
广东	8886.88 万	67809.85	63469	4.7∶46.3∶49.0
深圳	1077.89 万	16001.82	149495	0∶42.6∶57.4
合计	25212.56 万	186078.9	—	—

数据来源：北京、天津、上海、湖北、深圳统计局以及重庆、广东统计信息网。其中,在人口上,北京、天津、上海、重庆、深圳为常住人口数,湖北、广东为户籍人口数。

(二) 各碳交易所的基本情况

截至 2014 年底,中国有 7 个碳交易所开市运行,分别是北京环境交易所、天津排放权交易所、上海环境能源交易所、湖北碳排放权交易中心、重庆碳排放权交易中心、广州碳排放权交易所、深圳排放权交易所。各碳交易所基本信息见表 4-2。七个碳交易所立足自身,依据各自实际省情、市情,经过一段时期的摸索,逐渐形成了各个交易所的特色,确立了自身定位。

北京环境交易所是集各类环境权益交易服务为一体的专业化市场平台,作为中国碳市场重要的参与者、建设者和推动者,北京环境交易所一直着眼首都节能减排、国家低碳发展和国际气候合作的大局,致力于将北京碳市场建设成为全国碳交易中心市场和绿色金融创新中心、国际重要的碳定价中心以及中外气候合作市场平台。❶

上海环境能源交易所是服务全国、面向世界的国际化综合性的环境能源权益交易市场平台,是集环境能源领域的物权、债权、股权、知识产权等权益交易服务于一体的专业化权益性资本市场服务平台,主要从事组织节能减排、环境保护与能源领域中的各类技术产权、减排权益、环境保护和节能及能源利用权益等综合性交易,以及履行政府批准的环境能源领域的其他交易项目和各类权益交易鉴证等。❷

---

❶ http：//www.cbeex.com.cn/article/gywm/jysjj/。
❷ http：//www.cneeex.com/sub.jsp？main_colid=242&top_id=241。

天津排放权交易所是中国首家综合性环境能源交易平台，是致力于为温室气体、主要污染物和能效产品提供安全高效的电子竞价和交易平台，为合同能源管理（EPC）项目及节能服务公司提供推介、融资、咨询等综合服务，为清洁发展机制（CDM）项目以及区域、行业、项目的低碳解决方案提供咨询服务，肩负的使命是应对环境污染和能源紧缺带来的挑战，改善环境质量，追求环境效益和经济效益的统一。❶

深圳排放权交易所成立以来，紧紧围绕深圳市"有质量的稳定增长、可持续的全面发展"的指导思想，始终致力于服务低碳发展、建设低碳试点城市，努力建设制度健全、运营规范、开放公平、合作共赢的排放权交易平台，经营温室气体等多种标的以及提供相关咨询服务、配套服务等业务，致力于将交易所建设成为全国排放权交易中心、低碳产业核心枢纽、低碳金融创新平台。❷

广州碳排放权交易所是全国第一家以"碳排放权"命名的交易机构，开展碳排放权、自愿减排量、碳汇、节能减排技术和节能量交易，提供二氧化硫、化学需氧量和氮氧化物等主要污染物排放权交易服务及相关的投融资、咨询、培训等配套服务，努力发挥市场机制在推动经济发展方式转变和经济结构调整方面的重要作用，以碳排放权和排污权交易带动广东低碳经济、环保产业的发展。❸

湖北碳排放权交易中心主营业务包括碳排放权交易、能效市场产品交易、新能源及节能减排综合服务、碳金融创新产品开发及碳交易投融资服务、碳交易市场咨询和培训等，致力于通过标准化的交易程序保证碳市场的公信力，为低成本高效率地控制碳排放积累经验及建设健全机制，为市场参与方提供透明的交易价格，协助国家制定更加完善的碳排放权交易政策和目标，协助企业以最低成本获得最高的能源效率，设计一流的碳排放权交易市场和金融创新产品，为碳排放权交易市场利益相关方提供有关排放权交易的高质量的信息、培训和相关服务。❹

重庆碳排放权交易中心于2014年6月19日在重庆联合产权交易所揭牌，致力于在重庆工业化、城镇化和农业现代化加快发展以及资源能源环境的约束日益趋紧的情况下，建立政府指导下的市场化碳排放权交易机制，提高企业控制碳排放的意识，引导企业实现较低成本的主动减排，促进碳排放强度和能耗强度持续下降，实现经济社会又好又快发展。❺

---

❶ http：//www.chinatcx.com.cn/tcxweb/pages/gywm/wm_index.jsp。
❷ http：//www.cerx.cn/aboutus.htm。
❸ http：//www.cnemission.com/article/gywm/201212/20121200000047.shtml。
❹ http：//www.hbets.cn/gywm/index.htm。
❺ http：//www.cquae.com/CquaeNews/NewDetails?id=10267。

表 4-2 各碳交易所基本信息

交易所名称	注册资本（亿元）	股份结构	开市时间	开市当天情况
北京环境交易所	1	北京产权交易所有限公司占40%，中海油新能源投资有限责任公司占20%，中国国电集团公司占20%，中国光大投资管理公司占20%	2013年11月28日	线上成交量800吨，成交金额41000元，均价51.25元
天津排放权交易所	1	中国石油天然气集团公司、天津产权交易中心	2013年11月26日	成交量49040吨，成交金额1370295元，均价27.94元
上海环境能源交易所	2.5	英大国际控股（国家电网）、财政部清洁发展机制基金管理中心、宝钢集团、华能集团、申能集团、联合投资等10个股东	2013年11月26日	成交量12000吨，成交金额317000元
湖北碳排放权交易中心	—	武汉光谷联合产权交易所有限公司、武汉钢铁（集团）公司、大冶有色金属集团控股有限公司、湖北省农业生产资料集团有限公司等机构	2014年4月2日	成交量510020吨，成交金额10710440元
重庆碳排放权交易中心	—	—	2014年6月19日	成交量145000吨，成交金额4457500元，均价30.74元
广州碳排放权交易所	1	广州交易所集团有限公司	2013年12月19日	成交量120029吨，成交金额7221740元
深圳排放权交易所	3	深圳市远致投资有限公司、中广核风电有限公司、大唐华银电力股份有限公司、普天新能源有限责任公司、深圳市盐田港集团有限公司、深圳能源集团股份有限公司、深圳国家高技术产业创新中心、深圳联合产权交易所、深圳市特区建设发展集团有限公司	2013年6月18日	成交量21112吨，成交金额613236元，收盘价28元

注：根据7个碳交易所网站及中国碳排放交易网资料整理。

（三）各交易市场的市场表现

北京、天津、上海、湖北、重庆、广州、深圳这7个碳交易所自开市以来，市场容量不断扩大，市场活跃度逐步提高，在交易量、交易金额上有了较大发展，取得了良好的经济效应、社会效应和生态效应，在建设生态文明、美丽中国的道路上发挥了积极作用，对建设环境友好型、资源节约型社会有着重要影响。2014年1月1日至2014年12月31日，7个碳市场成交量总和为14312280吨，交易金额总和为51178.99万元（表4-3）；而自各交易所开市起，截至2014年12月31日，在一年多的时间里，7个碳市场累计交易量为14717807吨，累计交易金额为53469.77万元（表4-4）。在取得一定成绩的同时,各个碳市场在交易量、交易金额等方面向着更成熟、稳健、科学的方向发展,市场机制的作用将进一步增强。

表4-3 各交易所2014年全年交易情况

交易所	交易量(吨)	交易金额(万元)
北京环境交易所	1075055	6386.94
天津排放权交易所	1011240	2050.77
上海环境能源交易所	1984834	7584.90
湖北碳排放权交易中心	7001171	16719.91
重庆碳排放权交易中心	145000	445.75
广州碳排放权交易所	1270289	6596.94
深圳排放权交易所	1824691	11393.78
合计	14312280	51178.99

数据来源:由各交易所的公开数据整理得出。北京的数据为线上交易数据。

表4-4 截至2014年12月31日各交易所累计交易情况

交易所	交易量(吨)	交易金额(万元)
北京环境交易所	1077655	6400.26
天津排放权交易所	1073440	2224.88
上海环境能源交易所	2008104	7649.50
湖北碳排放权交易中心	7001171	16719.91
重庆碳排放权交易中心	145000	445.75
广州碳排放权交易所	1390418	7319.71
深圳排放权交易所	2022019	12709.76
合计	14717807	53469.77

数据来源:由各交易所的公开数据整理得出。北京的数据为线上交易数据。

专栏

试点碳市场悄然进入新一轮竞争

全国碳市场建设已提上日程,试点市场的前途成为一个非常重要的问题。在未来的全国碳市场中,各个试点的竞争力究竟在哪里,是否还有生存的机会?本文对此略做讨论。

二级市场竞争格局逐渐清晰

尽管中国试点碳市场刚刚完成了第一年的履约，但对其未来几年的运行情况已经可以做出大体判断。因为一旦基础的市场要素确定，后期进行大面积改革的空间就变得很小。碳金融实验室（Carbon Finance Lab，CFL）作为独立研究机构，调研了几十家控排企业，对各个市场进行了评估，发现一些有趣的结论：

交易量活跃的市场有效性并不高。更多的交易量并没有使得碳市场变得更像一个成熟的金融市场。这是因为二级市场的纠错功能正在发挥作用，即一级市场的分配不合理通过二级市场进行了纠正，而二级市场尚没有真正发挥资源配置的功能。值得玩味的是，分析表明：最活跃的市场和最不活跃的市场实际有效性相差不大。

当前不活跃的市场以后也很难变得活跃。尽管许多设计者竭尽全力提高二级市场的活跃性，并将其视为重要的指标，但要清醒地认识到，市场活跃性首先是由市场结构所决定的，在确定排放部门时，市场的活跃性水平已经被锁定，优化分配方法所能贡献的流动性非常有限。

盲目追求二级市场活跃性将付出代价。创造流动性要付出额外的成本。我们观察到一些市场为了制造流动性，采取了"创新"的调控手段，表面上看似乎合情合理，但实际上增加了市场的不确定性，破坏了其公信力。例如，预配额分配、配额回收及跟随市场价格的拍卖底价等，这些手段的引入破坏了二级市场的稳健性和严肃性，在一级市场和二级市场之间建立了复杂的耦合关系，违背了奥姆剃刀法则，存在很大的隐患。

盲目追求交易量，使得一些试点陷入了"创新陷阱"中，但个别看似中规中矩甚至保守的碳市场有效性反而很好，这得益于其制度设计的可靠性和透明度。好的碳市场模型是简洁的，实际方案与其偏离得越远，运行效率则越低。采用大量的手段来修修补补，但整体上却没有提高效率，归根结底还是因为缺乏系统的方法论。

碳价格范围日益明朗

试点市场已经初步探明了未来全国碳市场的合理碳价格区间。

对6个试点碳市场2014年的价格波动情况的分析表明，各个试点碳市场的价格波动幅度基本上处于20~90元/吨之间，这意味着未来全国碳市场的价格很可能也处于该区间。我们进一步对控排企业进行了成本分析，发现：在不采取拍卖的情况下，企业承担的碳成本如果高于90元/吨，则会对其利润和现金流产生重大影响，显著影响企业的竞争力；如果采取少量拍卖（如3%），则该价格调整为

60元/吨。同时，值得关注的是，20元/吨已经成为各个试点碳市场心理底线，在这个价格的支撑力较强，企业承受的成本压力较小。

20元/吨对未来碳税的实施也会产生重要的影响。尽管碳税和碳交易是两个不同的政策路线，但是从效率和公平上来讲，碳税相对于碳交易是一个重要的补充。例如，全国碳市场实施之后，由于覆盖范围的限制，可能会扭曲控排企业和非控排企业之间、国内与国外企业之间的竞争力。碳税可以对此进行有效的补充，使得非控排企业纳入减排体系之中，而20元/吨可以成为未来碳税征收的重要基数。

一级市场将是新的竞争焦点

从全国碳市场的层面看，试点市场最大的价值就是解决初始分配问题。但迄今为止，试点始终没有解决好这一问题，而当前二级市场大部分问题的根源也是由分配带来的。

2015年之后碳交易所的数量必然会受到严格限制，如果依赖于二级市场，剩余的交易所必须要另谋出路。根据我们进行的交易所运营成本估算，前期各个交易所热衷于二级市场建设，投入大量资源，未来的回报风险很高，一些独立运营的碳交易所已经面临投资者巨大的盈利压力，再融资难度很大。对于这一局面，我们持有较为悲观的态度：即使试点市场引入非现货产品，通过二级市场获得生存能力也是一件很困难的事情。

显然二级市场已经不是各试点的主战场，新的战场将回到一级市场。"拍卖+碳基金"模式才是未来各试点的核心竞争力。

从加利福尼亚州、广东等市场开展的拍卖活动来看，一级市场的融资能力要远远强于二级市场。事实上，拍卖是碳市场最基本的融资方式，通过拍卖形成的资金可以通过市场化的方式进行运作，提高碳市场的杠杆水平和社会福利。例如，从拍卖收入中提取一定比例的资金成立引导碳基金，充分发挥基金对社会投资的杠杆作用，基金的杠杆水平可达到3~5倍，显著高于合同能源管理补贴等财政补贴方式。

但是由于中国财政管理体系的障碍，资金使用的灵活性尚存在困难。不过这一局面正在发生改变，地方政府以后将可以在预算中单列应对气候变化管理事务科目，未来拍卖资金收入也应转入这一科目中。对拍卖收入进行市场化管理，有效地返回到控排企业中，形成一个稳健的资金流，将极大地弥补碳市场融资能力不足的问题。

未来两年，二级市场的竞争将变得越来越鸡肋。碳交易所面临着两个转型机会：一是发展为地方拍卖平台；二是转型为碳金融服务机构。转型的关键是大胆采用拍卖方式，建立一级市场，探索符合本区域的拍卖收入使用机制，设立区域碳基金，与国家级气候基金形成合作体系，推动一级市场的金融化发展。

但是从碳市场所衍生出的碳基金与普通的引导基金或政策性基金存在很大差异，因为它是碳市场设计的一部分，其独立性会受到约束，例如资金使用形成的周转率和杠杆率之间的平衡会对碳市场资金流动效率产生直接的影响，基金投资策略、治理结构和绩效指标设计也存在公平与效率的平衡。类似的工作在国内外尚没有成熟先例，我们也正在积极开发资金使用方法学和工具，推动地区碳基金的发展。

（来源：陈波．试点碳市场悄然进入新一轮竞争［N］.21 世纪经济报道，2014-08-19.）

第二节 碳市场体系的构建特点

市场体系的构建是市场运行的重要组成部分，良好的市场体系既是市场科学高效运行的必要保障，也是市场健康发展的必然体现。要实现碳市场又好又快发展，加快建设、完善碳市场体系构建是题中应有之义和必然选择。从 2011 年 10 月国家确定开展碳市场试点建设开始，到中国 7 个碳市场相继成立并开市运行，再到 2014 年 7 个碳市场共同运行的格局确立，中国在碳市场体系构建上抓紧抓牢，加快对市场体系构建的研究与建设步伐，出台了一系列政策、管理办法、交易规则等，取得了阶段性的重要成果，为进一步发展、完善碳市场体系构建，推动各碳市场的发展奠定了基础。

一、坚强有力的政策支撑

坚强有力的政策支撑是市场发展运行不可或缺的重要组成部分，是更好地发挥政府作用的体现。政府的政策支撑是培育市场、发展市场的重要力量，尤其是在新市场的起步、成长阶段，政策的巨大作用尤为显著。一直以来，中国 7 个碳交易试点地区在政策支撑上扎实推进，不断探索与创新，出台了多项政策，形成了一系列政策方针、地方性法规，也在实践上抓紧加快政策的落实，对发展、完善各碳市场起到了极大的推动作用。

由表 4-5 可知，中国 7 个碳交易试点地区在政策支撑上下了一定力气，从工作实施方案、碳排放管理办法、碳排放核查方法、配额管理办法、碳交易规则等多方面开展工作，形成层次清晰、衔接有序、配合紧密的政策支撑体系，进一步夯实制度基础，立规矩、明边界，为各碳市场指明了前进方向，奠定了进一步发展的基础。

表4-5 各交易试点的政策支撑基本情况

试点	工作实施方案	碳排放管理办法	碳排放核查方法	配额管理办法	碳交易规则
深圳	《深圳市碳排放权交易试点工作实施方案》	《深圳经济特区碳排放管理若干规定》	《深圳组织的温室气体排放核查规范及指南》		《深圳市碳排放权交易管理暂行办法》
上海	《上海市人民政府关于本市开展碳排放交易试点工作的实施意见》	《上海市碳排放管理试行办法》	《上海市温室气体排放核算与报告指南(试行)》，9个行业的温室气体核算及报告方法	《上海市2013—2015年碳排放配额分配和管理方案》	《上海环境能源交易所碳排放交易规则》
北京	《北京市发展和改革委员会关于开展碳排放权交易试点工作的通知》	《北京市碳排放权交易管理办法(试行)》《北京市碳排放权抵消管理办法》	《北京市企业(单位)二氧化碳核算和报告指南(2013版)》	《北京市碳排放权交易试点配额核定方法(试行)》	《北京市碳排放配额场外交易实施细则(试行)》《北京环境交易所碳排放权交易规则》
广东	《广东省碳排放交易权交易试点工作实施方案》	《广东省碳排放管理试行办法》	《广东省企业碳排放信息报告与核查实施细则(试行)》	《广东省碳排放权配额首次分配及工作方案(试行)》	《广州碳排放权交易所(中心)碳排放权交易规则》
天津	《天津市碳排放权交易试点工作实施方案》	《天津市碳排放权交易管理暂行办法》	《天津市分行业碳排放核算指南》	《天津市碳排放权交易试点纳入企业碳排放配额分配方案(试行)》	《天津排放权交易所碳排放权交易规则全文细则》
湖北	《湖北省碳排放权交易试点工作实施方案》	《湖北省碳排放权管理和交易暂行办法》	暂无	《湖北省碳排放权配额分配方案》《湖北碳排放权交易中心配额托管业务实施细则(试行)》	《湖北碳排放权交易中心碳排放权交易规则(试行)》
重庆	《重庆碳排放权交易实施方案》	《重庆市碳排放权交易管理暂行办法》	《重庆市企业碳排放核查工作规范(试行)》《重庆市工业企业碳排放核算报告和核查细则》	《重庆市碳排放配额管理细则(试行)》	《重庆联合产权交易所碳排放权交易细则(试行)》

资料来源：中国碳排放交易网。

二、日趋完善的市场基本建设

市场参与者、交易产品和交易方式是市场发展的基本要素。数量众多、涵盖多层级的市场参与者对激活市场活力、提升市场活跃度、挖掘市场容量与潜力有着至关重要的作用。交易产品的种类丰富程度、供给量、质量情况等因素会影响市场参与者的需求偏好、参与度以及市场的供求状况，在拓展市场空间、繁荣市场上有着重要地位。灵活多样、快捷方便的交易方式是实现市场高效运转的基本条件，能够吸引不同市场参与者、加快交易流程及节约交易费用。中国7个碳交易试点地区明确了市场参与者条件，对符合条件的各类市场参与者敞开大门，同时提供了市场交易产品类型，设计交易方式，进一步推进了碳市场的基本建设。

由表4-6可知，中国7个碳交易试点地区的市场参与者涵盖履约企业、机构、组织及个人，而以企业为主要参与者。在交易品种上有碳排放权配额、中国核证减排量及其他产品，其中碳排放配额和CCER是主要产品。在交易方式上，有公开交易、协议转让、公开竞价、电子竞价、大宗交易等方式，方式多样，其中以公开交易和协议交易为两大交易方式。多层级的市场参与者、不同类型的交易品种和交易方式为中国碳市场注入了持续的动力和活力，加快了碳市场建设。

表4-6 各交易试点的市场基本建设情况

试点	市场参与者	交易品种	交易方式
北京	控排企业、投资机构	北京市碳排放权配额（BEA）、中国核证减排量、经相关主管部门批准的其他交易产品	公开交易 协议转让 其他方式
天津	国内外企业、机构团体、个人	天津市碳排放权配额（TJEA）、中国核证减排量	现货交易 协议交易 拍卖交易
上海	控排企业、投资机构、个人	上海市碳排放权配额（SHEA）、中国核证减排量、经相关主管部门批准的其他交易产品	挂牌交易 协议转让 其他方式
湖北	控排企业、投资机构、个人	湖北省碳排放权配额（HBEA）、中国核证减排量	公开拍卖 协议转让
重庆	控排企业、投资机构、个人	重庆市碳排放权配额（CQEA）、中国核证减排量	公开竞价 协议交易 其他方式
广东	控排企业、投资机构、个人	广东省碳排放权配额（GDEA）、中国核证减排量、经相关主管部门批准的其他交易产品	现权现货 协议转让 其他方式
深圳	控排企业、投资机构、个人	深圳市碳排放权配额（SZA）、中国核证减排量、经相关主管部门批准的其他交易产品	电子竞价 定价点选 大宗交易

资料来源：宋丽颖，李亚冬．论我国碳排放权交易市场之完善［J］．学术交流，2015（4）：134-138；中国碳排放交易网相关资料。

三、配额管理、配额分配及违约处罚

公平合理是市场发展的内在要求,关系到市场的正常运行。配额管理、配额分配及违约处理是发展碳市场的重要内容,关乎市场公平合理、高效运行,是碳市场实现交易的重要组成要素。中国7个碳交易试点地区在配额管理、配额分配及违约处罚上积极探索,并做出了相关规定,为碳市场的健康发展提供了有力保障。

由表4-7可知,中国7个碳交易试点在配额管理、配额分配和违约处罚上做出了努力,取得了一定成效。在配额管理上,设立总量控制目标,建立碳排放配额管理制度,建立注册登记系统,根据实际情况明确分配方案、分配流程。在配额分配上,以历史法、基准法为主,多种分配方法相结合,以无偿分配为主、有偿分配为辅,除个别试点外,绝大部分试点地区是全部免费分配。在违约处罚上,针对不同违约情况,设立了不同处罚标准与方式,以罚款与抵扣配额为主要形式。7个碳交易试点地区在配额管理、配额分配、违约处罚上迈出了稳健的步伐,推动了碳市场的发展与进步。

表4-7 配额管理、配额分配及违约处罚

试点	配额管理	配额分配	违约处罚
北京	设立年度碳排放总量控制目标,核算年度配额总量,对重点排放单位的二氧化碳排放实行配额管理;设立碳排放权注册登记簿系统用于配额的发放及履约管理等;确定不超过年度配额总量的5%作为调整量,用于重点排放单位配额调整及市场调节	根据重点排放企业(单位)历史排放水平、行业先进排放水平、行业技术发展趋势、经济结构调整及节能减排淘汰落后产能整体安排等因素确定企业配额;免费分配	超出排放配额部分以市场均价的3~5倍处罚
天津	建立碳排放总量控制制度和总量控制下的碳排放权交易制度,逐步将年度碳排放量达到一定规模的排放单位纳入配额管理;根据碳排放总量控制目标,综合考虑历史排放、行业技术特点、减排潜力和未来发展规划等因素确定配额总量;根据配额总量,制订配额分配方案	历史法和基准法相结合分配配额,电力行业为基准法,其他行业采用历史法;配额以免费发放为主,以拍卖或固定价格出售等有偿发放为辅	未遵约单位应在限期内改正,并在3年内不得享受有关优惠政策
上海	建立碳排放配额管理制度,年度碳排放量达到规定规模的排放单位,纳入配额管理,其他排放单位可申请纳入配额管理;碳排放配额总量根据国家控制温室气体排放的约束性指标,结合本市经济增长目标和合理控制能源消费总量目标予以确定	对电力、航空、港口和机场采用行业基准法分配,其他行业均采用历史法;采取免费或有偿的方式,通过配额登记注册系统,向纳入配额管理的单位分配配额	未履行配额缴清的处5万元以上、10万元以下罚款

续表

试点	配额管理	配额分配	违约处罚
湖北	实行碳排放总量控制下的配额交易制度，设定年度碳排放总量，确定纳入碳排放权交易企业的标准和碳排放配额；纳入碳排放权交易企业可自愿对合法取得的碳排放配额在交易机构进行交易；每年6月30日前发放当年度碳排放配额；5月份最后一个工作日对企业缴纳的配额、未经交易的剩余配额以及预留的配额予以注销	根据企业历史排放量核定纳入碳排放权交易企业的当年度碳排放配额，于每年6月30日前发放；预留配额总量中的5%用于市场调控，15%用于新增企业或纳入碳排放权交易企业的新增设施；初期免费发送	对未缴纳的差额按照当年度碳排放配额市场均价的3倍予以罚款，同时在下一年度分配的配额中予以双倍扣除
重庆	实行碳排放配额管理制度，对年碳排放量达到规定规模的排放单位实行配额管理，鼓励其他排放单位自愿纳入配额管理；建立碳排放权交易登记簿对配额实行统一登记；拟定年度配额分配方案，通过登记簿向配额管理单位发放配额	以历史排放中最高年度排放量为基准排放量，设定动态基准线并应用多种调整方法；免费分配	未清缴的配额按配额月均价的3倍罚款
广东	实行碳排放配额管理制度，将控排企业和单位、符合一定条件的新建项目企业纳入配额管理，其他排放企业和单位经同意后可申请纳入配额管理；确定能源消费总量目标，并定期向社会公布；制订配额分配实施方案，明确配额分配的原则、方法以及流程等事项，经配额分配评审委员会评审，报批准后公布	采用基准法、历史法等方法确定年度配额；实行部分免费发放和部分有偿发放，并逐步降低免费配额比例；每年7月1日，按照配额总量的一定比例发放年度免费配额	拒不履行清缴义务的，在下一年度配额中扣除未足额清缴部分2倍配额，并处5万元罚款
深圳	实行目标总量控制，设定目标排放总量；根据目标排放总量、产业发展政策、行业发展阶段和减排潜力、历史排放情况和减排效果等因素综合确定全市碳排放权交易体系的年度配额总量；对符合一定条件的碳排放单位实行碳排放配额管理	配额分配根据历史排放、强度下降目标及竞争博弈法确定，建筑物根据能耗限额或碳排放限额标准确定；无偿分配与有偿分配相结合，大部分为免费分配	对超额排放量，按平均市场价格的3倍处以罚款

资料来源：各试点地区公布的碳排放权管理办法、交易规则；郑爽等著的《全国七省市碳交易试点调查与研究》，中国经济出版社2014年出版。

四、监督管理与可测量、可报告和可核实

现代经济是法制经济，建设法制市场要实施监督管理，对市场交易活动进行测量、报告与核查，实现信息反馈，才能更好地发展市场。对碳市场进行监督管理有利于规范市场交易活动，保障各个市场参与者的合法权益，维护市场正常秩序。实施可

测量、可报告和可核实（Monitoring，Reporting，and Verification，MRV），有利于快速了解市场动态，掌握市场真实准确数据，及时反馈信息，及早发现问题，改进工作。中国7个碳市场试点地区对碳市场采取了一定监督管理措施，对温室气体进行测量、报告以及对排放报告进行核查，力争实现预期效果，同时真实准确的排放数据有利于保障交易体系的可靠性和可信度。

由表4-8可知，在监督管理上，各个试点地区明确部门职能分工，采取多种监督管理措施，包括建立碳排放权注册登记系统，对各个市场参与主体进行信息收集与管理、现场检查、查阅相关资料等活动，对外公开相关信息，维护市场稳定。在MRV上，各个试点地区编制并公布了核算与报告指南、管理办法等相关文件，明确了要求，树立了规范。7个碳交易试点地区在管理监督与MRV上积极有为，有力地促进了各碳市场的有效运行和健康发展。

表4-8 监督管理与可测量、可报告和可核实

试点	监督管理	可测量、可报告和可核实
北京	加强对报告单位的碳排放报告、第三方核查机构的核查报告以及重点排放单位碳排放控制情况的监督检查；对违反碳排放权交易管理的报告单位和第三方核查机构依规处理，将违规行为予以通报，并向企业信用信息系统主管部门提供相关信息；加强市场价格监管，根据需要在配额调整范围内通过拍卖、回购等市场手段调节市场价格，维护市场秩序	公布了企业（单位）二氧化碳排放核算和报告指南，以及碳排放核查机构管理办法
天津	对企业的碳排放监测、报告、交易及遵约等活动、第三方核查机构的核查活动以及市场参与主体的其他相关业务活动等实施监督管理；可采取现场检查相关企业与机构、询问相关单位和个人、查阅相关资料等措施；建立碳排放权交易市场价格调控机制，稳定交易价格，维护市场正常运行；开设多种渠道接受公众监督	发布1个碳排放报告编制指南，5个行业核算指南
上海	对纳入配额管理单位的碳排放监测、报告以及配额清缴、第三方机构开展碳排放核查工作，交易所开展碳交易、资金结算、配额交割等活动实施监督；可采取对纳入配额管理单位、交易所、第三方机构等进行现场检查，询问当事人及与被调查事件有关的单位和个人，查阅、复制相关文件和资料等措施	公布了上海市温室气体排放核算与报告指南，含9个行业核算与报告方法；公布了第三方核查机构管理办法
湖北	建立并管理碳排放权交易注册登记系统，用于记录和监管碳排放配额的发放、持有、转移、变更、冻结、托管、缴纳、抵消、注销等情况，并定期发布相关信息；对企业的碳排放报告和第三方核查机构提交的核查报告进行监督检查；建立碳排放权交易市场风险监管机制，避免价格异常波动；禁止通过操纵供求和发布虚假信息等方式扰乱碳排放权交易市场秩序	制定了《温室气体监测量化和报告指南》，1个通则和11个行业指南；制定了碳排放权核查指南及第三方核查机构备案管理办法

续表

试点	监督管理	可测量、可报告和可核实
重庆	建立对配额管理单位、核查机构、交易所、其他交易主体等的监管机制，按职责履行监管责任；对配额管理单位的碳排放报告、接受核查和履行配额清缴义务等活动，核查机构的核查行为，交易产品交割等活动加强监督管理；对交易所的交易组织、资金结算等活动，交易主体的交易行为，以及其他与碳排放权交易有关的活动加强监督管理；依据相关活动与情况采取相应措施	制定了工业企业碳排放核算和报告指南，企业碳排放核算、报告和核查细则，核查工作规范
广东	定期公布控排企业和单位、报告企业的履行情况；建立企业碳排放信息报告与核查系统和碳排放配额交易系统；控排企业和单位对年度实际碳排放量核定、配额分配等有异议的，可依法提请复核；建立控排企业和单位、核查机构以及交易所信用档案，及时记录、整合、发布碳排放管理和交易的相关信用信息	制定了《广东省企业碳排放报告通则》和4个行业碳排放核算指南，以及《广东省企业碳排放核查规范》
深圳	市发展和改革部门是碳排放权交易工作的主管部门，履行监督碳排放权交易相关主体的碳排放权交易活动、建立并管理碳排放权注册登记簿和温室气体排放信息管理系统等职责；市住房建设、交通运输等部门接受主管部门委托，负责本行业碳排放权交易的管理、监督检查与行政处罚，市场监管部门及统计部门要履行规定的职责	公布了组织的温室气体排放量化和报告规范及指南，建筑物温室气体排放的量化和报告规范指南；组织的温室气体排放核查规范及指南

资料来源：各试点地区公布的碳排放权管理办法、交易规则；郑爽等著的《全国七省市碳交易试点调查与研究》，中国经济出版社2014年出版。

第三节 碳市场存在的问题

经过一年多的发展，7个试点地区的碳市场相继建立并开市运行，在市场体系构建上取得了阶段性的成果，例如在政策支撑、市场基本建设、配额管理、配额分配、违约处罚、管理监督与MRV等方面取得了一定成效；市场表现也不错，碳交易成交量不断提升，成交金额不断增加，市场活跃度逐渐提高；7个试点地区也在实践中摸索、探究，总结经验教训，为下一段时期的发展积累基础性认识，也为建设全国性的碳市场奠定理论和实践基础。然而，各碳市场还处于不成熟阶段，面临着诸多不足和挑战，在发展的过程中也暴露很多值得重视、亟待解决的问题，在市场建设与完善上依旧任重而道远。

一、相关法律缺位

党的十八届四中全会提出"制定完善生态补偿和土壤、水、大气污染防治及海洋生态环境保护等法律法规，促进生态文明建设。"而现阶段，中国在碳市场的法律体系上还处于缺失状态,例如法律在排放总量控制、配额管理、测量与报告等环节上还有待做出法律层面的规定。虽然各试点地区的地方人大及地方政府针对碳市场的建设,制定并出台了一些地方性法规、政府规章和规范性文件,在一定程度上划定了市场边界,树立了规矩,确立了市场参与主体的权利与义务,明确了奖惩机制,使得碳市场的整个运行过程带有一定法律约束力、强制力与保障力。但是,地方性法规、政府政策的法律效力毕竟有限,具有一定的地域性、过渡性色彩,对碳市场施加的法律约束力、指导性、权威性有限。国家层面在碳市场上的法律缺位使得各个试点地区对碳市场的建设于法无据,一些政策的落实得不到保障,也存在一些市场漏洞与隐患亟待解决。

二、市场规则、标准建设有待完善

市场规则与标准是市场公平合理的内在要求,健全、完善的市场规则与标准能够促进市场的健康发展。现阶段,中国各碳交易试点的市场规则与标准建设还需要加强,例如各试点地区在碳排放权的界定还模糊不清,排放量的统计测量、核查等方面的理论体系、标准不统一,配额管理、配额分配透明度不够,存在一定的争议,对不同行业、新旧企业的要求也存在公平性的争论。市场规则不明确、标准不统一、信息缺乏透明度等,这些都会降低市场的公平性,增加市场参与主体的交易成本与风险,降低参与的主动性与积极性,使市场参与主体处于一种观望的状态,不利于市场的建设发展。

三、市场机制的作用尚未真正形成

市场在资源配置中起决定性作用,而现阶段7个试点地区的碳市场尚未真正确立市场机制,市场的作用没有发挥出来,碳排放权的资源要素属性没有得到凸显。市场冷热差距较大,例如2014年全年,湖北成交量为7001171吨,成交金额为16719.91万元;而重庆成交量只有145000吨,成交金额为445.75万元。同时,市场均价差异也较大,存在一定程度的价格扭曲,例如2014年天津碳排放均价为20.28元/吨,重庆为30.74元/吨,北京为59.41元/吨。履约率参差不齐,有些试点地区的履约率较高,个别地区达到100%,但是有些试点地区的履约率不高,甚至不得不延长履约期限。市场持续性也不稳定,大部分试点地区的交易断断续续,有些交易日没有成交量,或是成交量、成交金额都偏小,最为典型的是重庆,只是在开市当天完成了一次交易,而此之后在2014年接下来的其他交易日均没有再出现交易。同时,各个试点的配额以免费分配为主,市场的竞争关系、价格信号、供求关系很难形成,市场参与主体无法实现利润最大化,抑制了参与的动力。另外,各试点地区的市场交易品种都集中在碳排放配额和 CCER，产品结构较为单一化，缺乏产品创新，尤其缺少诸如期权期货等金融产品，金融机构进入碳市场的渠道狭窄，积极性不高。总之，竞争机制、价格机制、供求机制等市场机制在各碳市场中还没有真正形成，市场对资源要素配置的决定性作用没有确立，整个碳市场的市场化发展道路依旧很长。

四、各交易市场分割严重

现阶段，北京、天津、上海、湖北、重庆、广东、深圳 7 个试点省市都制定了各自的碳排放管理办法或市场交易规则，出台了一系列的政策、规定、标准，建立了碳市场。然而，各碳市场都是在行政区划的基础上形成的，建立在各自实际利益的基础上，带有强烈的地域色彩，行政区划的分割使得各个市场在沟通联系、标准统一、政策对接、市场连通等方面很难实现。各个市场间缺乏协作，相互间的关系松散，横向沟通联系缺乏，存在行政区划藩篱，也存在地方保护主义，市场分割严重，削弱了政策实施的影响，使得各个交易市场取得的效果打了折扣，致使各个交易市场难以统一到国家战略层面，各个市场间的隔阂给建立全国统一的碳市场造成了些许障碍。

专栏

用市场之手撬动碳交易市场

中国是温室气体排放第一大国，承受了巨大的减排压力。十八大提出要推行碳交易制度。但是，我国的碳交易市场发展还存在一系列市场化不足的现象。

2014 年联合国气候峰会 9 月 23 日在纽约联合国总部闭幕，120 多位国家元首或政府领导人参加了峰会。联合国秘书长潘基文在闭幕致辞中说："今天是历史性的一天，因为从来没有这么多领导人聚集在一起，承诺就气候变化采取行动。"

各国政府高度关注以减少温室气体排放为核心的应对气候变化问题，本次峰会的重要目标便是"促成采取减少温室气体排放和增加应对气候变化能力的大胆措施"。

目前，这种"大胆措施"主要指采用建立碳交易市场等方式来减少温室气体排放。碳交易市场是政府规定本国或本地区的温室气体排放限额，然后按照一定规则把这些排放限额分配给企业，减排成本低的企业可以在市场上把排放限额卖给减排成本高的企业。排放限额还可以被开发成金融产品进行交易。这种市场化手段被认为是低成本而有效率的减排措施。

1997 年通过的《京都议定书》，把碳交易作为减少温室气体排放的重要工具，随后世界各国纷纷构建各自的碳交易市场。据世界银行统计，2011 年全球碳交易市场交易额达到1760亿美元，有学者预计其规模今后会超过石油期货市场。

中国是世界温室气体排放第一大国，承受了巨大的减排压力。2011年11月，国家发改委确定北京、上海、天津、重庆、深圳、广东和湖北为首批碳交易试点省市。十八大与十八届三中全会提出要推行碳交易制度，国家发改委已明确下一步要建立全国范围的碳交易市场机制。

但是，中国的碳交易市场发展还存在一系列市场化不足的现象。

首先，碳交易市场需要政府查清楚当地的排放总量，并确定排放限额，分配给企业，但这是一项耗时耗力的复杂工作，目前负责这项工作的一些地方发改局无力承担。应对之策是把这项工作交给市场，引入第三方机构，政府发挥监督职能。

其次，截至2014年6月29日，7个试点省市已经全部启动碳交易，但累计交易额仅为3.38亿元。不仅整体交易额小，而且有的试点地区交易所从来没有成交过。这种现象亟待解决，要让市场交易者自愿积极参与，真正有利可图。

再次，有的试点地区推行排放限额通过拍卖有偿获取，但是绝大部分的拍卖是以底价成交，有"作秀"之嫌。今后需要由市场决定拍卖价格，并把拍卖收益用于减少温室气体排放。

最后，目前试点地区交易价格差异巨大，均价从20元到80元不等。这种巨大价差对今后建立全国范围的碳交易市场非常不利。价格波动是市场的常态，但是价格过度波动将给市场交易者带来巨大风险。这就需要建立由市场合理确定价格、政府调控价格的机制。

总之，中国要用市场之手撬动碳交易市场，用好碳交易市场这种"大胆措施"，既使市场在资源配置中起到决定性作用，又能更好地发挥政府作用，使之成为一种符合生态文明要求的社会主义市场经济机制。

（来源：郭兆晖.用市场之手撬动碳交易市场［N］.人民日报，2014-10-18.）

专栏

操纵碳市场的成本有多低？

在一个成熟的市场上，操纵市场的成本是很高的，并且会面临巨大的监管风险。但碳市场仍处于发育初期，价格机制不完善、流动性水平较低、监管经验不足，有可能带来市场操纵的风险。这种风险有多大，存在于哪些环节？

存在跨市场套利的可能性

一种典型的市场操纵方式称为"坐庄"。坐庄在中国股市发展历史中是一种常见的手段,但近些年的难度也在增大。庄家通过大规模资金进出的方式影响股价波动,低吸高抛,引诱股民接盘。但坐庄必须要以一定的流动性为基础,否则会出现无法出货的风险,而这种流动性实际上是指大量缺乏风险管理能力的股民热情参与。

在碳市场上有可能坐庄吗?这很难。尽管我们观察到二级市场价格可以很容易被小额交易所影响,例如某些交易所每天的交易量甚至可以低到几吨,只要几十块钱就可以操纵市场价格,但是如果没有接盘者的存在,这种价格操控是没有太大意义的。

未来也不会出现大量的接盘者。虽然许多交易所对个人投资者开放,但是碳交易本质上并不适合个人投资者参与。在政策监管方面,证监会希望金融创新的风险主要由机构投资者吸收,并不希望个人投资者卷入其中,这种态度是非常清晰的。而从碳交易自身的特点来看,其信息披露程度远不及股票市场,流动性也难以具备大规模发展的可行性,而且专业性很强,个人投资者参与的门槛与风险很高。因此,碳市场必然会是一个以机构投资者为主的金融市场,与金属期货市场类似。这些原因使得在二级市场上进行坐庄操作不具备可行性。也就是说,尽管操纵市场价格的成本很低,但是坐庄的风险却很高,在碳市场上很难发生。

但是只要影响市场价格的成本足够低,仍然有可能进行市场操纵。这种可能性主要体现在不同市场之间,例如二级配额市场与CCER市场之间,二级配额市场与大宗交易(或称协议交易)市场之间。

由于各个交易所均是以二级配额市场为建设主体,因此在价格机制设计时,一般采取了其他市场价格跟随二级配额市场价格的方式。但如果这一价格机制本身比较脆弱,则给潜在的市场操纵者带来了套利的机会。例如,现在很多CCER一级市场购买价格采用了浮动方式,跟随目标交易所的二级配额价格。在这种情况下,投资者就有动力通过操作二级配额价格获得更大的差价。在大宗交易(协议交易)中也存在这种可能性。部分交易所不允许自由定价,要求协议价格以二级配额价格为基准协商确定,同样使得双方存在操纵价格的动机。

而对各个交易所的观察发现,几乎所有的交易所都存在比较长的流动性过低的时间窗口,这使得上述的市场操纵行为有了更大的可行性。

应当开放大宗交易市场

二级配额市场、CCER市场、大宗交易市场,三者之间的价格联动机制会给市场操纵者创造更多的机会。如果市场操纵者能够以极低的成本长期影响市场价格，那么监管者很难对此做出市场操纵行为的认定（由于 CCER 市场并不受交易所直接监管，此处只讨论大宗交易市场）。

这个问题的核心还是价格机制的设计。现在交易所普遍采取的价格管理方式是涨跌幅限制，从 10%到 30%。但如果操纵的成本足够低，涨跌幅限制并不能从本质上解决这一问题。最直接的方式是将二级配额市场和大宗交易市场之间的价格联动规则取消。

由于大部分控排企业的交易意愿不超过 1 次/年，使得二级配额市场与大宗交易市场之间形成了不可避免的替代效应。部分交易所之所以制定价格联动规则，根本上是担心企业通过大宗交易获得自由定价权，影响到二级配额市场。但这个担忧是多余的。因为即使企业之间自由协商，仍然会参考二级配额的价格。单方面限制大宗交易市场并不会促进配额市场的活跃性，只会限制企业参与碳市场的积极性，尤其是降低了企业自主决策的灵活性。

如果大宗交易的价格偏离二级配额价格也只是反映了市场的预期，并非一种破坏因素。将大宗交易的定价权还给企业，以满足企业的实际需求，这是大宗交易市场存在的价值，也是与二级配额市场的差异性所在。从数据上也可以反映一些问题，截至 2014 年 5 月 16 日，所有的大宗交易均发生在没有制定价格联动规则的市场上。

总之，交易市场的结构并不是交易所能够完全支配的，应当给各个市场均等的发展机会，逐步形成符合本地特征的多层次碳市场结构，满足企业履约的需求。在形成有效的市场结构之前，盲目采用价格管理手段，将付出扭曲市场的代价。

（来源：陈波. 操纵碳市场的成本有多低？[N]. 21 世纪经济报道，2014-05-27.）

第四节 发展碳市场的建议

七省市碳市场的建立，标志着中国发展低碳经济、建设全国统一的碳市场迈进了一个新阶段，是发挥市场作用在碳排放权这个资源要素配置过程中的重要体现，也是中国在应对气候变化、保护生态环境上的体制机制创新之举。经过 2014 年的发展，各个试点地区取得了一定可喜的成绩，但是暴露出来的问题值得警醒，更需要针对存在的问题，既要从全国大局出发，又要结合具体实际情况积极谋划，给出解决方案，妥善处理各种问题，更好地促进碳市场的发展。

一、立足国情，有序推进

不可否认，现阶段中国各碳市场存在诸多不足，亟待解决。但是，也应该看到中国推进碳市场建设的时间不长、经验不足，各个地区的人口、产业结构、科学技术水平、环境承载量等实际情况不同，碳市场出现各种问题是客观的、不容回避的。这就要认识到推进碳市场建设是个过程，要循序渐进，需要经历从培育、成长、成熟再到完善的过程。而7个试点地区经过前一段时期的摸索探究之后，在市场体制、市场管理、市场运行等方面取得了一定成果，需要国家从试点地区的实践中总结经验认识，找出规律，形成各方接受的共识，抓紧顶层设计，立足中国国情，从财政、金融、税收等方面给予支持，科学有序地推进建设带有中国特色的碳市场。

二、突破立法瓶颈，健全法律体系

法律是国家治理体系和治理能力的重要体现，市场经济是法制经济，碳市场的健康运行需要法律强有力的基础支撑。而现阶段，法律在碳市场发展过程中的缺位状况亟待改变。这需要国家在总结各个碳市场实践经验的基础上，加快对低碳经济、碳市场的立法进程，明确对市场主体权利与义务、配额管理、市场监管、测量、核查、报告等各个环节的法律要求和法律界限，降低市场的模糊性与不确定性，维护市场参与者的合法权益，使得政府的各项方针政策、措施于法有据，依法进行，将整个碳市场的运行纳入法制轨道，强化法律在碳市场的约束力、强制性、权威性。

三、完善市场机制，更好地发挥政府作用

推进经济建设，既要发挥市场在资源配置中的决定性作用，也要更好地发挥政府作用。现阶段，市场机制在中国各碳市场中的作用还没有真正发挥出来，在接下来的一段时期里，要进一步增加市场参与主体的数量，增加中介机构，在以履约企业为主体的同时，逐步提升其他机构、组织及个人的比重，实现市场主体多元化，提升市场活跃度。同时，加快交易产品的创新步伐，引入金融机构与金融产品，扩大期权期货等其他产品的份额，丰富交易产品种类，实现产品多样化。再者，依据实际情况，有步骤、有计划地减少配额的免费分配，增加配额的有偿分配，转变免费分配比例过高的格局，确立供求关系，实现价格信号的发现与传递，激活竞争机制、价格机制在碳市场中的调节作用，充分体现碳排放权的资源要素属性，坚定不移地向着市场化的方向发展。

另外，要更好地发挥政府的作用。各碳市场还处于培育、成长阶段，国家层面上

及各试点地区政府都要积极有为，进一步加强技术支撑、人才培养，完善排放数据核查、报送与核查环节，建立健全注册登记系统，实现标准统一、交易规则清晰明确、各市场主体权利与义务对等，恰当处理不同行业、新旧企业在配额管理、配额分配等方面的公平合理问题。同时，加强对排放数据的收集、管理，确保数据的真实有效，推进信息化管理，通过各交易所网站等途径及时公布交易信息，简化交易流程，减少市场主体的交易成本，提升政府的服务水平，营造良好的市场环境。

四、促使地方性市场走向全国统一市场

建设全国统一的碳市场是中国推进地方碳交易试点的内在目标，也是市场未来发展的方向。现阶段，各个交易试点地区在政策方针、市场体系、技术支撑、涵盖领域与发展目标等方面都有所差异，而要实现地方性的市场向全国性的市场转变，就需要国家加强顶层设计，在政策方针、市场规则、标准等方面由地方性转变为全国性，由差异走向统一，建立跨区域的碳市场，有步骤地、循序渐进地推进全国统一的碳市场建设进程。

专栏

用碳市场解"气候资金结"

从2009年的哥本哈根，到2010年的坎昆，到2011年的德班，到2012年的多哈，再到2013年的华沙，全球为搭建一个共同应对气候变化问题的合作机制，展开了一场艰苦的"马拉松"谈判。至今，仍未达到终点。与此同时，气候变化的步伐却并未因人类的行动迟缓而改变。

诚然，道德无法解决气候问题。气候问题的解决首先依赖于每一位地球居民拥有一份"公德心"。接下来如何破题？我们需要理性、科学且负责任的声音。

2014年11月12日，中美双方在北京APEC会议期间发布了应对气候变化的联合声明。这份声明有很多亮点，近期媒体上有铺天盖地的分析，但是诸多言论似乎都忽视了一个气候变化论战中最有争议的问题之一：资金问题。具体而言，西方的哪些国家和企业将提供资金以及提供多少资金来资助很多最强劲的竞争对手所在的发展中国家的低碳革命。

由于气候变化问题主要是由于人为温室气体排放导致的，而发达国家在其从工业革命的两百多年来，占据了人为温室气体排放的绝大部分。因此，在2007年召开的巴厘岛气候大会确定的"巴厘岛路线图"明确提出发达国家要给予发展中国家以资金支持。由此，资金问题成为历次关于气候变化的国际会议的焦点。

根据之前气候大会协议，发达国家缔约方应于2010—2012年向发展中国家提供总值为300亿美元的快速启动资金，以帮助其应对气候变化，并于2013—2020年每年提供1000亿美元的长期资金。而刚结束的气候峰会的"主席总结暨成果文件"称，峰会成果是"公共和私营部门明确了气候融资途径"。

时至近日，第一笔300亿美元快速启动资金的承诺期早已过去，发展中国家实际上没有一分钱的"真金白银"入账。发达国家借口经济危机，拒绝给出提供资金的时间表。反而发达国家还声称已经通过所谓的"公共和私营部门气候融资途径"，实际上就是通过各类企业向发展中国家投资的形式完成了义务。

如果不能解决资金问题，基于发达国家与发展中国家的"共同但有区别责任"的联合国框架下的气候谈判实质上已经形同虚设。那么中国作为最大的发展中国家，应当如何应对呢？

《京都议定书》开创了运用市场机制解决气候变化这一全球最大的生态环境问题的模式——碳排放权交易市场（简称碳市场）。直白地说，就是通过减少温室气体排放能卖钱的方式，让企业获取资金以应对气候变化。

既然不能从发达国家获得减排的支持资金，那么我们就要自己创造资金。因此，构建中国自己的碳市场迫在眉睫。

中国政府也充分认识到这一点。十八大着重提到要"坚持共同但有区别的责任原则、公平和各自能力原则，同国际社会一道积极应对全球气候变化"，并要"积极开展碳排放权交易试点，十八届三中全会进一步提出要"推行碳交易制度"。2014年，国家发改委已经提出在2011年底开始的7个省市的碳交易试点的基础上建立全国范围的碳交易市场机制。

时不我待，中国应对气候变化工作重心应当从纷繁复杂却了无成效的联合国框架下的气候谈判，转移到加快构建中国自己的碳市场，进而为中国企业减排提供资金支持，把"绿水青山"转变为"金山银山"。

通过发展中国碳市场真正获取"全球性"的减排资金支持，应该着力做好三个步骤。

首先，国际碳市场的定价权在欧盟手中，以欧元标价，健全中国碳市场的碳价形成机制，进而建立一套以人民币标价的碳市场定价标准。其次，国际碳市场的规模已经超过了1700亿美元，而中国碳市场的规模仅为3.38亿元人民币，我们需要在试点基础上，扩大碳市场规模，进而建立与中国第一大碳排放国地位相适应的碳市场。再次，在掌握定价权、获取规模优势之后，中国的碳市场应与国际碳市场连接，这样我们便可以把"碳""出口"到发达国家，用市场的力量而不是依靠谈判的"嘴上功夫"来赢取他们的资金支持。

（来源：郭兆晖. 用碳市场解"气候资金结"[N]. 学习时报，2014-11-24.）

专栏

从边干边学到全国碳交易市场的经济学逻辑

在中国碳市场建设中,"先试点后推广"被默认为一种自下而上的设计思路。但在利益格局日益纷杂、法制体系不断完善、改革空间不断缩小的局面下,这一模式正面临越来越大的挑战。

严格意义上讲,好的市场不是设计出来的,而是政府逐步退出、让渡出来的。如果仍然沿袭过去从政府的角度来考虑市场问题的旧模式,必然会导致价格失灵、市场配置失败的结果。在碳市场设计上,市场缺乏容错能力,如果决策者考虑不周,错误会成倍放大,导致失败。

因此顶层设计在碳市场中具有举足轻重的作用,而这是我们当前工作相对薄弱的地方。由于缺乏顶层设计,各地碳市场正变得越来越碎片化,连接的成本越来越高,失败的风险亦越来越大,这是值得决策者警惕的问题。

试点市场的流动性困境

供求关系产生有效的定价机制,进而创造市场的流动性。碳市场设计的核心问题是创造需求以及由此产生的流动性。但是如果一开始便将碳市场划入一个有限的范围内,留给设计者的灵活性也会相应减少,流动性水平将停留在一个较低的范围内,因为流动性本质上是市场灵活性的体现。

当前各地的试点政策普遍强制要求企业进入场内交易,但是任何政策都不可能违背经济规律而存在。场内交易并不是市场流动性的保障,相反却使得企业失去了参与碳市场的灵活性。从美国酸雨计划、RGGI及加利福尼亚州碳交易体系等运行情况来看,场外交易(OTC)是排放权市场的重要组成部分,也是市场得以维系的重要原因。

交易基数对流动性的贡献是首要的,其次是交易意愿或交易动机。欧盟的二级碳市场流动性是由其庞大的交易基数决定的。这一点欧盟模式和美国模式存在显著差异。欧盟模式注重二级市场,美国模式注重一级市场,这完全符合各自的流动性基础:欧盟的交易基数超过1万家,美国的加利福尼亚州和RGGI则不到其1/10。欧盟碳市场中将碳排放配额计入无形资产的企业约占42%,而美国则不到10%,这直观地反映了欧盟碳市场的资产化水平明显高于美国。

中国各个试点省市基本上以复制欧盟模式为主,这种机械的学习方式忽略了欧盟市场的流动性基础与中国的差异。

事实上,如果单从流动性上看,美国的区域碳交易市场更值得我们学习和借鉴。在美国区域碳交易市场中，一级市场的拍卖是主要的定价方式，二级市场以OTC为主；拍卖资金的再分配既可以降低企业承担的碳成本，又可以提高碳市场的激励能力；统一的顶层设计与各州自主设计相结合，增强了市场的灵活性。这些经验正是我们当前所极度缺乏的。

第二代中国碳交易市场

中国已经到了开发第二代碳交易市场模型（Post-2015）的良好时机。第一代碳市场模型以地方政治冲动为主，以自下而上的"边干边学"方法为主，虽然积累了一定的宝贵经验，但是相应的资源也基本耗尽，面临全面溃败的风险。

第二代碳交易市场模型将更多采用"自上而下"的顶层设计方法，从价格发现和激励机制设计出发，着眼于流动性创造和市场连接，以创建一个具备"自适应性"的全国碳交易市场为最终目标。在这一个新的模型里面，拍卖将作为一种灵活的分配方法和有效的定价机制引入。即使拍卖的数量很少，对于价格信号的形成也具有举足轻重的作用。

碳市场连接必然存在着试点省市与中央政府之间的利益博弈。如何在7个试点省市即成的格局下，实现知识与经验的融合、资源的再分配是顶层设计最关键的问题。这绝不是一个 Die or Survive 的过程，而是在合理的制度框架下，实现良性竞争，最终调整为一个有效运行的全国碳市场，演化出稳健的价格发现机制。这一模型既不是欧盟大一统的市场，也不是美国松散的协约式市场，而是介于两者之间。

市场设计的复杂度超出任何人的智力，中国第二代碳交易市场设计的最大逻辑应该是重回经济规律，让经济规律统领市场运行。

（来源：陈波. 从边干边学到全国碳交易市场的经济学逻辑 [N]. 21世纪经济报道，2014-05-20.）

参 考 文 献

[1] 郭兆晖. 碳市场原理与实践研究 [M]. 北京：中国原子能出版社，2015.
[2] 郑爽. 全国七省市碳交易试点调查与研究 [M]. 北京：中国经济出版社，2014.
[3] 宋丽颖，李亚冬. 论我国碳排放权交易市场之完善 [J]. 学术交流，2015（4）：134-138.

［4］田丹宇，丁丁，徐华清．开展低碳发展立法思路探索［J］．中国能源，2015（11）：20-22.

［5］苏建兰，郭苗苗．中国碳市场发展现状、问题及其对策［J］．林业经济，2015（1）：110-115.

［6］林文斌，刘滨．中国碳市场现状与未来发展［J］．清华大学学报（自然科学版），2015（12）：1315-1323.

第三部分
低碳经济学术研究进展

低碳经济成为国内外经济研究的重要热点。2014年有上万篇国内外相关的学术研究。本部分从这些研究中精选出国内外各几十篇优秀论文,综述当年学术研究的进展。这些研究从理论上阐述了低碳经济的相关概念与假说;从实证上分析了碳减排与降低碳强度的具体方法与模式;辨析了推进碳交易、碳税及碳金融的利弊得失;介绍了发展低碳经济的技术路径。这些学术研究也将为中国的低碳经济发展提供学理支撑。

第五章　国外低碳经济学术研究进展[1]

2014年，低碳经济成为国外经济研究的重要热点。谷歌学术搜索检索"carbon（碳）"和"economy（经济）"，发现2014年共有41000余条英语文本结果。本章选取了SCI、SSCI、SCIE、EI索引上引用率排在前面的80篇论文予以综述。国外学者研究了众多与低碳经济相关的理论、假说和问题，并从各个方面进行了充分的理论性和实证性分析。本章主要从碳减排的相关理论和实证进展及低碳经济发展的市场机制与技术路径两方面做了整理和总结，介绍了前沿热点和关键问题。

第一节　碳减排相关的理论和实证进展

碳减排是一个复杂的过程，需要考虑到阶段性，环境库兹涅茨曲线（Environmental Kuznets Curve，EKC）假说描绘了经济增长与环境变化的关系；需要解决各种问题；如何衡量碳排放量，需要引入碳足迹视角；如何定价，需要引入碳的社会成本；还要解决碳泄漏问题、污染天堂问题。

一、环境库兹涅茨曲线

EKC假说描绘了经济增长与环境变化的关系。最早Grossman和Krueger（1992）发现一些污染物浓度随着人均GDP在较低水平时先增加，到较高水平后开始下降。Panayotou（1993）借用1955年库兹涅茨界定的人均收入与收入不均等之间的倒U形曲线，首次将这种环境质量与人均收入间的关系称为EKC。后来的研究开始把温室气体作为污染变量，研究碳排放与经济增长的EKC关系。

分析这些研究结果发现，研究对象有单个国家、多个国家和国家分类，范围有中期、长期，也有截面。关于EKC关系有着不同的观点。

（1）多数国家存在经典的倒U形EKC曲线，如Lau对马来西亚的短期和长期分析结果，都支持倒U形。

（2）单个国家可能表现为倒U形曲线的一段，Jobert对国家分类后分析发现，整体上呈现倒U形，是因为低收入国家表现为前半段，高收入国家表现为后半段。

（3）有的国家是N形。如Onafowora等研究了多个国家经济增长和二氧化碳排放

---

[1] 本章是对2014年的学术研究进行综述，没有注明年份的论文均发表在2014年。

量、能源消耗量、人口和贸易开放度等长期关系。3个国家二氧化碳排放量与经济增长支持倒U形，另外6个国家呈现N形。

（4）有的国家并不存在上面的关系。López对厄瓜多尔的中期（1980—2025年）进行了多种情景分析，认为不支持EKC假说，有可能实现碳排放的稳定。

对EKC关系的研究结果还表明，碳排放量与其他因素有关。Shahbaz发现的经济增长和城市化是二氧化碳排放量的格兰杰原因，用电量与二氧化碳排放量相互影响；他在另一篇文章中发现经济增长、能源消费、开放度和二氧化碳排放量存在长期的联系。Onafowora发现所有国家能源消耗量既是经济增长，又是二氧化碳排放量的格兰杰原因。Kivyiro研究了6个撒哈拉以南的非洲国家长期的数据，表明不同国家二氧化碳排放量的格兰杰原因不定，甚至方向相反，如FDI是一些国家二氧化碳排放量增加的格兰杰原因，但在另一些国家则是二氧化碳排放量减少的原因。Jobert在回归方程中引入能源使用效率后，大多数国家不再支持倒U形曲线。Ibrahim等人发现社会资本起到了减缓碳排放的作用，社会资本存量还影响EKC的人均GDP拐点，资本存量越大，拐点越低，污染的代价越小。Rafaj分析了1960—2010年欧洲温室气体变化的原因，其中二氧化碳排放的缓慢增长得益于能源强度的降低和转化效率的提升。

二、碳泄漏问题

碳泄漏指碳排放时间上从未来提前到现在，或空间上从一个地方转移到另一个地方。比如一国采取减排政策措施，导致了国内产业转移到未采取措施的国家，从而削弱减排政策的效果。Michalek提出把化石能源价格变化、贸易隐含碳也看作碳泄漏的形式。碳泄漏的风险由碳排放成本和转嫁成本的能力决定。因为气候变化是全球问题，普遍存在搭便车动机，应对气候变化的协调难以实现，所以碳泄漏容易发生。

一些研究表明，通过一定方式可以防止碳泄漏。Branger、Schinko和Eyland都认为"边境税收调节"是有效的工具。边境税收调节指任何旨在全部或部分落实目的地原则的财政措施。而目的地原则在于使得所有进口产品在进口国承担税负，在出口国免于承担税负，从而避免对贸易产生扭曲作用。一方面对进口产品进行征税，另一方面对出口产品予以退税。Eyland证明了无论哪一方调整都能使得总体福利最大。Schinko则论证了培育低碳技术的政策对边境税收调节具有替代作用。

Abood主张对产品实行基于消费者视角碳排放核算，即根据碳排放量征收消费税。Gerlagh认为母国单边加紧环境管制，导致企业迁到东道国生产，但是在母国促进了节能减排技术的研发，溢出到东道国并得到应用，在适度的溢出水平下，会产生负的碳泄漏，即东道国的碳排放量在母国的产业转移后不增反减。

2009年欧盟出台碳交易体系方案，修正了以前的碳配额制度以防止碳泄漏，具体做法为根据各部门的碳强度和贸易强度衡量碳泄漏的风险，对高风险的部门免除碳排放的配额。Martin在欧盟一些国家对企业主进行主观问卷调查，确定碳泄漏风险，发现其风险与碳强度高度相关，与贸易强度弱相关，由此建议只对高碳强度的部门豁免，Santamaría补充欧盟应搭配其他政策。

三、绿色悖论

绿色悖论是与碳泄漏颇为相似的假说。绿色悖论假说由Sinn（2008）提出，一国单边加紧环境管制进行减排，降低了化石燃料的需求量，因而降低价格，反过来又刺激了其他未实行减排国家的消费，造成总碳排放量增加。

绿色悖论广义上指改善环境的政策措施却造成环境恶化，狭义上指减缓气候变化的政策反而加速了化石能源开采和碳排放，说明好的政策目的可能造成不好的政策结果。Michielsen也发现绿色悖论的产生与污染替代（Dirty Backstop）有关，即从一种能源受到限制后转而使用另一种污染更严重的能源，替代发生的关键是前一种能源可耗竭。N. V. Long研究了1981—2011年美国能源使用数据，发现生物质能的替代和生产降低了石油的价格，造成了微弱的绿色悖论，未来美国如果生物质能的替代率过低，可能造成较强的绿色悖论。Ploeg认为较低的贴现率会使得更多石油埋藏，更快进入新能源时代，虽然开始石油会加速开采，但对气候变暖的影响不确定。

四、污染天堂假说

污染天堂假说又称污染避难所，意味着贸易活动可能引起跨境污染问题。最早由Copeland和Taylor（1994）研究南北贸易和环境的关系时提出，要旨是在开放经济条件下，自由贸易的结果导致高污染产业不断从发达国家迁移到发展中国家。因为发达国家有较严的环境管制，而发展中国家的环境标准低，因而具有环境成本的比较优势。

自由贸易是否造成环境恶化尚未形成统一观点，污染天堂假说从开始就受到挑战。在谈到贸易与碳排放的关系时也是如此，主要观点有3类：（1）污染天堂效应明显。如Ren对中国加入WTO以来（2001—2011年）的19个工业部门投入产出分析得出，中国的贸易隐含碳顺差已经连续增长，中国已经沦落为污染天堂。（2）污染天堂效应不确定。Yanase构建了一个两部门的生产和污染的小型开放经济体一般动态均衡模型，结果表明均衡不确定，污染天堂效应与资本强度和污染强度的关系、贴现率函数等有关。（3）污染天堂效应不明显。Bruneau比较了污染天堂效应和要素禀赋理论，前者认为富国环境管制严格，不具有生产污染密集型产品的比较优势，后者认为资本密集型产业也是污染密集型的，那么资本丰裕的富国也具生产污染密集型产品的比较优势，在比较了57个国家进口和出口的产品污染强度的面板数据后，结果更支持要素禀赋理论，污染天堂效应不明显。

外国直接投资（Foreign Direct Investment，FDI）是重要的贸易内容，FDI与环境关系耐人寻味。K. D. Lee构建了一个两阶段博弈模型，两个跨国企业在第一阶段选择在母国生产或对东道国FDI，决策会考虑FDI的成本、带来的技术溢出和东道国的环境政策，第二阶段与母国企业一起参与古诺寡头博弈。分析表明，东道国放松环境政策时，虽然两个跨国公司都选择在母国生产利润更高，但却都形成在对东道国FDI的均衡，证明了东道国的环境管制程度会影响FDI。J. T. Tang认为FDI类型对环境政策反应不同，出口导向的FDI相比起本地市场导向的FDI对本地环境政策更为敏感。但也有研究表明，FDI受环境政策影响不明显。Paul认为FDI的增加受环境政策驱动缺乏充分证据。Shofwan认为FDI对东道国的碳排放量增加影响也不大。Levinson研究了美国污染减少但产出增加的事实，通过计算证明了发达国家的环境改善技术进步了90%，即转移污染产业不是发达国家环境改善的主要原因。

五、碳足迹分析

环境足迹（Environmental Footprints）是近年来可持续发展领域诞生的新概念，随着研究的不断深入和多样化，形成了以分析人为环境效应为导向的足迹家族指标体系，诸如碳足迹、水足迹、土地足迹、材料足迹等。碳足迹一般是指一个人、组织、事件或产品一系列行为产生的温室气体排放量，通常用相当于多少吨的二氧化碳衡量。由于计算需要大量数据，一些自然现象也能产生二氧化碳，因此Wright（2011）建议了一个更为一般、可行的定义：特定的群体、系统、活动，以及它们在一定时间、空间范围内所有相关行为产生、吸收和储存的二氧化碳和甲烷的总排放量，相当于多少全球暖化潜势（1单位二氧化碳在大气中锁定的热量），第一个定义侧重于碳排放的绝对大小，第二个定义侧重于碳排放的潜在影响，形成了至少两种版本的计算思路，生命周期评价、投入产出分析及物质流量分析被广泛应用于碳足迹核算，其中生命周期评价法的地位不断巩固。

一些研究者量化了不同人群、组织、事件、产品的碳足迹。例如，Messagie计算了发电厂每小时每千瓦功率的碳足迹，Y. Gan计算了种植春小麦的碳足迹，Proietti计算了一棵橄榄树的碳足迹，Jensen计算了黑面包的碳足迹。一些研究者以此分析城乡、区域和代际等方面的差别。X. Tian计算了中国最近几年不同区域的碳足迹，其中2007年京津以8.4吨为最高，西北以2.9吨为最低，并指出消费和生产方式的转变导致各区域碳足迹快速地增加。Bhoyar根据对印度居民的问卷调查，计算出城市人均

2.5 吨，农村人均 0.85 吨，不同社会经济阶层的差别也比较明显。Chancel 根据法国和美国 1980—2000 年消费预算调查数据计算了不同出生队列的碳足迹，分析了出生年份对碳足迹的影响，法国 1935—1955 年的出生队列比起前后代人更高，美国代际效应则不明显。

基于生命周期评价法视角，贸易中产品、服务交换也带来碳排放的交换，其被称为隐含碳，用于描述产品供应链从上游生产过程到下游生产过程，直到消费者的各个环节所产生的直接的和间接的全部碳排放。贸易隐含碳盈余指标衡量贸易转移的碳排放量，如果进口小于出口为贸易顺差，否则为贸易逆差。贸易污染比由 Antweiler（1996）提出，指单位价值出口的含污量与单位价值进口的隐含碳的比值，比值大于 1，则越可能出口污染密集产品，进口清洁产品。J. He 实证表明中国是碳净出口国，虽然出口比进口产生的污染少，但是出口量大于进口量，因此中国总体上是碳净出口口，事实上中国生产清洁产品更有比较优势。

六、碳排放的社会成本

按照外部性理论，由于过量碳排放造成全球变暖，给人类社会和环境带来灾难，因此碳排放具有外部性，碳排放的社会成本（Social Cost of Carbon，SCC）即用来衡量这种外部性，指 1 吨碳排放造成的气候变化给世界带来影响的货币价值。SCC 具有十分重要的应用价值，它可以用在成本收益分析中，在碳市场中作为内化成本给碳定价。长期以来 SCC 被忽视，美国在 2008 年的一次联邦法庭认定 SCC 是非零的，这是首次获得官方承认。随后越来越多的机构和研究者开始尝试各种方法计算。2013 年，美国政府多部门联合发布了一份技术支持文件（IWG，2013），并公布了 2010 年以后每隔 5 年时点多种方案下的 SCC 参考线（表 5-1）。以计算 2015 年为例，主要步骤为：(1) 设计全球温室气体排放量的未来路径；(2) 将路径转换成 2015 年 1 吨排放量造成全球气候变化的多种方案；(3) 估计气候变化造成人类社会和生态的损失；(4) 将损失贴现到 2015 年计算其货币价值。

表 5-1 二氧化碳的社会成本（基于 2010 年修订版）

年份	社会成本［美元（按 2007 年计价）/吨（二氧化碳）］			
	5.0%（平均）	3.0%（平均）	2.5%（平均）	3.0%（95th）
2010	11	32	51	89
2015	11	37	57	109
2020	12	43	64	128
2025	14	47	69	143
2030	16	52	75	159

续表

年份	社会成本 [美元（按2007年计价）/吨（二氧化碳）]			
	5.0%（平均）	3.0%（平均）	2.5%（平均）	3.0%（95th）
2035	19	56	80	175
2040	21	61	86	191
2045	24	66	92	206
2050	26	71	97	220

数据来源：Interagency Working Group on Social Cost of Carbon, United States Government (IWG, 2013)。

注：5%、3%和2.5%指模型的参数——贴现率；平均指基于3个评价模型（DICE、PAGE及FUND）的综合评价模型（IAMs）平均值；95th指综合评价模型的95%分位数。

此外，Nordhaus改进了DICE模型，得出2015年每吨二氧化碳的SCC为18.6美元（2005年计价）。Tol全面地综合了以前的75份研究文本，得到不同模型和参数下的588个SCC估计值，均值为196美元（2010年计价）/吨（二氧化碳），标准差为322美元。

Moyer重新检验了IWG（2013）模型，认为模型没有考虑气候变化的全部可能影响，SCC结果十分不确定，对假设高度敏感。Marron则指出，政策目标的着眼点在国内还是全球得到的结果差别很大，Gayer、Greenstone等也认为，如果IWG（2013）的方案用于全球，把主体从美国市民变为世界人民，全世界的一般均衡下，估计出美国承担了占全世界碳成本的7%~10%，远小于美国的GDP份额。Newbold认为上述方案没有考虑极端气候变化，而考虑后会使得研究变得极为困难。Weitzman则通过模型证明了极端气候的长尾风险会使SSC发散，并称为悲惨定理。Dell认为不同国家对全球变暖的反应不同，SSC具有不同的边际，落后地区的影响更大。Pizer则建议SCC的计算标准化、机构化和常态化。

第二节 低碳经济发展的市场机制与技术路径进展

本节从低碳经济发展的两种主要市场机制——碳税与碳市场的进展进行了综述，其中本年度关于碳税的研究进展主要集中在对碳税的征收标准及其收入分配效应的分析；关于碳市场的研究进展主要集中在碳市场的国际合作及交易体系设计的分析。本节还对低碳经济发展的技术路径进展中本年度学术研究集中的碳捕集、利用与封存（Carbon Capture and Storage, CCS）进行了综述分析。

一、碳税的征收标准及其收入分配效应

碳税是针对温室气体排放征收的税，它属于环境税，是碳定价的一种工具，旨在

降低过量碳排放，减少气候变化对经济社会的损害。从经济学角度看，碳税是一种庇古税，达到市场最优效率时，碳税应等于 SCC。

但是鉴于 SCC 的估计未得到共识，也难以实现国际协调，有一些研究者建议碳税的征收标准，可以放弃社会最优的目标，而着眼于一定的政策目标。Marron 认为碳税应防范极端气候变化的长尾风险，更好地实现国际协调，并建议现在定在较低水平，以降低减排的代价，让民众更好地准备以后上行的碳税。Almutairi 设计了一个双层模型，考虑了政府和企业产出和排放方面的决策，结果表明能更好地实现可行性和社会福利的平衡。

碳税提高了碳排放的成本，能减少碳排放，减缓气候变化趋势；促进新能源和低碳技术研发，因而能节约能源使用和促进技术进步，把外部性成本内化，提高社会整体福利。但是碳税也可能产生负面作用。碳税使得企业负担增加而减产，降低了国内生产总值。它的有效性也受到质疑。Andrade 认为化石能源的长期需求缺乏弹性，且能源领域存在卡特尔，碳税将导致石油巨头提价，将税收转嫁给消费者，并且卡特尔会合谋提高进入壁垒，阻碍新能源的研发和应用。Morenocruz 则探讨了一种市场情形，市场中存在 CCS 的公司和提高石油采收率的公司，CCS 公司向提高石油采收率的公司供应二氧化碳，用于后者提高石油采收率。碳税将导致二氧化碳价格下降，提高石油采收率的公司的成本减少，进而提高产油量，导致排放量增加，抵消碳税的作用。

碳税造成资源重新分配，可能产生收入分配效应。Z. J. Jiang 分析了上海征收碳税对不同收入家庭的收入分配影响，发现低收入家庭缴纳碳税占支出 0.853%，高收入阶层占 0.712%，直接分配是微弱累进的，而间接分配则是明显累退的，而且指标反映了低收入家庭的负担最重。Mathur 也发现，若实行生产税最终造成不同收入群体的不平等，最穷的 10% 的家庭负担 3.5%，最富的 10% 的家庭负担 0.6%；若实行消费税，累退性则变得微弱，平均负担约 1.7%。他还分析了税收互换，即劳动性收入税和资本性收入税分别与碳税替代，表明税收互换会加剧碳税的累退性，资本性互换造成区域的不平等大于劳动性，总体上造成劳资不平等。

二、碳交易的制度设计与国际合作

碳交易是把温室气体排放权作为一种商品，从而形成了排放权的交易。基本原理为政府确定污染物的排放总量或标准，随后进行排放权初始分配（界定产权），由企业在排放权交易市场上自由交易排放权，即由市场确定排污权的价格，并实现资源优化配置。理论基础是环境污染的外部性和科斯定理，Dales（1968）最早提出排污权交易的设计，《京都议定书》把碳交易作为应对气候变化的市场化路径。

碳交易制度设计上有一些问题和争论，国际合作难以解决的问题，选择总量交易还是基线交易，总量交易情况下初始排放权是无偿分配还是拍卖，以及如何拍卖，是否允许排放权储蓄和出租转让，对象是选择下游排放源还是上游企业，以及选择碳交易还是碳税等。

有研究分析了碳交易需要的国际合作问题。Böhringer 认为全球碳交易市场合作中并非每一个国家的效应都会提高，配额的进口国和出口国在承认别的国家加入碳交易市场时有着相互矛盾的利益。总体上对全体国家有利，但对一些国家不利，例如美国和俄国。

总量交易设定二氧化碳排放水平的总额度，以欧盟碳市场为代表，其采用上限与交易体系（cap-and-trade），而基线交易划定一定基线，如碳强度标准来确定实际排放量。Kažukauskè 指出碳交易市场中，由于交易成本的存在，规模小的企业和新的成员企业不太愿意参与，因此建议降低信息和搜寻成本，并且对不活跃企业进行分类管理。Vries 假设了自由进出的市场中存在污染部门和清洁部门，两者进行古诺寡头博弈，证明无论总量还是基线交易都不影响企业的长期均衡产出，而与自身的生产成本有关，但长期效用总量交易更优。

从对象上，上游管制是从燃料输入经济体系的入口根据燃料的碳排放量加以控制，而下游则对二氧化碳排放的终端进行管理。Kerr 从交易成本、全面性、覆盖范围、成本效益和可信度 5 个方面对比了两种制度的优劣，认为上游管制具有低交易成本、全面性和可信度，更简单可行，适合中国的国情。

碳交易与碳税都是减排的碳定价工具，有人对两者的关系进行了探究。Heindl 分析了国际统一的上限与交易体系和国内碳税搭配使用的情景，这种混合制度下排污权证价格与税率、国家规模和减排方案等有关，一般情况下不会提高公共物品价格，而且总体上成本更高。Q. L. Zhang 则比较了上限与交易体系、碳税和补贴的不同组合政策，结果表明碳交易单独使用比较好，与补贴结合则最好。

三、以 CCS 为代表的低碳经济发展的技术路径进展

国际能源机构（International Energy Agency，IEA）认为 CCS 是减少碳排放、减缓全球变暖的关键技术，预期按照一切照常的情景，到 2050 年排放量降低到 2005 年的一半，CCS 能够减少大气中累计排放量的 1/7（IEA，2013a）。

CCS 是从工业和能源相关的生产活动中分离二氧化碳，运输到储存地点，长期与大气隔绝的过程。这种技术的产业链由四部分组成：从捕捉到运输分离，再到封存和监测。CCS 是一项减少碳排放的重要举措。燃烧化石燃料用于发电或工业生产，把二氧化碳与其他气体分离。压缩后再运输到适合的封存点。在封存点，二氧化碳将被注入深部地下岩层中，可以用于提高石油采收率。

CSS 过程有发电、运输和储存阶段。

（1）发电阶段：碳捕捉分为燃烧前、燃烧中和燃烧后，其中燃烧中也称为富氧燃烧。燃烧前脱碳是在碳基燃料燃烧前，将其化学能从碳转移到其他物质中，再将其分离。富氧燃烧技术是利用空气分离系统获得富氧甚至纯氧，与燃烧后产生的部分烟气混合后送入炉膛与燃料混合燃烧。燃烧后脱碳技术是在燃烧后的烟气中捕集或分离。

（2）运输阶段：指将从排放源捕集并压缩后的二氧化碳气体通过管道或其他运输方式输送至目标需求地的过程。目前，商业规模的二氧化碳运输方式主要有管道、罐车和船舶3种。欧盟在2011年把建设二氧化碳的输送管道纳入跨欧洲的能源基础建设相关的法案中，成为欧洲研发课题的一部分。在此背景下，Morbee提出2050年前在欧洲大规模部署CCS输送管道。

（3）储存阶段：对捕集的二氧化碳进行处理使之与大气长期隔绝，防止其重新进入大气。注入不适合人类使用的深部咸水层，或注入深部地下岩层以用于提高石油采收率，或者注入深层未开采的矿床，以便以后开采。

目前，CCS的成本核算结果相差甚远。Tola认为，以现在排放权定价相对较低，配置CCS系统不能盈利，阻碍了CCS的应用。Renner研究了中国和欧盟的实际情况，计算得出配置CCS系统有利可图时，中国的碳排放权定价为30欧元/吨，欧洲为70欧元/吨，其他研究认为未来会上升，达到80~100美元/吨，将极大促进CCS的研发和应用。现在投资CCS是一项风险极大的事情，Tola认为如果实现商业应用，需要降低技术风险，高资本投入和运营成本，IEA总结为市场壁垒，有早期风险，信息不对称，各方协调。IEA（2013b）强调现阶段主要障碍是系统性政策的缺失，特别是碳定价机制的缺失，提出需要全面的政策框架，包括研发政策、示范支持、针对部署的激励、排放控制或定价。

此外，另一种CCS——生物CCS（Bio-CCS）也被重视起来。它指通过生物量转化为最终的能源产品或化学物质，实现碳捕捉和封存，可以分为生物化学生物能反应、生物能和生物化学的热化学反应及生物量氧化电/热反应。其中，植树造林实现固碳也是一种重要的形式。生物CCS有着巨大的技术潜力，IEA估计2050年前每年能固碳100亿吨，达到与2010年能源相关的碳排放量的1/3。

参 考 文 献

[1] Abood S A, Lee J S H, Burivalova Z, et al. Relative contributions of the logging, fiber, oil palm, and mining industries to forest loss in Indonesia [J]. Conserv. Lett.,

2014 (8): 58-67. http: //dx. doi. org/10. 1111/conl. 12103.

[2] Adams P D, Parmenter B R, Verikios G. An Emissions Trading Scheme for Australia: National and Regional Impacts [J]. Economic Record, 2014, 90 (290): 316-344.

[3] Akihiko Yanase. Indeterminacy and Pollution Haven Hypothesis in a Dynamic General Equilibrium Model [J]. Open Economies Review, 2014, 25 (5): 959-980.

[4] Almutairi H, Elhedhli S. Carbon tax based on the emission factor: a bilevel programming approach [J]. Journal of Global Optimization, 2014, 58 (4): 795-815.

[5] Antweiler W. The pollution terms of trade [J]. Economic Systems Research, 1996, 8 (4): 361-366.

[6] Bhoyar S P, Dusad S, Shrivastava R, et al. Understanding the Impact of Lifestyle on Individual Carbon-footprint [J]. Procedia - Social and Behavioral Sciences, 2014, 133: 47-60.

[7] Branger F, Quirion P. Would border carbon adjustments prevent carbon leakage and heavy industry competitiveness losses? Insights from a meta-analysis of recent economic studies [J]. Ecological Economics, 2014, 99: 29-39.

[8] Bredin D, Hyde S, Muckley C. A microstructure analysis of the carbon finance market [J]. International Review of Financial Analysis, 2014, 34 (3): 222-234.

[9] Bruneau J F. Pollution Terms of Trade and the Composition of Manufacturing [J]. Paris School of Economics Eu, 2014.

[10] Cairns R D. The green paradox of the economics of exhaustible resources [J]. Energy Policy, 2014, 65: 78-85.

[11] Castiglione C, Infante D, Smirnova J. Is There Any Evidence on the Existence of an Environmental Taxation Kuznets Curve? The Case of European Countries under Their Rule of Law Enforcement [J]. Sustainability, 2014, 6 (10): 7242-7262.

[12] Copeland B R, Taylor M S. North-South trade and the environment [J]. Q J Econ, 1994, 109 (3): 755-787.

[13] Duan M, Pang T, Zhang X. Review of Carbon Emissions Trading Pilots in China [J]. Energy & Environment, 2014, 25 (3-4): 527-550.

[14] Elliott J, Fullerton D. Can a unilateral carbon tax reduce emissions elsewhere? [J]. Resource & Energy Economics, 2014, 36 (1): 6-21.

[15] Farhani S, Mrizak S, Chaibi A, et al. The environmental Kuznets curve and sustainability: A panel data analysis [J]. Energy Policy, 2014, 71 (3): 189-198.

[16] Fu J. Carbon leakage in China's manufacturing trade: An empirical analysis based on

the carbon embodied in trade [J]. Journal of International Trade & Economic Development, 2014, 23 (3): 329-360.

[17] Gan Y, Liang C, Chai Q, et al. Improving farming practices reduces the carbon footprint of spring wheat production [J]. Nature Communications, 2014, 5: 5012.

[18] Gayer T, Viscusi W K. Determining the Proper Scope of Climate Change Benefits [M]. Social Science Electronic Publishing, 2015.

[19] Gerlagh R, Kuik O. Spill or leak? Carbon leakage with international technology spillovers: A CGE analysis [J]. Energy Economics, 2014, 45 (C): 381-388.

[20] Lapinskiené G, Tvaronavičiené M, Vaitkus P. Greenhouse gases emissions and economic growth – evidence substantiating the presence of environmental Kuznets curve in the EU [J]. Technological & Economic Development of Economy, 2014, 20 (1): 65-78.

[21] Grossman G M, Krueger A B. Environmental Impacts of a North American Free Trade Agreement [J]. Social Science Electronic Publishing, 1992, 8 (2): 223-250.

[22] Hao X C G. Sustainable pricing and production policies for two competing firms with carbon emissions tax [J]. International Journal of Production Research, 2014, 53 (21): 1-13.

[23] Heindl P, Wood P, Jotzo F. Combining International Cap-and-Trade with National Carbon Taxes [M]. Social Science Electronic Publishing, 2014.

[24] Ibrahim M H, Law S H. Social capital and CO_2, emission—output relations: A panel analysis [J]. Renewable & Sustainable Energy Reviews, 2014, 29 (7): 528-534.

[25] Interagency Working Group on Social Cost of Carbon. Technical support document: Social cost of carbon for regulatory impact analysis under Executive Order 12866 [EB]. White House, Washington, DC, 2013. http: //1. usa. gov/18ftAsH.

[26] Jensen J K, Arlbjørn J S. Product carbon footprint of rye bread [J]. Journal of Cleaner Production, 2014, 82 (22): 45-57.

[27] Jiang Z, Shao S. Distributional effects of a carbon tax on Chinese households: A case of Shanghai [J]. Energy Policy, 2014, 73 (10): 269-277.

[28] Jobert T, Karanfil F, Tykhonenko A. Estimating country-specific environmental Kuznets curves from panel data: a Bayesian shrinkage approach [J]. Applied Economics, 2014, 46 (13): 1449-1464.

[29] Jūraté Jaraité-Kažukauské, Kažukauskas A. Do Transaction Costs Influence Firm Trading Behaviour in the European Emissions Trading System? [J]. Environmental &

Resource Economics, 2014, 62 (3): 1-31.

[30] Kerr S, Duscha V. Going to the Source: Using an Upstream Point of Regulation for Energy in a National Chinese Emissions Trading System [J]. Energy & Environment, 2014, 25 (3): 593-612.

[31] Kivyiro P, Arminen H. Carbon dioxide emissions, energy consumption, economic growth, and foreign direct investment: Causality analysis for Sub-Saharan Africa [J]. Energy, 2014, 74 (5): 595-606.

[32] Kollenbach G. Unilateral climate policy, the Green Paradox, Coalition Size and Stability [M]. Volkswirtschaftliche Diskussionsbeiträge, 2014.

[33] Lau L S, Choong C K, Eng Y K. Investigation of the environmental Kuznets curve for carbon emissions in Malaysia: Do foreign direct investment and trade matter? [J]. Energy Policy, 2014, 68 (5): 490-497.

[34] Lee K D, Lee W, Kang K. Pollution Haven with Technological Externalities Arising from Foreign Direct Investment [J]. Environmental & Resource Economics, 2014, 57 (1): 1-18.

[35] Levinson A. A Direct Estimate of the Technique Effect: Changes in the Pollution Intensity of US Manufacturing, 1990-2008 [J]. Journal of the Association of Environmental & Resource Economists, 2014, 2 (1): 43-56.

[36] Li Y, Chen C, Wang Y, et al. Urban-rural transformation and farmland conversion in China: The application of the environmental Kuznets Curve [J]. Journal of Rural Studies, 2014, 36: 311-317.

[37] Long N V. The Green Paradox in Open Economies [J]. Social Science Electronic Publishing, 2014 (2): 10-13.

[38] Lucas Chancel. Are younger generations higher carbon emitters than their elders? Inequalities, generations and CO_2 emissions in France and in the USA [J]. Ecological Economics, 2014 (100): 195-207.

[39] Shahbaz M, Sbia R, Hamdi H. Economic growth, electricity consumption, urbanization and environmental degradation relationship in United Arab Emirates [J]. Ecological Indicator, 2014, 45 (5): 622-631.

[40] Marcu A, Egenhofer C, Roth S, et al. Carbon Leakage: Options for the EU [M]. Social Science Electronic Publishing, 2014.

[41] Maria C D, Lange I, Werf E V D. Should we be worried about the green paradox? Announcement effects of the Acid Rain Program [J]. European Economic Review, 2012,

69：143-162.

[42] Marron D B, Toder E J. Tax Policy Issues in Designing a Carbon Tax [J]. American Economic Review, 2014, 104 (5)：563-568.

[43] Mathur A, Morris A C. Distributional effects of a carbon tax in broader U. S. fiscal reform [J]. Energy Policy, 2014, 66 (3)：326-334.

[44] Mccoy S. Carbon capture and storage：legal and regulatory review [R]. A Pembina Institute, 2014.

[45] Messagie M, Mertens J, Oliveira L, et al. The hourly life cycle carbon footprint of electricity generation in Belgium, bringing a temporal resolution in life cycle assessment [J]. Applied Energy, 2014, 134 (C)：469-476.

[46] Michalek G, Schwarze R. Carbon leakage：pollution, trade or politics? [J]. Environment Development & Sustainability, 2014, 17 (6)：1471-1492.

[47] Moyer E J, Woolley M D, Matteson N J, et al. Climate Impacts on Economic Growth as Drivers of Uncertainty in the Social Cost of Carbon [J]. The Journal of Legal Studies, 2014, 43 (2)：401-425.

[48] Newbold S C, Marten A L. The value of information for integrated assessment models of climate change [J]. Journal of Environmental Economics & Management, 2014, 68 (1)：111-123.

[49] Nordhaus W. Estimates of the Social Cost of Carbon：Concepts and Results from the DICE-2013R Model and Alternative Approaches [J]. Journal of the Association of Environmental and Resource Economists, 2014, 1 (1/2)：273-312.

[50] Olugbenga A Onafowora, Oluwole Owoye. Bounds testing approach to analysis of the environment Kuznets curve hypothesis [J]. Energy Economics, 2014 (44)：47-62.

[51] Ostwald M, Henders S. Making two parallel land-use sector debates meet：Carbon leakage and indirect land-use change [J]. Land Use Policy, 2014, 36 (1)：533-542.

[52] Panayotou T. Empirical Tests and Policy Analysis of Environmental Degradation at Different Stages of Economic Development [J]. Ilo Working Papers, 1993 (4).

[53] Pizer W, Adler M, Aldy J, et al. Using and improving the social cost of carbon [J]. Science, 2014, 346 (6214)：1189-1190.

[54] Ploeg F V D. Untapped Fossil Fuel and the Green Paradox：a classroom calibration of the optimal carbon tax [J]. Environmental Economics & Policy Studies, 2015, 17 (2)：185-210.

[55] Ploeg F, Withagen C. Growth, renewables, and the optimal carbon tax [J]. International Economic Review, 2014, 55 (1): 283-311.

[56] Proietti S, Sdringola P, Desideri U, et al. Carbon footprint of an olive tree grove [J]. Applied Energy, 2014, 127 (7): 115-124.

[57] Quentin Grafton R, Tom Kompas, Ngo Van Long, et al. US biofuels subsidies and CO_2 emissions: An empirical test for a weak and a strong green paradox [J]. Energy Policy, 2014 (68): 550-555.

[58] Rafaj P, Amann M, Siri J, et al. Changes in European greenhouse gas and air pollutant emissions 1960-2010: decomposition of determining factors [M] // Uncertainties in Greenhouse Gas Inventories. Springer International Publishing, 2015: 27-54.

[59] Ren S, Yuan B, Ma X, et al. The impact of international trade on China's industrial carbon emissions since its entry into WTO [J]. Energy Policy, 2014, 69 (3): 624-634.

[60] Robalino-López A, García-Ramos J E, Golpe A A, et al. System dynamics modelling and the environmental Kuznets curve in Ecuador (1980-2025) [J]. Energy Policy, 2014, 67 (4): 923-931.

[61] Sá S A D, Daubanes J. Limit pricing and the (in) effectiveness of the carbon tax [J]. Journal of Public Economics, 2014, 139 (5): 28-39.

[62] Santamaría A, Linares P, Pintos P. The effects of carbon prices and anti-leakage policies on selected industrial sectors in Spain-Cement, steel and oil refining [J]. Energy Policy, 2014, 65 (5): 708-717.

[63] Schinko T, Bednar-Friedl B, Steininger K W, et al. Switching to carbon-free production processes: Implications for carbon leakage and border carbon adjustment [J]. Energy Policy, 2014, 67 (2): 818-831.

[64] Shofwan S, Fong M. Forelgn direct investment and the pollution haven hypothesis in Indonesia [J]. Journal of Business Systems Governance & Ethics, 2014, 6 (2).

[65] Tang J. Testing the Pollution Haven Effect: Does the Type of FDI Matter? [J]. Environmental & Resource Economics, 2014, 60 (4): 549-578.

[66] Tian X, Chang M, Lin C, et al. China's carbon footprint: A regional perspective on the effect of transitions in consumption and production patterns [J]. Applied Energy, 2014, 123 (1): 19-28.

[67] Tilburg U V. Brown backstops versus the green paradox [J]. Journal of Environmental Economics & Management, 2014, 68 (1): 87-110.

[68] Tol, Richard S J. Targets for Global Climate Policy: An Overview [J]. Journal of Economic Dynamics and Control, 2013, 37 (5): 911-928.

[69] Tola V, Pettinau A. Power generation plants with carbon capture and storage: A techno-economic comparison between coal combustion and gasification technologies [J]. Applied Energy, 2014, 113 (1): 1461-1474.

[70] Vries F P D, Dijkstra B R, Mcginty M. On Emissions Trading and Market Structure: Cap-and-Trade versus Intensity Standards [J]. Environmental & Resource Economics, 2014, 58 (4): 665-682.

[71] Weitzman M L. Fat Tails and the Social Cost of Carbon [J]. American Economic Review, 2014, 104 (5): 544-546.

[72] Winter R A. Innovation and the dynamics of global warming [J]. Journal of Environmental Economics & Management, 2014, 68 (1): 124-140.

[73] Wright L, Kemp S, Williams I. Carbon footprinting: towards a universally accepted definition [J]. Carbon Management, 2011, 2 (1): 61-72. doi: 10.4155/CMT.10.39.

[74] Zhang Q L, Cao J W, Zhong S. Economic Consequences of Carbon Tax and Carbon Emission Trading Scheme in Intensive Carbon Emission Enterprises [J]. Advanced Materials Research, 2014, 962-965: 1717-1721.

第六章 国内低碳经济学术研究进展

2014年，低碳经济研究也是国内经济研究的重要热点。在中国知网中以"低碳经济"为主题进行检索，可检索出的文献为2798篇。其中，黄泰岩在《2014年中国经济研究热点排名与分析》一文中还将"低碳经济"列为2014年排名第九的研究热点。本章重点综述了低碳经济相关基本概念的研究、中国碳排放强度研究、促进低碳经济发展的措施及碳金融与碳交易研究4个方面。

第一节 低碳经济相关基本概念的研究

伍国勇等在生态经济、低碳经济、循环经济和绿色经济等几种经济类型的对比分析中深化了低碳经济的内涵，与生态经济解决由大规模工业化发展所带来的环境污染问题，循环经济考虑按照生态学产业生态食物链的法则构建资源循环高效利用的体系，绿色经济要求平衡经济社会发展与保障人类社会健康发展不同，低碳经济的主要任务是降低不可再生能源的使用，提高能源利用效率，优化能源利用结构，减少温室气体排放，促进经济持续发展。从理论基础的侧重点上看，低碳经济侧重于将能源经济学应用于产业发展的能源利用结构调整，着重于优化能源利用结构；在价值取向上，低碳经济则是要求优化能源利用结构，多利用可再生能源，促进能源的高效利用。

江玉国认为碳资产是在产销过程中有低碳贡献价值的有形资产和无形资产，该资产由企业拥有或控制，可以用于投资、储存或交易，伴随企业对温室气体的排放以及相关的交易形成，这种资源同时被消耗。碳资产不仅是一种硬资产，还是一种制度约束下产生的一种排放权利。根据碳资产的性质及普通资产的类型划分，碳资产可以分为碳有形资产和碳无形资产。

第二节 中国碳排放强度研究

一、中国碳排放强度的时空特征研究

林伯强等以中国1985—2011年碳排放强度为研究对象，以碳排放强度增长率作

为划分阶段的依据，将其划分为 4 个阶段：1985—1991 年，中国碳排放强度年均增长率为-2.93%；1991—1996 年，年均增长率为-6.17%，年均增长率下降最快；1996—2006 年，碳排放强度年均增长率为-2.46%，碳排放强度增长率下降最慢，且该阶段持续时间较长；2006—2011 年，碳排放强度年均增长率为-4.04%。

胡渊等对中国省域间的碳排放强度进行了研究，通过采用政府间气候变化专门委员会推荐的方法，测算了中国 30 个省市 1997 年、2002 年、2007 年和 2012 年能源消费及水泥生产产生的碳排放。研究结果表明：中国各省市碳排放强度存在显著差异，整体碳排放强度向着低和中低水平的趋势发展；中国东部、中部、西部和东北 4 个区域，碳排放强度存在明显的地区差异，总体分布差异主要来自区域内差异；碳排放强度最低的省市多数分布在经济发达的东部沿海地区，如北京、广东、上海、浙江和江苏等省市，其次是中部和东北部地区，碳排放强度最高的省市多数分布在自然资源丰富的西部地区，如山西、内蒙古、宁夏、贵州和甘肃等省份。

二、碳排放影响因素分析

与碳排放强度的时空特征研究相比，学者们对影响碳排放强度的因素的认识则存在争议。

薛俊宁等认为能源价格、经济发展程度、产业结构、技术水平和对外贸易是影响碳排放强度的主要因素。其以全国 31 个省市地区 1998—2013 年度为研究对象，结论表明，能源价格每提高 1%，东部、中部和西部的碳排放强度分别降低 0.11%、0.18%和 0.19%；产业结构对各地区碳排放强度的影响为正，即第二产业在 GDP 中的比重越高，碳排放强度则越高；人均 GDP 对碳排放的影响遵循"环境库兹涅茨曲线"，即污染物排放随着人均收入的增加先增后减；技术进步有益于降低碳排放强度，而且技术水平对东部地区的影响较中部地区和西部地区更为显著；对外贸易对东部地区和中部地区影响为正，对西部地区影响为负。

孙欣通过协整检验、误差修正模型和状态空间模型分别研究了碳强度与不同因素的长期均衡关系和碳强度对不同影响因素的敏感程度的动态特征。结果表明，碳强度与第二产业比重、人均 GDP、对外贸易依存度、城镇化率、能源强度之间具有长期的均衡关系。在给碳强度带来显著正影响的因素中，能源强度影响最大，城镇化率次之，第二产业比重相对较小；对外贸易依存度与人均 GDP 给碳强度带来较小的负影响。以上两位学者及其他学者的观点见表 6-1。

表 6-1　碳排放强度影响因素

作者	因素	模型	影响
薛俊宁等	能源价格、经济发展程度、产业结构、技术水平、对外贸易	面板数据分析	能源价格的提高可减少碳排放强度;经济发展对碳排放强度的影响方向取决于经济发展的阶段;第二产业的发展需要消耗更多的资源和能源;技术进步可以在相同的产出水平下消耗更少的能源;对外贸易利于发达国家
任晓松等	能源消费结构、能源强度和产业结构	多变量协整和向量误差修正模型	碳排放强度与能源消费结构、能源强度和产业结构之间存在协整关系;碳排放强度是能源消费结构、产业结构的格兰杰原因;能源强度和产业结构是能源消费结构的格兰杰原因;碳排放强度和能源强度之间存在双向的格兰杰因果关系
孙欣等	第二产业比重、人均GDP、对外贸易依存度、城镇化率、能源强度	协整检验、误差修正模型和状态空间模型	能源强度影响最大,城镇化率次之,第二产业比重相对较小,都对碳强度带来正影响;对外贸易依存度与人均GDP给碳强度带来较小的负影响
郑欢等	规模效应、结构效应	静态和动态面板数据模型	规模效应和结构效应对碳排放强度具有显著影响;能源强度降低是实现碳强度减排的最重要因素,工业结构和产业结构效应是碳排放强度变化的主要因素,水泥产量规模效应的作用次之,能源消费结构效应对碳强度降低影响力不大,经济发展水平与碳排放强度呈倒U形曲线关系

第三节　促进低碳经济发展的措施

低碳经济已经成为各国共识,共识能够有效被付诸行动,需要恰当的政策措施做抓手。国内学者聚焦这一最大实际,就如何更好更快促进低碳经济发展从不同的切入点提出了如下建议。

一、适当提升碳价格

卢现祥等认为一个有效的碳价格必须具备两个条件,即不但能激励企业和家庭的行为,而且可以鼓励研究和发展低碳技术。这就要求碳价格必须上升到能将温室气体排放的社会成本传递到数以亿计的公司和个人的日常决策中去,把碳价格纳入经济发展过程中,适当提升碳价格是发展低碳经济、创新低碳技术、转变经济发展方式、转变消费方式及相应制度安排的基础。

具体来说,碳价格具有四大功能:首先,提高碳价格将会为消费者提供什么是高碳商品和服务的信号,因此有利于消费者改变消费行为。其次,碳价格将为那些使用很多碳燃料(比如,煤炭和石油)的厂商以及那些使用很少或者不用碳燃料的厂商

（比如，天然气和核能）提供价格信号。再次，碳价格将为发明家和革新者发展和引入低碳产品以及引入能够替代当代科技的生产流程提供市场刺激。如果一个燃煤电厂排放了很多温室气体，在时间合理的将来电厂就应该把这种外部性社会成本加总到电价中，这将鼓励污染更少的电源系统对燃煤电厂的替换。最后，碳价格有利于形成打破高碳的"技术—制度综合体"，有利于发展低碳经济，即高的碳价格将会使前3个目标所需的信息得以有效利用。

二、合理征收碳税

在发展低碳经济的过程中，有两种可供选择的方法来提高碳价格，即征收碳税或实行以总量控制为特征的碳交易制度。碳税的要旨在于帮助消除环境方面的外部性，确保它们的个人成本等于全部成本，包括对后代人而言的成本。开征碳税能够降低对高碳能源的需求，提高低碳能源的替代作用，有利于可再生能源产业的发展，起到发展低碳经济的重要作用。

与碳交易制度相比，征收碳税有以下特点：首先，它能够更容易、更灵活地将减排的经济成本和收益结合起来，可以有效避免总量控制引发的碳市场价格的剧烈波动。其次，由于征收碳税没有提供激励寻租行为的人为条件，因此能减少腐败和财务欺诈的机会。再次，从资源分配效率的角度看，这两种手段没有什么差异；但从收入再分配角度来看，排放配额政策可能导致整个产业的产出降低，并且产生了新的进入壁垒。在这种碳交易制度下，旧企业可能获利，而且即使受损也要比污染税政策下受损更小。但这对新企业是不利的，它们没有初始的免费分配，需要从市场上购买。因此在这个过程中，旧企业（新进入的企业）可以获得高于正常水平的利润，它们会努力争取管制，管制越多越好。此外，从国际来看，碳交易制度有利于发达国家，发达国家可以通过国际碳市场购买海外减排配额，以替代国内减排。最后，碳税有可能引起"绿色悖论"现象。所谓"绿色悖论"就是假定各国政府都一致同意以固定的速度提高从价税，能源所有者为了减少税收负担，面对或预期碳税的开征或提高，他们会增加当前的销售，碳排放量会增加，气候变化因此会加快，这就会出现政府目标和经济主体目标不一致的情况。

碳税与碳交易制度对比分析见表6-2。

表6-2 碳税与碳交易制度对比分析

对比项目	碳税	碳交易
设计原理	价格控制	数量控制
运作方式	财政方式	金融方式
信息成本	较低	较高

续表

对比项目	碳税	碳交易
监管成本	较低	较高
政治成本	较高	较低
财政收入	较高	较低
减排效果	不确定，但能激励减排潜力	确定，但可能偏离减排潜力

三、低碳工业发展模式

工业是碳排放的主要来源，低碳工业发展模式是发展低碳经济的重要方式。朱俏俏将工业进一步划分为资源型产业与制造业，分析资源型产业及制造业碳排放量与工业经济发展的影响关系及程度。结论表明，短期内工业经济增长方式仍为粗放型，工业经济发展对资源型产业碳排放的依赖程度仍较大，长期对资源型产业碳排放的依赖程度逐渐减弱，并据此提出走"资源型产业转型升级—制造业产业能源结构调整优化—低能耗、低污染、高效率的高端制造业"的产业发展路径及"改造提升资源型产业—促进工业经济增长—反哺制造业发展"的工业发展模式。

第四节 碳金融与碳交易研究

一、碳金融研究

高效的碳金融交易体系，能够有效地促进碳成本向碳收益转化、提升能源链转型的资金融通效率、完善气候风险管理和转移功能，推进中国绿色经济的发展和金融体系的完善创新。兰草等利用1997—2011年数据，从储蓄动员能力、碳资本配置效率、绿色信贷不良贷款率、绿色信贷净利息收入比和净资产收益率5个方面考察中国宏观碳金融交易体系效率现状。结论表明，中国碳金融交易体系从诞生至今，尽管总体上呈现出不断发展的趋势；然而，目前中国碳金融交易体系的宏观效率仍然相当缺失。

中国碳金融发展不仅表现在宏观效率的缺失上，而且省域之间碳金融的发展水平也差别明显。刘蕴喆通过构建的碳金融发展指数体系，对2007年和2012年中国30个省份的碳金融发展水平进行分析比较。结论表明，中国碳金融发展水平普遍不高，区域性差异明显；北京、上海和浙江碳金融发展水平最高，其特征为旅游产业较为发达，且处于工业化和城市化的后期，金融体系较为健全，有较发达的碳金融市场；内蒙古、山西和新疆碳金融发展水平最低。

碳金融是一种比较特殊的金融形式，因此传统的金融风险在碳金融交易中呈现异质性。杜莉等结合国外碳金融交易的实践，归纳了碳金融交易中的政策风险、信用风险、操作风险、市场风险、流动性风险和项目风险的特征与内容，对比分析了各类风险不同评估方法的优劣，建议中国政府与金融机构双管齐下，由政府在宏观层面从制度供给与环境培育的角度，对碳金融发展及风险防控进行规制和监管；金融机构通过设计全面有效的碳金融交易风险预警指标体系、构建健全的碳金融交易风险管理组织框架、设计和实施先进完善的碳金融风险管理技术、建立严格的碳金融交易风险管理责任追究机制，提升碳金融交易行为主体及监管部门的风险识别与防控能力。

二、碳交易研究

碳市场机制设计，应用了信息理论和激励理论。碳排放就是一种公共物品，企业都有动机"搭便车"，又由于信息不完全，企业通过隐藏自己的真实情况来逃避减排责任。对此，师翠英认为需要设定机制让企业获得激励，以真实地显示自己的情况，可以采用格罗夫斯—克拉克机制，基本思想是在无法掌握排放主体所有信息时，给每个减排个体一定的激励，使其在追求个体利益时促进整体目标的实现。

个人碳交易是一种基于市场机制直接针对消费者的环境规制方式，国家根据减排目标，按照公平原则，每个成年人每年被平等地分配到可交易的碳配额。所有人有相等的排碳权。交易机制使得消费者可以购买或出售相应的排放权，当个人消费的碳排放超过初始碳配额时，则需要购买相应的碳配额；当初始碳配额有剩余时，则可以出售相应的碳配额。李健主张个人碳交易的"碳币"模式，国家或地方政府的相关管理部门免费分配给每个家庭一定数量的"碳币"作为碳配额，各种生活消费支出"碳币"，可以在市场中交易，并设计了"碳币"交易的流程图（图6-1）。

碳交易也会对宏观经济产生影响。孙睿分析和评价不同总量减排目标情景下，碳价引入对宏观和产业部门层面经济产出、能源消费和碳减排的影响以及相应合理的碳价水平。研究发现，引入更高的减排目标和碳价，具有抑制能源消费的效果，使得各产业部门经济产出均下降，特别是对一次能源部门。碳交易能有效促进煤炭、重工业、电力、轻工业部门的碳减排。但对属于高排放部门的交通和建筑业的减排效果不明显，还需要依靠其他手段促进减排。

此外，一个完美的碳交易市场应当具有空间灵活性和时间灵活性。但现实中，碳交易市场的空间灵活性和时间灵活性总是存在缺陷。空间灵活性或时间灵活性不足导致国际碳市场出现了严重的机制失灵问题，即供求结构不平衡引起价格大幅度下跌。陈波从碳市场的两种均衡状态出发，针对价格失灵问题，对 EU ETS 和 CDM 市场中供给过剩如何扭曲价格信号进行了机理分析，认为长期过剩是由自锁定效应和制度扭曲产生的，而短期过剩则是由投资者套利驱动的，最有效的解决方案是重塑市场信用体系。

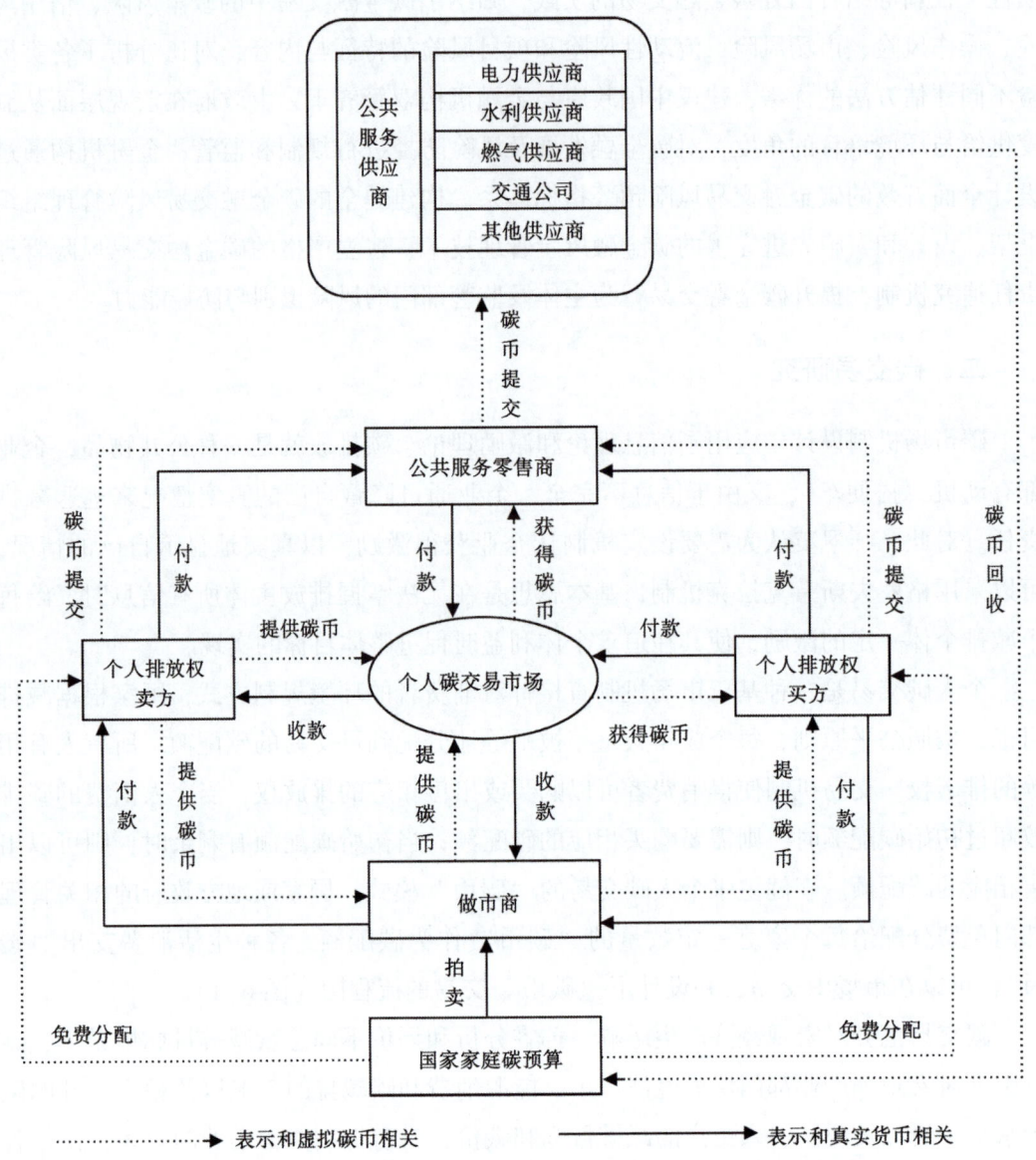

图 6-1 个人碳交易碳币模式

参考文献

[1] 黄泰岩. 2014 年中国经济研究热点排名与分析 [J]. 经济学动态, 2015（6）: 15-26.

[2] 伍国勇, 段豫川. 论超循环经济——兼论生态经济、循环经济、低碳经济、绿色

经济的异同[J]. 农业现代化研究, 2014, 35（1）：5-10.

[3] 江玉国, 范莉莉. 碳无形资产视角下企业低碳竞争力评价研究[J]. 商业经济与管理, 2014（9）：42-51.

[4] 赵海凤, 闫昱霖, 张大红. 低碳经济计量模式[J]. 生态学报, 2014（4）：1249-1257.

[5] 林伯强, 毛东昕. 中国碳排放强度下降的阶段性特征研究[J]. 金融研究, 2014（8）：101-117.

[6] 胡渊, 刘桂春, 孔祥镇, 等. 中国碳排放强度的时空差异分析[J]. 资源与产业, 2016, 18（2）：67-75.

[7] 薛俊宁, 吴佩林, 李岩, 等. 我国碳排放强度的影响因素分析——基于1998—2013年的面板数据[J]. 价格理论与实践, 2014（11）：41-45.

[8] 任晓松, 赵涛. 中国碳排放强度及其影响因素间动态因果关系研究——以扩展型KAYA公式为视角[J]. 干旱区资源与环境, 2014（3）：6-10.

[9] 郑欢, 李放放, 方行明. 规模效应、结构效应与碳排放强度——基于省级面板数据的经验研究[J]. 管理现代化, 2014（1）：54-56.

[10] 卢现祥, 柯赞贤, 王宇. 构建低碳经济中有效的碳价格制度[J]. 河北经贸大学学报, 2014（10）：53-59.

[11] 武旭. 低碳城市建设的国际经验借鉴与路径选择[J]. 区域经济评论, 2014（1）：40-47.

[12] 兰草, 李锴. 中国碳金融交易体系效率分析[J]. 经济学家, 2014（10）：77-85.

[13] 刘蕴喆. 中国省域碳金融发展水平及影响因素的分析与路径[J]. 经济问题探索, 2014（7）：118-123.

[14] 朱俏俏, 孙慧, 王士轩. 中国资源型产业及制造业碳排放与工业经济发展的关系[J]. 中国人口·资源与环境, 2014, 24（11）：112-119.

[15] 杜莉, 王利, 张云. 碳金融交易风险：度量与防控[J]. 经济管理, 2014（4）：106-116.

[16] 师翠英, 田柳, 荆克迪. 我国碳交易机制设计理论初探[J]. 中国物价, 2014（12）：75-81.

[17] 荆克迪. 国际碳交易市场收益波动率研究及其对中国的启示——基于A-PARCH模型的Bluenext碳交易市场的实证分析[J]. 南京社会科学, 2014（3）：24-32.

[18] 刘力臻. 碳交易的治污价值、机理及碳交易市场的顶层设计[J]. 社会科学辑

刊，2014（6）：102-108.

[19] 李健.个人碳交易模式和运行机制研究［J］.干旱区域资源与环境，2014（10）：1-6.

[20] 孙睿，况丹，常冬勤.碳交易的"能源—经济—环境"影响及碳价合理区间测算［J］.中国人口·资源与环境，2014（7）：82-90.

[21] 孙欣，张可蒙.排放强度影响因素实证分析［J］.统计研究，2014（2）：61-67.

[22] 陈波.碳交易市场的机制失灵理论与结构性改革研究［J］.经济学家，2014（1）：32-39.

第四部分

低碳经济指标体系和竞争力分析

> 低碳经济不能只停留在口号上,需要精确地定量评价,而这种评价本身就需要可持续的研究支持。本系列报告使用中国人民大学气候变化与低碳经济研究所开发的中国省域低碳经济竞争力指标体系与低碳经济国际竞争力指标体系连续多年分别对中国各省(直辖市、自治区)及世界主要国家(地区)进行了深入评析。在本年度,中国各省的低碳经济竞争力排名榜又发生了变化:海南蝉联冠军,江西获得亚军,北京跃升季军。中国在低碳经济国际竞争力排名榜上名落孙山,在参评国家中倒数第二。排名变动的成因且看下文分析。

第七章 中国省域低碳经济竞争力分析

本章介绍了适合中国国情的省域低碳经济竞争力指标体系的基本设计。根据该指标体系，对 2007—2014 年全国各省（直辖市、自治区）（除了缺乏相关数据的西藏、台湾、香港及澳门）的低碳经济发展情况进行了分析，将全国划分为低碳地区、中碳地区和高碳地区，综合比较评估了中国各省（直辖市、自治区）的低碳经济竞争力。

第一节 中国省域低碳经济竞争力评价体系的基本设计

中国省域低碳经济竞争力评价体系是中国人民大学气候变化与低碳经济研究所在《中国低碳经济年度发展报告（2011）》中提出的，在《中国低碳经济年度发展报告（2012）》中进行了修订，已经用于对 2005—2014 年全国各省、直辖市、自治区的低碳经济竞争力评价分析。中国人民大学气候变化与低碳经济研究所还针对苏州工业园区低碳经济发展目标与具体情况，以中国省域低碳经济竞争力评价体系为基础研究开发出苏州工业园区低碳发展评价体系，这是中国第一份用于实践的工业园区层面的低碳经济竞争力评价体系。

中国省域低碳经济竞争力评价体系的设计以低碳效率为核心，综合考虑低碳效率的直接影响因素能耗效率以及低碳社会、低碳引导两大外围作用机制。其中，低碳社会与低碳引导又是相互作用的，即低碳引导改善低碳社会的发展，同时低碳社会的发展又进一步推进低碳引导的改革。综合评价结构如图 7-1 所示。

低碳效率作为本指标的核心要素，主要测度二氧化碳排放量与经济、人口的关

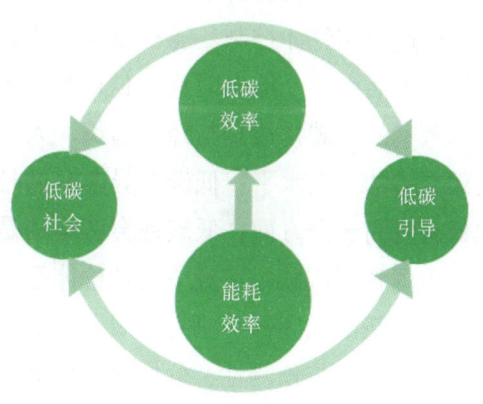

图 7-1 低碳经济竞争力评价设计机制图

系，其直接影响因素是能耗效率。能耗效率主要从二氧化碳主要排放源——能源的角度测度，其中包括了对清洁能源、可再生能源的测度。低碳社会作为本指标的外围要素，测度一国自然环境对低碳的贡献以及人民生活与低碳间的关系。低碳引导作为本指标的外围要素，测度国家相关政策引导对低碳的影响。整体的指标设计情况如图

7-2 所示。

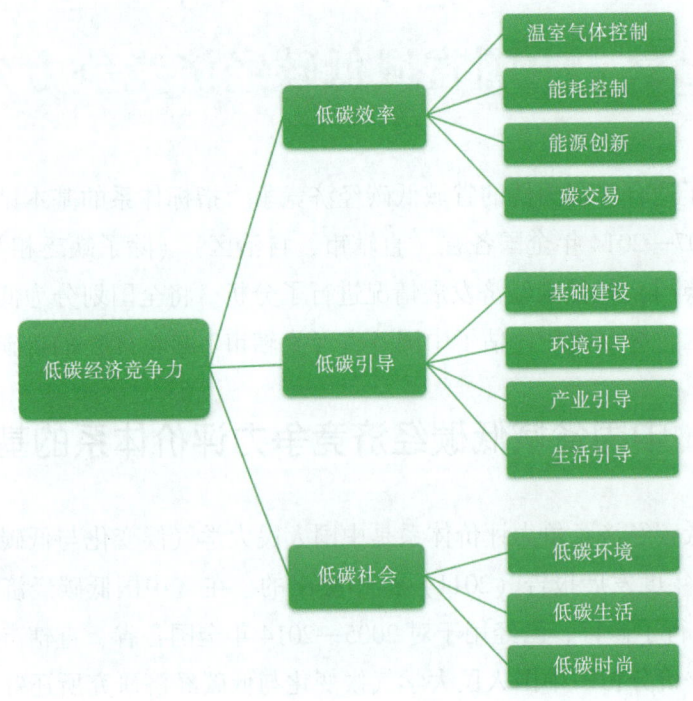

图 7-2　中国省域低碳经济竞争力指标体系

图 7-2 为低碳经济竞争力整体框架，符合图 7-1 的设计机制，分别从外围、核心两个部分进行低碳经济竞争力的评价，能够有效展示低碳经济发展情况。低碳经济竞争力通过温室气体控制、能耗控制、能源创新、碳交易、基础建设、环境引导、产业引导、生活引导、低碳时尚、低碳环境和低碳生活 11 个方面体现出来。其中，低碳效率考察的是碳排放量与经济增长、人口、资源消耗、能源消耗等因素之间的关系以及碳交易的发展水平；低碳引导考察的是基础建设、环境引导、产业引导、生活引导和低碳时尚 5 个方面；低碳社会考察的是低碳环境和低碳生活两个方面。

中国省域低碳经济竞争力评价体系分为理想版与现实版两个版本。理想版是根据国内外最新的低碳经济研究进展，按照理论与逻辑的内洽性设计，指标体系设计具有一定的前瞻性与预测性，分析未来低碳经济发展的方向，还包含"低碳时尚"这类可以描述当前热点问题但尚且没有可用于评价的历史数据的指标（在《中国低碳经济年度发展报告（2012）》中提出）。现实版是根据中国低碳经济发展的官方数据开发的指标体系。在进行省市低碳经济竞争力试算时，根据现有的统计指标口径进行数据收集，数据来源包括国家统计年鉴、各省市的统计年鉴以及北京数汇通环境技术研究院。由于理想版的部分指标数据的口径与现有统计口径不一致，计算时采取的方式是剔除口径不一致的指标，留下的指标便构成现实版的指标体系。

一、低碳效率指标体系

效率,在经济学意义上是指一定的投入与产出之间的关系,产出与投入之比越高,则效率越高;反之,则效率越低。而低碳经济要求的是低能耗、低排放和低污染,也就是说,低碳经济所要求的是在实现经济增长的同时,资源、能源消耗量更低,碳排放量和污染更少。由此看来,低碳经济本身就蕴含着效率。低碳经济的特点在于通过实体经济的技术创新、组织创新、发展模式转型来减少碳排放,这正是效率提高的途径和方法。低碳效率,一方面是一种通过运用各种节能减排的技术手段、市场机制等,实现低能耗、低污染、低排放的发展模式;另一方面,低碳效率集中体现低碳经济发展水平,是低碳经济竞争力的核心。

(一)理想版低碳效率指标体系构建

低碳效率是评价省域低碳经济发展水平的首要指标,关于低碳效率分析,着重从能耗、排放角度展开,并且考虑到各个地域之间的经济发展情况、人口情况及区域面积,使各个地区之间形成几个可比的角度。在设计低碳效率分析框架时,结合使用了国家年鉴和省级年鉴的数据,之后根据中国的现实情况,并结合发达国家经验构建一个能够充分覆盖能源、碳排放相关因素的理想指标体系,对低碳效率进行测度。具体指标体系见表7-1。

表7-1 理想版低碳效率指标体系

一级指标	二级指标	三级指标	单位
低碳效率	温室气体控制	温室气体排放量	吨
		人均温室气体排放量	吨
		单位建筑面积温室气体排放量	吨/米^2
		工业部门温室气体排放量	吨
		交通部门温室气体排放量	吨
		单位GDP温室气体排放量	吨/万元
		温室气体排放增长率	%
	能耗控制	能源消耗量	吨标准煤
		人均能源消耗量	吨标准煤
		商业建筑单位面积能耗	吨标准煤
		能源消耗趋势	%
		工业部门能耗	吨标准煤
		单位GDP能耗	吨标准煤/万元
		电力消耗量	千瓦时
		人均电力消耗量	千瓦时
		电力消耗趋势	%

续表

一级指标	二级指标	三级指标	单位
低碳效率	能耗控制	电力传输损失比例	%
		单位GDP电耗	千瓦时/万元
		节能认证产品市场份额	%
		商业建筑单位面积电力消耗量	千瓦时/米²
		民用住宅单位面积电力消耗量	千瓦时/米²
	能源创新	水力、风力、地热、太阳能发电量占总发电量比例	%
		清洁能源占能源消耗比例	%
		人均清洁能源消耗量	吨标准煤
		新能源技术交易合同与专利数目	个
		清洁技术研发投资额	万元
	碳交易	碳市场年交易合同金额	万元
		碳市场年交易碳排放量	吨
		碳市场年交易合同数目	个
		碳市场年交易合同数目增长率	%
		平均每个碳交易合同碳排放量	吨

低碳效率指标设计的思路紧紧围绕"效率"的含义，本部分指标直接从低碳的目标出发，分为温室气体控制、能耗控制、能源创新和碳交易4个角度。其中，温室气体控制是低碳效率的最直接表现，能耗控制是影响低碳效率的最重要因素，能源创新是提高低碳效率的技术手段，碳交易则是提高低碳效率的市场手段。

1. 温室气体控制

控制温室气体排放量一直是国际社会讨论的热点，三级指标通过考察温室气体排放量与人口、GDP、面积、工业、交通等相关因素之间的关系，最直接地体现了低碳效率的发展水平。在人口、GDP等因素一定的情况下，温室气体排放量越低，则温室气体控制得越好，低碳效率越高；反之，则温室气体控制得越差，低碳效率越低。

温室气体控制指标直接关系到减排的要求及效果。对于温室气体排放的核算，目前来说最为广泛应用的是活动因子推算法，在IPCC的国家温室气体清单指南上提供了详尽的关于温室气体排放的推算流程，这种方法也是目前国际上普遍采取的做法。然而，不同于国际间的比较，对于区域的比较，更关心的是区域间的差异程度及发展模式的区别。因此，总排放量的存在固然重要，人均温室气体排放、单位GDP温室气体排放和单位建筑面积温室气体排放更能够看出地区之间对温室气体排放的控制效果，因为是相对量的指标，在区域比较的时候提供了更加广泛的可比性。

同时，也关注对温室气体排放最关键的两个部门，即工业部门和交通部门。但是交通部门的排放控制目前国内还没有广泛可靠的统计制度存在，一方面在于交通行为很多时候不能像工业部门一样统一进行数据整理;另一方面,对交通的温室气体排放估算方法国际上还存在着一些争议,包括各种交通工具的结构差异、政府对于交通的政策等都会影响交通部门的排放统计。在中国,各地的交通管理一直是归各地政府掌握,并没有一个全国统一的管理标准和管理模式,从而交通部门的温室气体排放计算要比工业部门温室气体排放计算复杂得多。然而,借鉴国际的经验,温室气体排放的一大来源是交通部门,因此这部分的温室气体排放还是必须关注的,由于对于交通部门温室气体排放的控制,政策工具能够取得很好的效果。

为了克服相对量的相对截面情况无法体现发展趋势的缺点,引入了温室气体排放的增长率。通过对温室气体排放增长率的观察,结合前面的几个指标,能够对一个地区进行趋势分析,从而从侧面考察整体的发展状况,包括未来的发展趋势。

2. 能耗控制

能耗控制直接关系到温室气体排放的总量和增长速度。作为构成温室气体排放的主要因素,能耗控制不仅关系到整体的排放水平,对于一个地区的可持续发展也是非常关键。对能耗的控制将给人们带来多方面的优势,而能耗水平也能够体现一个地区的低碳经济发展潜力。这部分从能耗和电耗的角度进行考察,从而既能够覆盖传统的高能耗工业发展模式,也能够覆盖现代商业以电力消耗为主的发展模式。综合能耗和电耗的考察,我们能够全面覆盖该区域对能源和电力的消耗控制力度与实际发展水平。

这部分的指标引入了总能耗、人均能耗、单位 GDP 能耗和单位面积能耗,还有能耗趋势。电耗也是采取了一样的考察角度。自 2006 年以来,中国建立了国家层面的能源统计制度,而各省市也纷纷建立了相应的能源统计体系,实际上虽然与国际的能源统计还是存在着口径上的差异,不过经过多年的发展和数据积累,也形成了中国能源统计数据的积累,并在实际的能源统计工作中获得了丰富的经验。除了关注能耗和电耗,为了反映建筑节能的发展情况,专门留出了民用建筑的电耗和商业建筑的电耗作为建筑节能情况的代表。同时,随着国家不断推出各种节能产品的认证标准,考察节能产品市场占有率也能够反映中国低能耗产品的发展状况。

电力碳强度也是需要关注的一个指标,因为这个指标间接提供了电网损失和电力使用过程中消耗与排放的信息。对电网的改造能够有效地减少传输过程中的损失,而这部分损失控制则能够从碳排放的减少中体现出来。不过电力碳强度更倾向于由政府通过基础设施建设来解决,因此这一指标放到了低碳引导的部分。

3. 能源创新

能源创新,重点考察的是新能源和清洁能源的发展。这部分与能耗控制都是一个体系上的,但是发展新能源和对旧能源进行控制还是两种思路,因为新能源不仅代表了更高效的能源生产效率，也代表了富有技术水平和经济发展效率的新模式。然而，在新能源发展初期，过高的技术成本限制了企业的投资。在这一点上，国家必须从战略的角度出发，对新能源的发展给予支持，不仅包括新能源的应用，也包括相关技术的研发。因此，本部分引入了新能源的发电比例、清洁能源消耗比重、人均清洁能源消耗等反映新能源应用层面的指标。另外，也加入了能源技术开发的两个指标，即投资额度和年专利申请数，分别从投入和产出两个角度度量一个区域新能源技术研究的发展状况。

4. 碳交易

碳交易层面，一方面与国家间的碳排放额度有关，另一方面也涉及区域之间各种因素的相互调配。例如，经济发达的地区为了实现减排，可以通过交易的模式来获取欠发达地区过剩的排放标准额度；而通过出售排放量，欠发达地区能够获得各种促进发展的资源。从经济学角度讲，碳排放的市场化将会带来一个新的碳市场，并且借助政府对碳排放的关注而获得新的发展。对于碳交易的发展水平和发展趋势，采取从碳交易合同出发的考察角度。年交易合同金额和数目直接反映了碳市场的成熟情况和发展水平；而合同碳交易量则能够评价碳市场对整体碳排放控制发挥的作用。平均每个碳排放合同的排放量则反映了参与碳市场主体的情况，对于不同发展水平的碳市场能够提供一个基本可比的框架。

（二）现实版低碳效率指标体系的说明

关于低碳效率指标体系的实际应用，考虑到中国目前的统计数据情况，上述指标体系的数据口径大多与当前各地区的统计口径不一致，如果按照理想指标来做，将无法描述出全国各地的低碳效率情况，因此我们一方面考虑到数据的来源和可靠性，另一方面兼顾体系的开放性和发展性，建立了省域低碳经济竞争力体系中关于低碳效率的现实版指标体系（表7-2）。

表7-2 现实版低碳效率指标体系

一级指标	二级指标	三级指标	单位
低碳效率	碳排放效率	人均二氧化碳排放量（碳足迹）	吨碳/年
		二氧化碳排放总量/增加值（碳强度）	吨碳/万元
		二氧化碳排放总量/区域面积	吨碳/千米^2
	能耗效率	人均能源消耗量	吨标准煤/年
		人均电力消耗量	万千瓦时/年
		单位GDP能耗	吨标准煤/万元
		单位GDP电耗	吨标准煤/万元
		区域单位建成区面积能耗	吨标准煤/千米^2
		区域单位建成区面积电耗	吨标准煤/千米^2

低碳效率用碳排放效率、能耗效率两个二级指标来描述。三级指标将二氧化碳排放量、能源消耗量、电力消耗量与经济指标、人口指标和建成区面积指标相结合，用以衡量低碳经济的整体发展水平，在经济水平高速增长的同时实现对二氧化碳排放量与能源消耗的监控。

碳排放效率二级指标下包含人均二氧化碳排放量（碳足迹）、二氧化碳排放量/区域GDP（碳强度）、二氧化碳排放量/区域建成区面积（单位面积碳排放）3个三级指标；碳排放量目前只有估算的数据，但是由于对于所有地区的使用方法是统一的，因此能够避免地区间由于估算方法的差异而产生的误差及不可比因素。

能耗效率二级指标下包含人均能源消耗量、人均电力消耗量、单位GDP能耗、单位GDP电耗、区域单位建成区面积能耗、区域单位建成区面积电耗6个指标。这6个指标均能够从省级以及国家统计年鉴上找到以及推算相应的能源统计数据。

二、低碳引导指标体系

低碳引导是指政府在低碳经济体系中的引导作用。具体而言，是指政府在低碳经济发展中自觉掌握和运用客观规律，主动制定中长期发展的目标规划，以引导者、服务者的角色，综合运用法律、经济、行政等措施，为低碳经济发展提供制度保障、技术支持以及服务平台建设和维护，引导各经济主体主动参与低碳经济建设，最终在全社会范围内实现低碳经济的自主化发展。

（一）理想版低碳引导指标体系构建

低碳引导主要体现在：首先，低碳基础建设上的投入，保证绿色、健康的环境基础设施与建立较为完善的信息平台是打造低碳城区的重要先决条件；其次，政府是城乡建设中的重要组织者，通过出台政策、互通信息等方式，鼓励企业、居民积极参与低碳经济建设，并引导城乡实现资源的优化配置。据此，本评价体系中的低碳引导一级指标包含5个子指标，分别从基础建设、环境引导、产业引导、生活引导和低碳时尚5个方面进行衡量。

由于政策内容的复杂性和针对对象不同，各地的政策很难进行准确、合理的量化，"出台政策数"这样的指标过于单薄，不能够立体、综合地进行衡量。并且，政策从上至下的传达、实施过程中会受到各种因素的影响，使政策的实际作用效果有所变化。综合以上两项考虑，对于政策的度量应当转换角度，从直接测量转向间接测量，从政策成效角度入手进行量化分析。

基础建设从政府带领治理环境的角度出发，引入生活垃圾无公害化处理率、危险固体废物处置率、污水管网覆盖率、污水再生利用率、电力碳强度、低碳经济信息平台的完善度及用于节能改造、低碳示范项目的激励资金占财政支出的比例7个三级指标。

环境引导从环境的角度挖掘指标，其中包含城市环境保护投资指数及空气二级和好于二级的天数占全年比例两个三级指标。

产业引导涉及低碳产业的划分，该部分很多三级指标是建立在合理的低碳产业划分体系的基础上，主要涉及万元GDP废水排放量、工业废水达标排放率、企业低碳战略、低碳技术投资指数、低碳技术、国际低碳技术合作机会、低碳企业占比、低碳产业产值占比、低碳产业GDP贡献率、低碳产品出口与对外服务总额占产品出口与对外服务总额比例、低碳产业就业人口占总就业人口比例、新增低碳就业岗位占总就业人口比例12个三级指标。

生活引导指标涉及对居民生活的低碳引导，其中包含燃气天然气占比、居民对生态工业的认知率、居民对当地生态与环境修复的满意度、居民对当地低碳发展的满意度4个三级指标。

低碳时尚指标是在《中国低碳经济年度发展报告（2012）》中加入的，描述当前热点但还没有可以用于评价的历史数据的指标，其包括新型节能建筑数目、新型节能建筑技术评价、低碳主题相关活动数目、低碳时尚概念普及程度4个三级指标，考察构建低碳社会过程中对"低碳时尚"的建设力度。

理想版低碳引导指标体系见表7-3。

表7-3　理想版低碳引导指标体系

一级指标	二级指标	三级指标	单位/类型
低碳引导	基础建设	生活垃圾无公害化处理率	%
		危险固体废物处置率	%
		污水管网覆盖率	%
		污水再生利用率	%
		电力碳强度	二氧化碳/度
		低碳经济信息平台的完善度	%
		用于节能改造、低碳示范项目的激励资金占财政支出的比例	%
	环境引导	城市环境保护投资指数	%
		空气二级和好于二级的天数占全年比例	%
	产业引导	万元GDP废水排放量	万吨
		工业废水排放达标率	%
		企业低碳战略	定性
		低碳技术投资指数	%
		低碳技术	定量、定性
		国际低碳技术合作机会	定性
		低碳企业占比	%

续表

一级指标	二级指标	三级指标	单位/类型
低碳引导	产业引导	低碳产业产值占比	%
		低碳产业 GDP 贡献率	%
		低碳产品出口与对外服务总额占产品出口与对外服务总额比例	%
		低碳产业就业人口占总就业人口比例	%
		新增低碳就业岗位占新增就业岗位比例	%
	生活引导	燃气天然气占比	%
		居民对生态工业的认知率	%
		居民对当地生态、环境建设的满意度	定性
		居民对当地低碳发展的满意度	定性
	低碳时尚	新型节能建筑数目	平方米
		新型节能建筑技术评价	定性
		低碳主题相关活动数目	场
		低碳时尚概念普及程度	定性

1. 基础建设

基础建设是指为社会生产和居民生活提供公共服务的物质工程设施，它是社会赖以生存发展的一般物质条件。城市基础建设是一个系统工程，它主要包括六大系统，即能源供应系统、供水排水系统、交通运输系统、邮电通信系统、环保环卫系统和防卫防灾安全系统。

首先引入了生活垃圾无公害化处理率和危险固体废物处置率两个指标评价政府在环保卫生方面的工作；然后，又在供水排水方面将污水管网覆盖率和污水再生利用率这两个指标结合，同时考察了对污水的控制情况和可持续发展理念的实践情况；此后，又使用了电力碳强度评价了政府在能源供应系统方面的低碳政策实践情况；在上述基础上，又从信息披露的角度通过低碳经济信息平台的完善度对政府低碳成果公开程度进行了评价；最后，使用用于节能改造、低碳示范项目的激励资金占财政支出的比例这一指标评价了政府政策在基础建设方面的直接经济投入。

（1）生活垃圾无公害化处理率。

生活垃圾一般可分为可回收垃圾、厨房垃圾、有害垃圾和其他垃圾四大类。目前，常用的垃圾处理方法主要有综合利用、卫生填埋、焚烧和堆肥。未经无公害化处理的垃圾，如仅采用简单填埋法处理的垃圾，对空气、地下水和周围土壤等的污染严重，不仅破坏城市生态环境，而且危害人民群众的身体健康，是社会的一大"公害"。因此，垃圾处理应该注重大气防护、水资源保护、环境保护及生态平衡相结合，完全进行无公害化处理，使垃圾不再污染环境，而且可以变废为宝。我们引入了生活垃圾无公害化处理率这一指标。

生活垃圾无公害化处理率,是无公害化处理的生活垃圾总量占生活垃圾总量的比例。其计算公式为:

$$生活垃圾无公害化处理率=\frac{无公害化处理的生活垃圾总量}{生活垃圾总量}$$

生活垃圾无公害化处理率反映了政府处理垃圾污染的能力,是考察政府治理环境成效的重要指标,也是城市环境健康与否的基本度量。

(2)危险固体废物处置率。

危险固体废物是指腐蚀性、急性毒性、浸出毒性、反应性、污染性、核放射性等性质的废弃物,会对环境甚至人体造成严重影响,因而必须安全妥善处理处置。产生危险废物单位必须将危险废物进行集中处理,安排专人负责收集和管理工作,待运危险废物要设置专门容器储存,危险废物必须交由具有相应资质的单位进行收集、运输、处理和处置。对危险固体废弃物的安全处置显得极为重要,显示出政府在基础建设方面的能力。

危险固体废物处置率,是安全处置的危险固体废弃物量占危险固体废弃物总量的比例。其计算公式为:

$$危险固体废物处置率=\frac{危险固体废弃物总量-丢弃的危险固体废弃物量}{危险固体废弃物总量}$$

危险固体废物处置率反映了政府处理危险固体废物的能力,是考察政府治理环境成效的重要指标,也是城市环境健康与否的基本度量。

(3)污水管网覆盖率。

污水管网是一个城市或一个区域把需要收集的排污口的污水收集起来,通过管道排到污水处理厂。这些收集污水的管道组成了网状结构,称为污水管网。

污水管网覆盖率指的是实际管网的纳污范围占规划的污水管网服务范围的比例。其计算公式为:

$$污水管网覆盖率=\frac{实际管网的纳污范围}{规划的污水管网服务范围}$$

规划服务范围一般通过查询污水系统专项规划可以找到,对于实际管网的纳污范围只能根据现有管网在地图上计算出大致的纳污范围。污水管网覆盖率考察了政府对自身规划的污水管网的完成情况,测度了政府在污水处理方面的基础建设状况。

(4)污水再生利用率。

污水再生利用为污水回收、再生和利用的统称,包括污水净化再利用、实现水循环的全过程。

污水再生利用率是指污水再生利用量占污水处理总量的比例。其计算公式为：

$$污水再生利用率 = \frac{污水再生利用量}{污水处理总量}$$

污水再生利用率指标是在污水管网覆盖率指标基础上的延伸。同时，这一指标也被广泛作为对城市基础设施现代化、创建国家环保模范城市的考核指标。

（5）电力碳强度。

电力是以电能作为动力的能源，产生的方式主要有火力发电（使用煤等可燃烧物）、太阳能发电、大容量风力发电技术、核能发电、氢能发电、水力发电等。对各电网发电的燃料及各种燃料的比例可以列出的各种能源种类的二氧化碳排放系数，并且计算得到各电网电力供电二氧化碳排放系数。然后，还要剔除发电厂自身用电和输电损失。各个电网除了火力发电之外，还有部分水电和核电等，用考虑输电损失后的火电二氧化碳排放系数除以火电百分比，即可得到各个电网电力二氧化碳排放系数，然后综合各个地区接收各个电网的电量和各个电网的电力二氧化碳排放系数即为各地区电力碳强度，考察各个地区用电的二氧化碳排放量。

（6）低碳经济信息平台的完善度。

低碳经济信息平台的完善度指标是参考国家生态工业园建设标准而设立的，主要考核是否创建局域信息网；是否定期在地区管委会网站、局域网或相关网站上发布地区低碳经济建设情况；是否定期在地区管委会网站、局域网或相关网站上发布地区能源消耗与二氧化碳排放情况；是否在地区局域网上有园区绿色企业公示等信息。以上各项评定标准各占25%，以信息平台的完善度达到100%为目标。通过对低碳经济信息平台完善度的考察可以看出，该地区实施低碳政策、披露低碳经济信息的具体状况，能很好地体现该地区的低碳信息披露程度。

（7）用于节能改造、低碳示范项目的激励资金占财政支出的比例。

用于节能改造、低碳示范项目的激励资金占财政支出的比例是从财政扶持的角度，直接体现政府对低碳经济的支持力度与政策强度，是对政府健全节能减排激励约束机制的直接度量。而以上的7个基础建设的指标都是仅从政策的作用效果（间接）角度对低碳政策进行的度量，而低碳政策指标应当以从直接、间接两个角度进行综合度量为最佳。这里在政策的作用效果的基础上加入了直接体现政府对低碳经济的支持力度与政策强度的用于节能改造、低碳示范项目的激励资金占财政支出的比例指标，结合使用直接与间接两种度量方式，使对政策的衡量更加科学。

2. 环境引导

低碳排放、环保节能都是低碳的核心内容。因此，环境各方面的度量也是评价地区低碳水平的重要方面。在此提出了两个三级指标,从直接和间接两个角度分别度量了地区环境保护的投入和产出。首先是城市环境保护投资指数,直接度量了城市在环境保护方面的投资;之后,又通过空气二级和好于二级的天数占全年比例这一指标衡量了环境保护的效果。

(1) 城市环境保护投资指数。

城市环境保护投资指数即指当年环境保护投资占城市国内生产总值的百分比。其计算公式为:

$$城市环境保护投资指数 = \frac{环境保护投资}{城市国内生产总值} \times 100\%$$

城市环境保护投资指数表现了城区为改善城市环境质量而进行的在环境基础设施建设和污染治理等各方面上的投资势头,能较为客观地反映政府在改善城区环境方面的重视程度。

(2) 空气二级和好于二级的天数占全年比例。

空气二级和好于二级的天数占全年比例可以有效地反映城区空气质量及空气污染治理的情况。政府深化各项大气污染治理措施的效果,将由本指标直接体现出来。

3. 产业引导

产业引导既包括政府在已有各个产业降低生产过程中的环境污染和能源消耗方面做出的工作,也包括政府在新兴的以低能耗、低污染为基础的低碳产业的发展、建设方面所做的引导工作。

产业引导方面首先介绍了两个有关污水排放的指标:万元 GDP 废水排放量和工业废水排放达标率。主要考察已有产业在生产过程中为降低环境污染所做出的贡献。然后,对企业低碳战略进行了一个定性的度量,考察各个企业的低碳发展之路。

此后,又对低碳产业方方面面的发展做了衡量。其实对于低碳及环境保护,人们长期以来的观念是这些方面的投入不可避免地会给社会带来经济成本。然而,越来越多的研究表明,实行低碳经济政策,使用清洁能源等策略在保护环境、降低碳排量的同时,也刺激了地区经济的发展,并且产生了所谓的低碳产业,形成了低碳经济就业,从而降低了地区的失业率。在此,统称由于实行低碳经济、使用清洁能源而新产生出来的产业为低碳产业,由此产生的职业为低碳经济就业。

在这样的基础之上,形成了产业引导下的有关低碳产业的一系列指标。首先,从低碳产业发展的根本——低碳技术出发,提出了低碳技术投资指数、低碳技术及国际低碳技术合作机会3个指标;然后又从低碳产业的发展规模和对经济的直接贡献方面提出了低碳企业占比、低碳产业产值占比、低碳产业GDP贡献率、低碳产品出口与对外服务总额占产品出口与对外服务总额比例4个指标。此外,还从低碳产业促进就业方面提出了低碳产业就业人口占总就业人口比例以及新增低碳就业岗位占新增就业岗位比例两个指标。

(1) 万元 GDP 废水排放量。

万元 GDP 废水排放量,是每万元 GDP 产生所消耗的水资源量。其计算公式为:

$$万元\ GDP\ 废水排放量 = \frac{工业废水排放总量 + 生活污水排放量}{GDP}$$

由于废水排放量的变动是政府环境治理效果的又一衡量标准,产业在产生经济效益的同时排放了废水,废水排放量可以很好地衡量产业的低碳水平,然而单纯地观察废水排放量而不顾经济增长情况,则显得不够客观。因此,在坚持可持续发展理念的指导下,有必要对单位 GDP 的废水排放量进行监测。

(2) 工业废水排放达标率。

工业废水排放达标率,是工业废水排放达标量占工业废水排放总量的比例。其计算公式为:

$$工业废水排放达标率 = \frac{工业废水排放达标量}{工业废水排放总量}$$

在工业发展的同时也要注重减少对环境的影响,在工业废水排放量减少的前提下更要提高工业废水达标排放率,只有在两者兼顾的情况下才能更好地完成产业低碳化。工业废水达标排放率的变动衡量了产业在产生经济效益的同时对废水的处理情况,也能够很好地衡量产业的低碳水平。

(3) 企业低碳战略。

企业的低碳战略主要是指企业制定的在低能耗、低污染的前提下实现本身发展的战略路线。可以通过对各个企业进行问卷调查和访谈等方式,通过定量与定性相结合的方式对企业的低碳战略制定、实施、发展状况做出合理的评价,可以考察政府对企业在低碳发展方面的宣传和引导。

(4) 低碳技术投资指数。

低碳产业是由低碳技术的不断创新推动起来的,因此对低碳技术的分析是对低碳产业根基的一种度量。低碳技术主要涉及电力、交通、建筑、冶金、化工、石化等部门以及在可再生能源及新能源、煤的清洁高效利用、油气资源和煤层气的勘探开发、二氧化碳捕获与埋存等领域开发的有效控制温室气体排放的新技术。

低碳技术投资指数即指当年低碳技术投资占国内生产总值的百分比。其计算公式为:

$$低碳技术投资指数 = \frac{低碳技术投资}{国内生产总值} \times 100\%$$

低碳技术投资指数表现了城区开发可再生能源及新能源和控制温室气体排放等各方面的投资势头，能较为客观地反映政府在低碳技术方面的重视程度。

（5）低碳技术。

对低碳技术的衡量应该主要侧重在低碳技术的投入和产出两个方面，即低碳技术的投资额（投入）及低碳技术的数目和等级（产出）两个方面。上一个指标——低碳技术投资指数是一个很好的度量低碳技术投入的指标。而低碳技术这一指标，主要衡量的是低碳技术的产出，即低碳技术的具体数目及每个技术的等级。低碳技术主要统计该地区本身研发并落地转化的低碳技术以及购买并且在本地区落地转化的低碳技术。鉴于技术涉及的产业以及对低碳经济的贡献不同，这里还会采取分类评级的方法对低碳技术从定量和定性的角度进行综合的统计度量。

（6）国际低碳技术合作机会。

低碳发展不是一个企业、一个地区抑或一个国家的责任，而是全球所有国家、所有地区、所有企业共同的责任，在低碳这样一个全球性的课题下，技术的合作与共享也是促进低碳发展的一个重要途径。主要包括：在科学研究、技术研发和能力建设等方面开展务实合作，推动建立资金、技术转让国际合作平台和管理制度；为发展中国家应对气候变化提供支持和帮助。因此，在此系统中提出了对地区低碳技术国际合作机会的分析，以求在国际合作的角度对地区的低碳技术水平进行度量。

（7）低碳企业占比。

低碳企业占比是从企业数量的角度测度低碳产业的贡献情况。具体是按照低碳产业的 15 个分类，分别计算各个类别低碳企业的数目而得到低碳产业发展的分布情况。通过低碳产业发展的分布情况可以看出该地区低碳产业发展的整体水平以及各个类别的发展状况，有利于下一步低碳产业发展步调的调整以及低碳产业布局的调整与优化。

（8）低碳产业产值占比。

低碳产业产值占比是从低碳产业产值对地区总产值的贡献测度低碳产业的贡献，是从价值量的角度说明低碳产业对地区的直接贡献。具体是按照低碳产业的 15 个分类，计算各个类别低碳产业的产值并且加总，看其占地区总产值的比例，从而得到低碳产业发展的情况。

（9）低碳产品出口与对外服务总额占产品出口与对外服务总额的比例。

国际贸易也是一个测度低碳产业的很好的维度，从低碳产品和服务的出口状况对低碳经济的发展状况进行分析，在国际市场这一更广阔的范围对地区的低碳产业竞争力进行度量，更加全面、准确地反映了各地区低碳产业竞争力。

（10）低碳产业 GDP 贡献率。

低碳产业 GDP 贡献率为低碳产业产出增量和 GDP 增量的比。其计算公式为：

$$\text{低碳产业 GDP 贡献率} = \frac{\text{低碳产业产出增量}}{\text{GDP 增量}}$$

低碳产业 GDP 贡献率衡量了低碳产业产值增加对 GDP 增量的贡献,分析了各个地区的低碳产业这一因素对经济增长的作用大小。

(11) 低碳产业就业人口占总就业人口比例。

实行低碳经济政策、使用清洁能源等策略在保护环境、降低碳排量的同时,也刺激了地区经济的发展,并且产生了所谓低碳经济就业,从而降低了地区的失业率。因此,低碳产业的发展已经不仅仅限于其在低碳方面的贡献或在经济方面的贡献,还在于其在提供就业机会方面的贡献。

而低碳产业就业人口占总就业人口比例是从就业人口统计出发,按照低碳产业的划分,计算的低碳就业率。从就业人口的角度测度低碳产业对就业的贡献。

(12) 新增低碳就业岗位占新增就业岗位的比例。

新增低碳就业岗位占新增就业岗位的比例是从低碳产业对就业的贡献情况来衡量低碳产业的贡献。新增低碳就业岗位数是根据每年新增加的企业中绿色企业的份额以及现有绿色产业企业的发展计划得到的(不同于人口数,岗位数根据企业的组织架构来定义,允许本年度部分岗位存在空缺)。鉴于新增就业岗位本身与该地区的总体产业规模相关,各个地区新增低碳就业岗位数并不直接可比,因此计算新增低碳就业岗位占新增就业岗位的比例,从而剔除各个地区本身规模的影响,来度量各个地区该年低碳就业对就业的贡献情况。

4. 生活引导

(1) 燃气天然气占比。

燃气天然气占比是指天然气占燃气总量的比例。其计算公式为:

$$\text{燃气天然气占比} = \frac{\text{天然气}}{\text{人工煤气} + \text{液化石油气} + \text{天然气}}$$

天然气是一种相对绿色的能源(也称低碳能源),相对于煤炭与石油而言,是对生态环境低污染的能源。在所有化石燃料中天然气燃烧的碳排放系数也是最小的,因此提倡天然气的使用无疑也是对低碳生活的一种推动。

(2) 居民对生态工业的认知率。

生态工业是依据生态经济学原理,以节约资源、清洁生产和废弃物多层次循环利用等为特征,以现代科学技术为依托,运用生态规律、经济规律和系统工程的方法经营和管理的一种综合工业发展模式。生态工业是一种目前积极推广的低碳化工业模式,集能源的节约、清洁能源的使用和废弃物循环等多种低碳环节于一体。可以通过居民低碳生活调查,分别从定性和定量角度了解居民对生态工业的认知程度。

(3) 居民对当地生态、环境建设的满意度。

生态与环境都是低碳政策实施效果的一种具体体现。上述的一些指标在客观定量地刻画生态与环境的发展状况，在这样的基础上，可以通过对居民进行低碳生活调查了解居民对目前当地生态与环境建设的满意度。用满意度这种主观态度作为之前客观指标的补充，来衡量地区低碳发展状况。

(4) 居民对当地低碳发展的满意度。

居民对当地低碳发展的满意度是指居民对当地低碳整体发展状况的一个综合评价。可以通过对低碳多个方面的满意度与认知度的调查得到该综合评价。借助居民低碳生活调查，可以获得居民对低碳各方面的认知度与满意度的数据，在一定程度上反映了地区低碳宣传的效果、衡量地区低碳发展的潜力。

5. 低碳时尚

在这个二级指标下，设置新型节能建筑数目、新型节能建筑技术评价、低碳主题相关活动数目和低碳时尚概念普及程度4个三级指标，考察构建低碳社会过程中对低碳时尚的建设力度。

新型节能建筑技术评价与低碳时尚概念普及程度都是定性指标。新型节能建筑技术评价用来考察节能建筑是否真的能够达到节能效果，而不是起到使设备耗能增高的反作用；低碳时尚概念普及程度则可通过调查问卷等方式调查低碳时尚在民众心中的地位等，用来辅助衡量低碳时尚的发展水平。

（二）现实版低碳社会指标体系的说明

低碳引导理想版指标到现实版存在以下问题：

(1) 原始数据贫乏的限制。

为了使得竞争力评价部分提出的评价指标体系能够实现，所以在现实体系中以数据的可获得性为第一考虑，对全国各省（直辖市、自治区）的低碳引导发展现状进行具体、量化的分析，准确地描绘当前的发展水平。因为受数据的限制，理想版评价体系中对一些数据不可获得的指标进行了删减和替代，这也使得其作为一个具备广泛通用性的衡量标准而言尚有一些缺憾。

(2) 基本数据不可得。

基础建设中污水管网覆盖率的数据并不可得，无论是规划的污水管网服务范围，还是实际管网的纳污范围，均没有查到对应的统计口径，而污水管网覆盖率数据也没有找到对应的统计口径；进而建立在污水管网覆盖率基础上的污水再生利用率也无法获得数据，因此在现实版中并未采纳这两个指标。

(3) 各地统一统计体系平台尚待构建。

低碳经济信息平台的完善度这一指标也没有得到数据的支持，发现各地没有形成统一标准的低碳经济信息平台,在这样的情况下人为地对低碳经济信息平台进行评估可能会由于收集的信息不全面而有所偏差,因此在现实体系中也未采纳该指标。而基础建设中唯一一个直接度量政府对低碳经济的支持力度与政策强度的指标——用于节能改造、低碳示范项目的激励资金占财政支出的比例,也因为没有找到对应口径的统计数据而未纳入现实版体系。

(4) 产业引导方面删除的指标也比较多。

由于国内尚未提出权威的低碳产业划分标准,因此在产业引导当中涉及低碳产业的指标在现实评价体系中均未引入;而低碳技术方面的交易统计和技术落地转化状况均没有完善的统计系统,数据也并不可得,因此低碳技术的各方面指标在现实版中也均未采纳。

(5) 企业低碳战略指标也未列入统一低碳统计指标体系之中。

在现实活动中,企业层面的数据只有在经济普查的年份才有,即只有2008年的经济普查企业数据,而且数据中并没有涉及企业低碳战略的信息,因此企业低碳战略这一指标在现实体系中也未引入。

(6) 生活引导中缺少涉及居民认知和满意度的指标。

当前低碳方面的居民调查并不完善,没有进行系统的、标准化的全面调查,因此并不能得到居民认知与满意度的数据,在此只保留了燃气天然气占比这一个反映低碳生活引导的指标。

最终形成的现实版低碳引导指标体系见表7-4。

表7-4 现实版低碳引导指标体系

一级指标	二级指标	三级指标	单位
低碳引导	基础建设	生活垃圾无公害化处理率	%
		危险固体废物处置率	%
	环境引导	城市环境保护投资指数	%
		空气二级和好于二级的天数占全年比例	%
	产业引导	万元GDP废水排放量	万吨
		工业废水排放达标率	%
	生活引导	燃气天然气占比	%

三、低碳社会指标体系

低碳社会是相对传统的不计碳排放对环境影响的高碳社会而言的社会发展模式,为适应全球气候变化,能够有效降低碳排放、为低碳经济提供保障的一种社会发展模式。主要表现在发展和建设低碳环境、低碳文化、低碳生活、低碳意识等方面,以社会制度的创新为保障，最终达到社会各主体价值观的转变，实现人类发展与环境保护和谐共进的社会发展模式。

（一）理想版低碳社会指标体系构建

理想版低碳社会指标体系围绕低碳社会这一一级指标，设有低碳环境、低碳生活两项二级指标，从构建低碳环境、倡导低碳生活两方面进行评价。低碳环境二级指标下设有人均非工业温室气体（二氧化碳）排放量、森林覆盖率、城市绿化面积占比、人均城市园林绿地面积、碳汇总量5项三级指标；低碳生活二级指标下设有人均生活消费二氧化碳排放量、建筑节能减排、公共绿色建筑占比、住宅绿色建筑占比、工业绿色建筑占比、地下空间使用面积、绿色社区普及率、绿色学校普及率、绿色宾馆普及率、公交出行率、步行与非机动交通出行率、个体机动化出行率、绿色公交减排二氧化碳量、人均交通二氧化碳排放量及居民对低碳生活的意识度15项三级指标。指标体系见表7-5。

表7-5 理想版低碳社会指标体系

一级指标	二级指标	三级指标	单位/类型
低碳社会	低碳环境	人均非工业温室气体（二氧化碳）排放量	吨二氧化碳
		森林覆盖率	%
		城市绿化面积占比	%
		人均城市园林绿地面积	平方米
		碳汇总量	吨二氧化碳
	低碳生活	人均生活消费二氧化碳排放量	吨二氧化碳
		建筑节能减排	吨二氧化碳/米^2
		公共绿色建筑占比	%
		住宅绿色建筑占比	%
		工业绿色建筑占比	%
		地下空间使用面积	平方米
		绿色社区普及率	%
		绿色学校普及率	%
		绿色宾馆普及率	%
		公交出行率	%
		步行与非机动交通出行率	%
		个体机动化出行率	%
		绿色公交减排二氧化碳量	吨二氧化碳/人
		人均交通二氧化碳排放量	吨二氧化碳
		居民对低碳生活的意识度	定性

1. 低碳环境

（1）人均非工业温室气体（二氧化碳）排放量。

低碳社会中考虑的温室气体排放量是指与居民生活比较相关的各部门温室气体排放情况，即指包含了第一产业、第三产业、居民生活和汽车这4项的温室气体排放量，工业企业部门排除在外。

为消除人口对于温室气体排放量的影响，度量相对水平下的非工业部门温室气体排放量，本书采用人均非工业温室气体（二氧化碳）排放量这一指标。其中，人口数指地区总人口数，即将户籍人口数和外来人口数一并考虑在内。

（2）森林覆盖率。

森林覆盖率指一个国家或地区森林面积占土地总面积的百分比。其计算公式为：

$$森林覆盖率 = \frac{森林面积}{土地总面积} \times 100\%$$

森林覆盖率是反映森林资源的丰富程度和生态平衡状况的指标。在计算森林覆盖率时，森林面积包括郁闭度❶2.0以上的乔木林地面积和竹林地面积、国家特别规定的灌木林地面积、农田林网以及四旁（村旁、路旁、水旁、宅旁）林木的覆盖面积。

（3）城市绿化面积占比。

城市绿化面积占比是指城市各类型绿地（公共绿地、街道绿地、庭院绿地、专用绿地等）合计面积占城市总面积的比例，用以衡量城市绿化水平和环境质量的指标。

（4）人均城市园林绿地面积。

人均城市园林绿地面积是指城市园林绿地面积与城镇人口数之比。其计算公式为：

$$人均城市园林绿地面积 = \frac{城市园林绿地面积}{城镇人口数}$$

人均城市园林绿地面积主要衡量了城市的园林绿化水平，消除了人口影响，可以动态地反映城市园林绿化的发展状况，与城市绿化面积占比相辅相成，共同反映城市绿化质量。

（5）碳汇总量。

碳汇总量是指森林等从空气中吸收并储存的二氧化碳总量。

发展低碳经济的重要措施之一，是扩大绿化面积、增加绿化密度，利用绿化带天然的碳吸收功能。这一指标直观地体现出二氧化碳的吸收总量，可直接展示低碳环境的建设程度。

---

❶ 郁闭度指单位面积上林冠覆盖林地面积与林地总面积之比。

2. 低碳生活

(1) 人均生活消费二氧化碳排放量。

人均生活消费二氧化碳排放量是在考察生活消费能耗产生的二氧化碳总量的基础上，进一步考虑消除人口对排放量的影响，衡量每人每年生活消费二氧化碳排放量水平的指标。人均生活消费二氧化碳排放量是对居民低碳生活水平的直接衡量。

(2) 建筑节能减排。

建筑节能减排是从建筑实施低碳化效率的角度进行度量。该指标的含义是单位建筑消耗的二氧化碳量，计算时可将所有建筑的能源消耗转化为二氧化碳排放量，然后进行面积的平均化。值得一提的是，建筑的耗能不仅仅在于电力消耗，从建筑的初始设计、建筑用材、基础设施建设到建筑使用过程中的各个阶段都会涉及耗能，为全面体现绿色建筑的节能效果，单位面积建筑的二氧化碳排放量的测度应该是一个考虑多方面因素的、全面的、复杂的计算指标。

(3) 公共绿色建筑占比、住宅绿色建筑占比、工业绿色建筑占比。

绿色建筑占全部建筑数量的比例，即绿色建筑占比，是衡量低碳生活水平的又一指标。考虑到各类型建筑的减排要求有所不同，因此分公共建筑、住宅建筑、工业建筑三类分别计算绿色建筑普及率。

在全球气候变暖的背景之下，世界各国对建筑节能的关注程度正日益增加，节能建筑成为建筑发展的必然趋势，绿色建筑应运而生。2006年6月1日，由建设部与国家质检总局联合发布的工程建设国家标准 GB/T 50378—2006《绿色建筑评价标准》开始实施，中国绿色建筑的评价有了统一的标准。之后，中国建筑科学研究院和上海建筑科学研究院（集团）有限公司会同有关单位在原标准 GB/T 50378—2006 的基础上修订完成了 GB/T 50378—2014《绿色建筑评价标准》，该标准于2015年1月1日开始实施。建筑是居民生活中不可或缺的重要部分，是人们赖以工作、生活、学习的基础场所，因而建筑绿色化，也是降低二氧化碳排放和发展低碳生活的重要途径之一。

(4) 地下空间使用面积。

积极开发地下空间的使用，也能起到降低能耗的作用，有利于低碳生活水平的提高。目前，中国部分地区的地下空间正处于不同程度的开发中，因此在未来对低碳生活的评价中将地下空间使用面积考虑进来也具有重要意义。

(5) 绿色社区普及率、绿色学校普及率、绿色宾馆普及率。

相对于绝对数量的统计，普及率是更好地反映绿色社区、学校、宾馆建设情况的指标，同时也是对低碳生活发展状况的展示。建议将这3项指标列入中国低碳经济统计体系之中。

(6) 公交出行率、步行与非机动交通出行率、个体机动化出行率、绿色公交减排二氧化碳量、人均交通二氧化碳排放量。

这5项指标是低碳生活中的交通类指标。交通是温室气体排放的主要来源之一。随着经济的发展以及人们生活水平的提高，居民对于汽车的需求量不断增大，控制住交通工具温室气体排放的任务越来越艰巨。除了向居民倡导使用小排量汽车及新能源汽车、提倡步行或骑自行车并搭乘公共交通之外，更需要将绿色公交减排二氧化碳量和人均交通二氧化碳排放量考虑到低碳经济统计体系中。

另外，公交出行率、步行与非机动交通出行率、个体机动化出行率是对人们利用交通工具出行行文的细致度量，这3项指标的计算主要是根据人们出行采取交通方式的使用次数比例来计算。通过对人们采用交通形式的度量，可反映出人们的低碳出行意识及低碳交通的实际效果。

（7）居民低碳意识与行为。

可通过问卷和抽样方案的设计进行居民低碳生活调查，获取居民对低碳生活意识度的数据，在一定程度上反映低碳宣传的效果，衡量低碳发展的潜力，检测居民低碳生活水平。

（二）现实版低碳社会指标体系的说明

理想版低碳社会指标体系是立足于全面和系统的出发点之上构建而成的，是一套具备较广泛的通用性的衡量标准指标体系。在实际评价中，指标体系应以数据的可获性作为第一考虑，目的在于对中国各地区当前低碳社会发展现状进行具体、量化的分析，准确地描绘当前发展水平。但由于中国现有的低碳经济统计体系仍处于探索阶段，许多指标尚未建设全面，受现有数据的限制，不得不对理想版低碳社会指标体系中不可获得的指标进行删减和替代。具体来说，在收集过程中主要发现了如下几个问题：

（1）人均非工业温室气体（二氧化碳）排放量、碳汇总量、建筑节能减排、绿色公交减排二氧化碳量和人均交通二氧化碳排放量这几个三级指标均无法从统计年鉴中查找到数据。

（2）城市绿化面积占比这一指标并不包含于各省（直辖市、自治区）统计年鉴中，部分地区统计年鉴中并没有对此口径进行统计，这给横向比较带来了一定困难。

（3）绿色建筑相关的统计工作尚未开展，公共绿色建筑占比、住宅绿色建筑占比、工业绿色建筑占比这3个指标无法从统计年鉴中查找到数据。

（4）地下空间使用面积并没有被纳入中国统计体系之中。

（5）绿色社区、绿色学校、绿色宾馆、跳蚤市场及交通类相关指标体系尚不健全，公交出行率、步行与非机动交通出行率、个体机动化出行率均没有被纳入统计年鉴。

(6) 居民对低碳生活的意识度还需要开展调研。

(7) 绿色就业相关指标均尚未列入中国统计体系之中。

综上所述，低碳环境二级指标下保留了森林覆盖率和人均城市园林绿地面积这两个三级指标，同时选用建成区绿化覆盖率这一指标代替城市绿化面积占比；低碳生活二级指标下保留了人均生活消费二氧化碳排放量。另外，通过计算得到的单位面积生活消费能耗，用这两个三级指标替代原有能源消耗和二氧化碳排放量相关指标；绿色就业相关指标暂时不予考虑。

本书采用的低碳社会指标体系见表7-6。

表7-6 现实版低碳社会指标体系

一级指标	二级指标	三级指标	单位
低碳社会	低碳环境	森林覆盖率	%
		人均城市园林绿地面积	平方米
		建成区绿化覆盖率	%
	低碳生活	人均生活消费二氧化碳排放量	千克
		单位面积生活消费能耗	千克标准煤/米^2

两个替代指标具体内涵如下：

(1) 建成区绿化覆盖率。

建成区具体指一个市政区范围内经过征用的土地和实际建设发展起来的非农业生产建设的地段，从广义上讲，是指城市行政范围内，实际建成或正在建设的、相对集中分布的地区。

建成区绿化覆盖率，是在森林覆盖率、人均城市园林绿地面积基础之上，更为贴近人民生存和活动环境的指标，更能反映人民生产和活动的范围之内的绿化水平，是考察低碳环境的又一重要指标。

(2) 单位面积生活消费能耗。

生活消费能耗，是对居民生活中消费的能源总量的一种度量。单位面积生活消费能耗，则是在考察生活消费能耗的基础上，进一步考虑居民生产和生活的活动范围，衡量活动范围内生活消费能耗水平的一个指标。单位面积生活消费能耗的计算公式为：

$$单位面积生活消费能耗 = \frac{生活消费能耗}{建成区面积}$$

单位面积生活消费能耗是对生活消费能耗在建成区面积上的反映，是描述低碳生活的重要指标。

第二节　2007—2014年全国省域低碳经济竞争力分析

本节根据现实版的中国省域低碳经济竞争力指标体系（表7-7），对2007—2014年全国省市低碳经济竞争力进行分析比较。现实版低碳经济竞争力指标体系是对低碳发展状况的实际测度模型，所有数据均能够从年鉴以及各种政府公开资料中获得，数据口径对接完成，作为理想指标体系的现实实现，能够作为目前低碳经济竞争力的评估参考。

表7-7　中国省域低碳经济竞争力指标体系（现实版）

一级指标	二级指标	三级指标	单位
低碳效率	碳排放效率	人均二氧化碳排放量（碳足迹）	吨碳/年
		二氧化碳排放总量/增加值（碳强度）	吨碳/万元
		二氧化碳排放总量/区域面积	吨碳/千米^2
	能耗效率	人均能源消耗量	吨标准煤/年
		人均电力消耗量	万千瓦时/年
		单位GDP能耗	吨标准煤/万元
		单位GDP电耗	吨标准煤/万元
		区域单位建成区面积能耗	吨标准煤/千米^2
		区域单位建成区面积电耗	吨标准煤/千米^2
低碳引导	基础建设	生活垃圾无公害处理率	%
		危险固体废物处置率	%
	环境引导	城市环境保护投资指数	%
		空气二级和好于二级的天数占全年比例	%
	产业引导	万元GDP废水排放量	万吨
		工业废水排放达标率	%
	生活引导	燃气天然气占比	%
低碳社会	低碳环境	森林覆盖率	%
		人均城市园林绿地面积	平方米
		建成区绿化覆盖率	%
	低碳生活	人均生活消费二氧化碳排放量	千克
		单位面积生活消费能耗	千克标准煤/米^2

一、低碳经济竞争力排名

评价的思路是对三级指标直接进行汇总，即对三级指标进行标准化处理，然后将标准化后的三级指标汇总得到省域低碳经济竞争力指数。在三级指标的数据处理过程中,为了保证标准化后的数据在不同年份和省份间具有可比性,首先使用 Min-Max 方法对数据进行标准化,然后进行等权汇总。表 7-8 是 2007—2014 年全国省域低碳经济竞争力排名情况。

表 7-8 2007—2014 年全国省域低碳经济竞争力排名[①]

地区	低碳竞争力排名								
	2007年	2008年	2009年	2010年	2011年	2012年	2013年	2014年	排名变动[②]
海南	1	1	1	1	1	1	1	1	0
江西	2	2	2	2	2	2	3	2	1
北京	11	6	13	13	5	5	5	3	2
重庆	16	16	6	5	3	5	2	4	-2
安徽	5	12	7	11	12	9	8	5	3
湖南	19	15	15	12	10	12	12	6	6
江苏	7	8	4	6	8	15	11	7	4
广东	4	4	5	4	6	4	9	8	1
福建	3	3	3	3	4	6	6	9	-3
山东	14	5	8	9	14	13	14	10	4
广西	9	9	11	10	7	7	4	11	-7
浙江	6	7	12	7	11	8	10	12	-2
湖北	15	18	21	17	17	19	16	13	3
陕西	21	10	14	14	15	14	13	14	-1
上海	26	23	23	28	23	23	18	15	3
四川	10	11	9	8	9	11	7	16	-9
吉林	18	20	18	19	19	16	21	17	4
辽宁	13	17	16	20	20	21	20	18	2
河南	20	19	20	18	18	18	19	19	0
云南	12	21	17	16	13	17	17	20	-3
天津	17	13	19	21	21	20	15	21	-6
黑龙江	8	14	10	15	16	10	22	22	0
新疆	25	27	25	25	25	27	24	23	1
河北	22	22	22	22	22	22	23	24	-1
甘肃	23	26	24	27	27	25	27	25	2
山西	28	29	28	26	26	26	25	26	-1

续表

地区	低碳竞争力排名								排名变动[②]
	2007年	2008年	2009年	2010年	2011年	2012年	2013年	2014年	
贵州	24	24	26	23	24	24	26	27	-1
宁夏	29	28	27	24	28	28	28	28	0
内蒙古	27	25	29	29	29	29	30	29	1
青海	30	30	30	30	30	30	29	30	-1

[①] 由于西藏、台湾、香港及澳门相关历年数据缺乏，不能真实地反映其低碳经济发展情况，因此本书没有列入这些区域的排名分析。香港地区数据符合低碳经济国际竞争力指标体系要求，将在下一章评价分析。

[②] 2014年较2013年排名变动。

根据低碳经济竞争力指标体系，本书从《中国统计年鉴》《中国能源统计年鉴》《中国环境统计年鉴》以及各省市统计年鉴上查询到了相关指标2007—2014年的指标值，对2014年指标值进行了标准化，通过加权平均法计算得到了低碳经济竞争力这一综合指标的分值，并根据分值对中国各省（直辖市、自治区）进行了排名。排名情况见表7-9。

表7-9 2014年全国低碳经济竞争力得分及排名情况

地区	低碳经济竞争力得分	排名	地区	低碳经济竞争力得分	排名
海南	80.18	1	四川	67.27	16
江西	76.32	2	吉林	66.18	17
北京	75.70	3	辽宁	66.06	18
重庆	75.39	4	河南	65.87	19
安徽	72.91	5	云南	65.04	20
湖南	72.50	6	天津	65.02	21
江苏	72.49	7	黑龙江	63.77	22
广东	72.25	8	新疆	60.56	23
福建	71.81	9	河北	58.85	24
山东	70.02	10	甘肃	57.17	25
广西	69.96	11	山西	56.04	26
浙江	69.47	12	贵州	55.48	27
湖北	67.88	13	宁夏	50.39	28
陕西	67.51	14	内蒙古	48.40	29
上海	67.46	15	青海	42.69	30

需要说明的是，本排名是建立在本书低碳经济竞争力指标体系之上的利用2014年各省（直辖市、自治区）数据得出的一个相对排名，是对中国各地区低碳经济发展情况进行划分的一种尝试，并不与其他低碳定义方式相矛盾。随着低碳概念的进一步

推广和低碳经济的持续发展，本书给出的排名情况也会因不同地区的发展水平变化而发生变化。

二、低碳经济竞争力区域划分

根据 2014 年各省（直辖市、自治区）低碳经济竞争力的得分及排名情况，本书将低碳经济竞争力评价得分排名为全国前 11 位的地区归为低碳地区，将得分排名为全国第 12 至第 21 位的地区归为中碳地区，将得分排名为全国第 22 至第 30 位的地区归为高碳地区。其中，低碳地区包括海南、江西、北京、重庆、安徽、湖南、江苏、广东、福建、山东、广西；中碳地区包括浙江、湖北、陕西、上海、四川、吉林、辽宁、河南、云南、天津；高碳地区包括黑龙江、新疆、河北、甘肃、山西、贵州、宁夏、内蒙古、青海。

对比 2013 年排名可以看出，湖南和山东从 2013 年的中碳地区上升至低碳地区，浙江和四川则由低碳下降到中碳地区，海南的低碳经济竞争力仍然强劲，继续保持全国第一。

从中国高碳、中碳、低碳地区分布图（图 7-3）中可以清晰地看到，中国高碳排放依旧主要集中在西北地区和欠发达地区。图 7-3 中还显示，除个别省份外，随着地

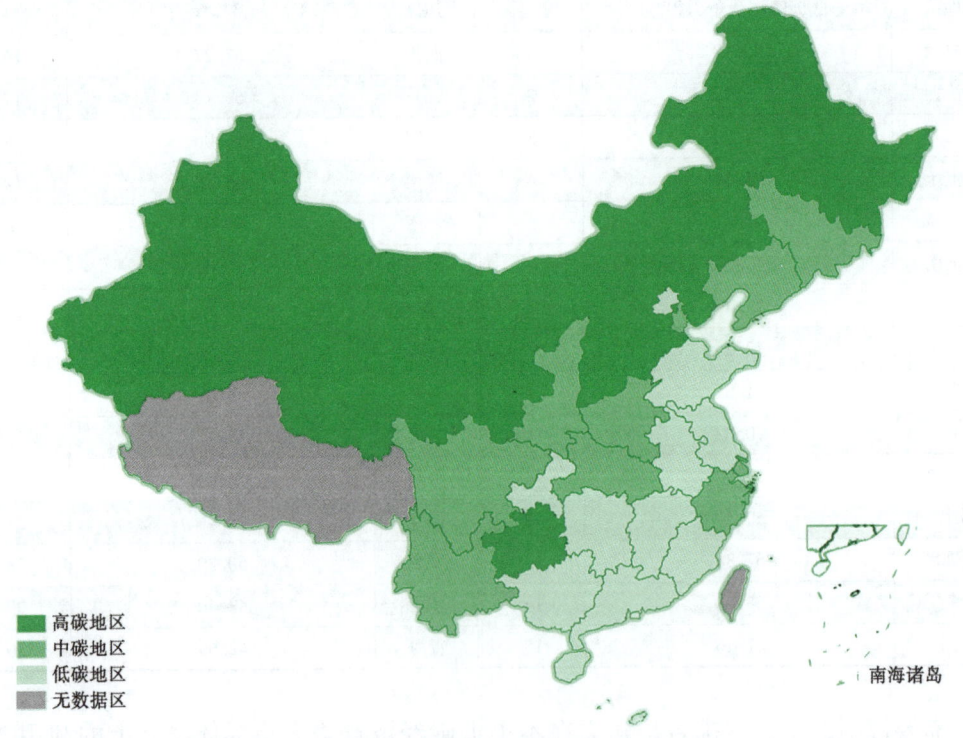

图 7-3　2014 年中国高碳、中碳、低碳地区分布

（高碳、中碳、低碳地区是按照省域低碳经济竞争力排名相对划分的）

理位置向东南方向推移，低碳经济竞争力逐渐提高，这种变化和经济发展水平及产业布局等多方面因素紧密相关，具体影响因素将在下一节进行分析。

第三节 2014年中国高碳、中碳、低碳地区竞争力变动分析

本节根据低碳、中碳和高碳地区的低碳效率、低碳引导、低碳社会2007—2014年的排名，对各省（直辖市、自治区）这3个指标的变动趋势进行了总结和原因分析。

一、低碳地区竞争力分析

（一）低碳效率处于中上游，且总体排名较平稳

从图7-4可以看到几个比较突出的现象：江西省同往年一样，连续5年的低碳效率指标始终排在全国第1位；而海南省排名稍有下降，连续4年排名第2，2014年下跌至第3名，而北京市则延续2013年的上升势头，2014年直冲全国第2名。安徽省前几年都排名第3，2013年出现剧烈下滑后，2014年又有小幅回升，跻身全国前5名，广东省情况类似：于2011年小幅下跌至第6名之后，2014年又排名第4，显示出小幅的增长势头；福建省则显示出了不稳定的波动状态，从2012年的第13名在2013年上升2名后，于2014年又重新跌回13名。重庆则保持了比较稳定的排名状态，与2013年相同继续名列第8。而江苏和山东的排名也有小幅波动，但总体水平处于全国

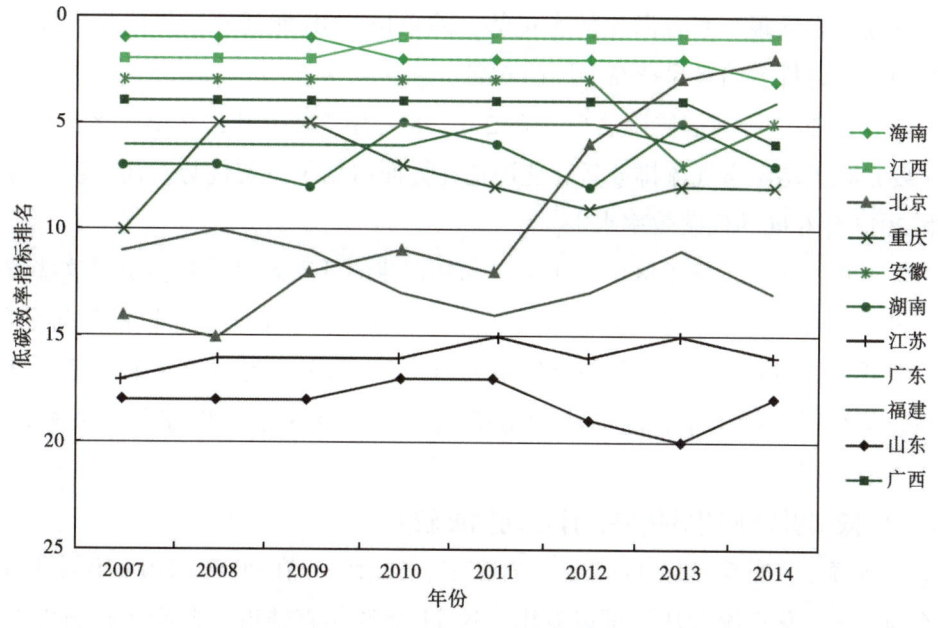

图7-4 低碳地区2007—2014年低碳效率指标排名变化

的中列，在所有低碳地区中排名略靠后。

从图7-4可看出，尽管不同省份每年的排名略有波动，但大致所处的排名档次没变。例如，低碳效率在10名以内的省份有江西、海南、安徽、广西、广东、重庆、湖南，10~20名之间的省份有山东、江苏、福建。只有北京在排名的提高上突飞猛进，从2007年排名14一跃成为2014年的第2名，从第二个档次跨越到了第一个档次。

具体而言，首都北京从2008年起开始逐见起色，经过2011年的短暂回落之后，在2012年实现大跨越发展，且上升势头迅猛，于2014年已经冲到全国第2名的水平，这是多年来北京市政府大力把控能耗和碳排放的结果。从数据细节来看，北京2014年的单位GDP的二氧化碳排放量、能耗、电耗等5个子指标均排名全国第一，说明北京在经济发展层面的低碳效率占有很高的优势地位，实现单位增加值所耗费的能源和所排放的二氧化碳都是最低的，可见北京市政府在能耗和碳排放控制方面的政策取得了很好的成效。

而第一档次的省份中，江西和海南历年在能耗控制和温室气体控制上都排在了全国前列，这可能与这两个省份工业发展较慢的经济结构相关。海南2014年在该项指标上稍有下降，主要是在单位GDP所排放的二氧化碳总量上表现欠佳，说明海南仍需控制温室气体的排放量。

广东和广西的排名比较靠前，广东得益于经济的快速发展，在能耗控制方面也投入了相当大的精力。广东的经济发展对能耗和温室气体的控制提供了相当广袤的基础，在以后增大对能耗和排放控制的话，能够继续保持甚至提升低碳发展的水平；广西的发展模式在低碳效率方面比较有优势，除单位GDP能耗外，其他分指标排名也比较靠前，总体排名始终保持在全国前6名。

安徽经过2013年排名陡降之后，在2014年又有显著提升，从第7名提高至第5名，主要是在人均温室气体排放量和能源消耗方面占据了一定优势。而重庆则继续保持了和2013年相同的低碳效率水平。

图7-4中显示，低碳地区中山东、江苏和福建的低碳效率较差，说明这些省份需要进一步控制碳排放与能耗。从总体低碳发展来看，低碳地区之所以能够排名前列，与它们在低碳效率方面的排名靠前有着很大的关系。而这些地区在低碳效率方面的排名只是处于全国中游水平，能够成为低碳地区可见这3个省份在其他领域的优势更大。

（二）低碳引导无明显优势，且波动幅度较大

图7-5显示了低碳地区11个省（直辖市、自治区）在2007—2014年低碳引导指标方面的排名变化情况。从中可以看出，这11个省（直辖市、自治区）虽然在低碳经济竞争力排名中实力很强，但是其低碳引导水平并非都在领先集团中；只有北京、

重庆近几年处于全国前 5 名，山东、海南勉强维持在前 10 名的水平，但基本还处于全国前列，而广东和广西的低碳引导水平则比较落后，近几年均起伏于全国 20 名之后，有待进一步提高。而其他省份则在 10~20 名之间波动，其中，湖南和安徽近几年进步较大。

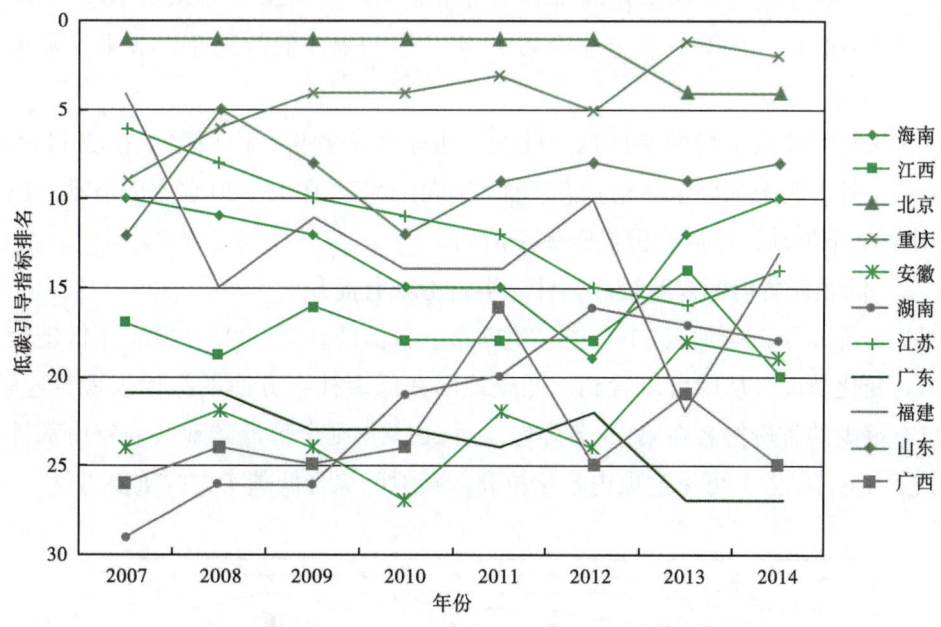

图 7-5　低碳地区 2007—2014 年低碳引导指标排名变化

具体来看，首都北京连续 6 年保持在第 2 名的位置，但自从 2013 年排名第 4 后，2014 年也没有太大的起色，依旧保持在第 4 名的位置。主要是因为北京在环境引导和生活引导方面力量较弱，仍需采取有效的措施治理提高。而重庆则从 2007 年的第 9 名上升到 2011 年的第 3 名，之后基本稳定在前 5 名之内，2013 年上升至第 1 名，2014 年略降到第 2 名，但领先优势地位仍然维持。这些改善和重庆低碳引导的投入密不可分，这可以从重庆基础建设、环境引导和生活引导的持续领先看出。

而总体排名第 1 位的海南省在该项指标上的表现也差强人意。其在 2007 年尚保持一个相对较好的低碳引导排名，处于第 10 名，但在之后的 5 年间排名持续下降，2012 年甚至跌落低谷至第 19 名。但可喜的是，2012 年之后其低碳引导水平逐年有所上升，2014 年又恢复到了第 10 名的水平。海南在低碳引导的指标层面上，基础建设和环境引导方面都做得很好，尤其是生活垃圾无公害化处理率和空气优于二级的天数比例都特别高，但其燃气天然气占比和万元 GDP 废水排放量得分较低，显示出海南省产业引导和生活引导方面需要进一步加强。

其他的省份中，江苏和广东自 2007 年以来，排名基本呈现的是下降的趋势。江苏省连续 6 年下降，到 2011 年达到低谷，排名全国 16，在 2012 年稍有回升，排在第 14 名；而广东省的排名则一直有小幅下降，最近两年趋于平稳。

而相比之下，湖南、安徽、福建近几年排名则逐渐攀升。湖南从 2007 年的 29 名攀升到 2012 年的 17 名，总体上升了一个档次，但在 2012 年以后也稍有下降之势；而安徽则在保持稳中前进，而福建的排名则常常波动剧烈，2013 年从第 10 名下降到第 20 名，而 2014 年又从第 20 名上涨到第 13 名，说明福建的低碳建设成果受到很多临时因素的影响。

近年来排名比较平稳的是广西、江西和山东 3 个省份，广西除了在 2011 年排名突然上涨之外，其余都处于平稳状态；而江西则多年来在 15~20 名之间波动，山东则在第 10 名上下波动，稳居全国低碳效率前列。

（三）低碳社会指标普遍较好，且一半省份略有提升

图 7-6 显示了低碳地区 11 个省（直辖市、自治区）在 2007—2014 年低碳社会指标的排名变化情况。从中可以看到，低碳地区在低碳社会方面的指标表现普遍较好，往年仅有很少的省份排名在第 15 名开外，而 2014 年则全部低碳地区的省份都排在第 15 名或第 15 名以上，可见这项内容是拉高低碳地区综合低碳实力的重要力量。

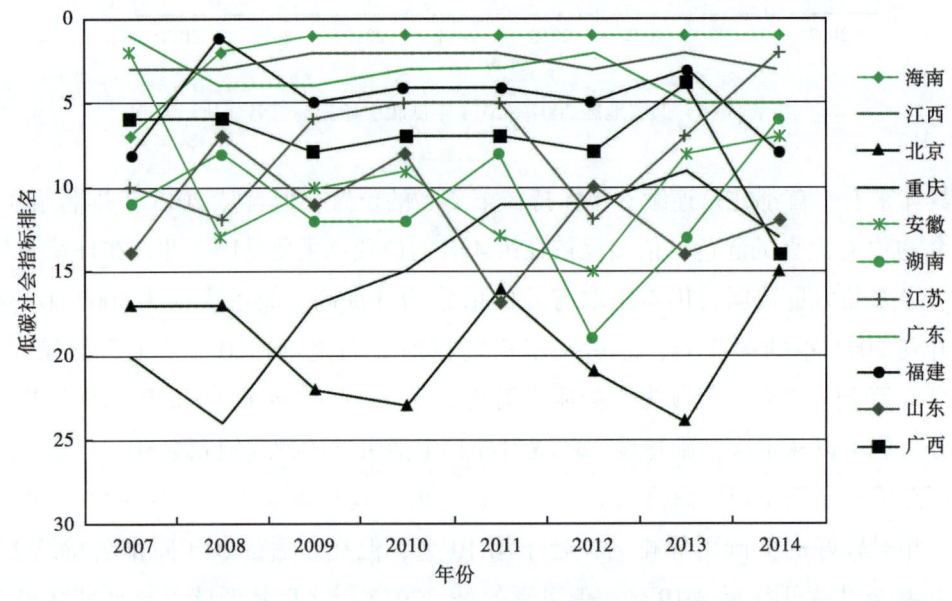

图 7-6　低碳地区 2007—2014 年低碳社会指标排名变化

排名靠前且多年来比较稳定的省份有海南、江西和广东。海南同总排名一样，连续 7 年都是名列第 1。江西近几年也仅在第 2 名和第 3 名之间波动，而广东则在前几年都处于第 4 名以上，但从 2013 年起都在第 5 名附近徘徊。

而安徽则在低碳社会方面排名波动较大，2012 年到达排名的谷底，之后两年又有

攀升，于 2014 年达到第 7 名的好成绩，其主要强项是在低碳生活方面，而在低碳环境方面则需要进一步提升。湖南省与江苏省的情况类似，近几年的波动很大。湖南在 2012 年骤降至第 19 名，但之后又有所改善，2014 年直奔第 6 名；江苏则同样在经历过 2012 年的谷底之后，在 2014 年上升到第 2 名。而其他省份这几年则呈在波动中有少许下降的趋势。

低碳社会与低碳引导指标不同的是，在该项指标上北京和重庆的排名都不理想。北京的低碳社会发展水平始终徘徊在第 15 名之外，最低在 2013 年达到了第 24 名，不过在 2014 年则提高到了第 15 名，也算是达到了北京市在该项指标上的历史最好水平。具体来看，主要是森林覆盖率和人均生活消费二氧化碳含量的得分很低，这与北京密集的人口密度和高速发展的经济有关。而重庆虽然前几年排名较低，但最近几年排名上升很快，2013 年上升到第 9 名，这与它的森林覆盖率和建成区绿化覆盖率的显著提升有很大关系，但 2014 年重庆名次稍有波动，下降到第 13 名，除了因为其低碳环境这项是传统软肋之外，城市环境保护投资指数低于平均水平也是很大的一个拉分项。

二、中碳地区竞争力分析

（一）低碳效率处于中游水平，波动幅度不大

从图 7-7 显示的中碳地区 2007—2014 年低碳效率指标排名变化可以看出，中碳地区的排名大致趋向于稳定。

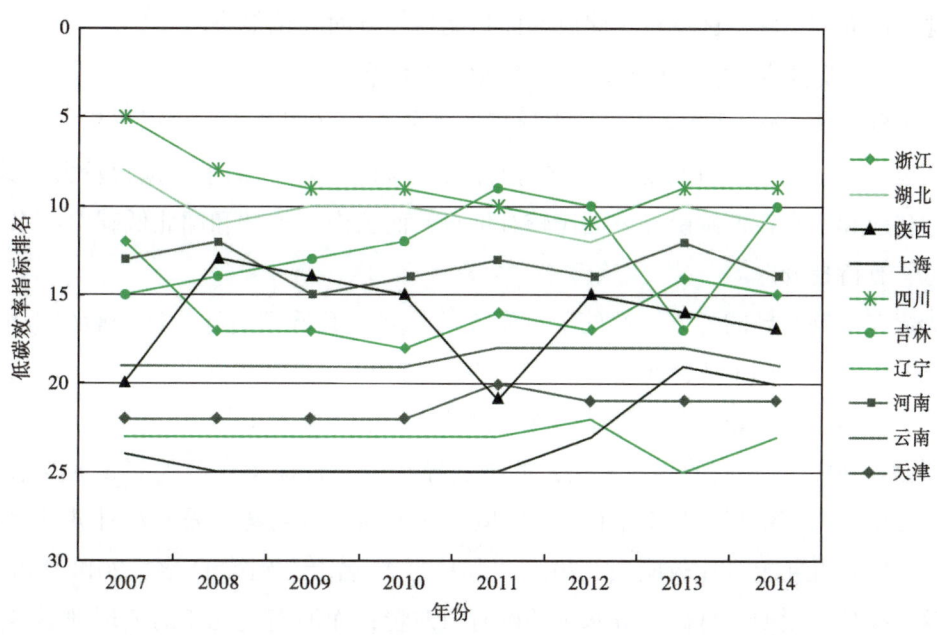

图 7-7 中碳地区 2007—2014 年低碳效率指标排名变化

上海在 2012 年以前排名比较稳定，在第 25 名左右，但之后经历了比较小幅的上涨，2014 年上升至第 20 名，其主要强项是单位 GDP 能耗和单位 GDP 电耗，其较高得分为综合分的提升贡献了不少力量。但其人均能源消耗量、人均电力消耗量及人均二氧化碳排放量等指标的表现仍有待提升，上海作为国际大都市，前几年经历了巨大的经济发展，成为中国的金融中心，但也需要在发展的同时控制好能源消耗的问题，在绿色节能可持续发展方面为其他省市提供新思路和经验。

浙江、湖北、陕西、河南、四川等省份常年稳定在比较中等的排位上，浙江则在中等水平第 15 名左右，陕西总体来说比较稳定，但近几年却有短暂的下降，主要问题在于能耗与电耗的控制上，需要引起注意。而湖北、四川和河南也长期稳定在 10~15 名之间，比较靠前。湖北、河南具有发展潜力，在低碳效率方面这两个省份的排名都比较靠前，如果后几年在政策和实践中更加注重能耗和温室气体排放的控制，低碳效率名次有望再次上升。

而辽宁、云南和天津近年来的趋势也都波动不大，但整体排位比较靠后，在第 20 名左右，需要加紧赶上。天津仅有单位 GDP 电耗得分较高，其他子指标表现都一般，尤其人均二氧化碳排放量、人均能源电力消耗量等指标都很一般，需要采取相应的措施提高。

与此有所不同的是，吉林名次变动比较剧烈，2013 年吉林的名次剧降 7 名，从第 10 名跌落至第 17 名，但 2014 年又重回第 10 名水平，尤其在人均电力消耗量、区域单位建成区面积电耗、区域单位建成区面积能耗等方面变化很快。

（二）低碳引导水平参差不齐，四川断崖式下降

从中碳地区 2007—2014 年低碳引导指标排名变化（图 7-8）可以看出，这 10 个省（直辖市、自治区）在低碳引导方面的排名分布较广，高低水平差距较大。其中，天津、陕西和山东在低碳引导方面比较有优势，而云南、吉林和湖北低碳引导水平相对较低，有待提升。

天津在低碳引导的各方面都处于较领先的位置，其低碳引导发展经验值得推广。它连续 6 年保持在第 1 位，2013 年排名第 2，但 2014 年又下降到第 3 名，新从高碳地区进入中碳地区的内蒙古则在低碳引导方面的水平居全国第 1。

陕西在 2012 年左右的表现不错，低碳引导水平一直保持在全国前 5 名的水平之上，但 2014 年下降到第 7 名，主要是环境引导方面比较弱势，需要及时进行反思和提高。辽宁近几年上升比较剧烈，2013 年起从第 23 名上升到第 11 名，2014 年继续保持了这个排位，说明其低碳引导水平的确有所改善；而河南近几年的表现则不尽如人意，2012 年之前基本在全国第 15 名上下波动，但在 2013 年和 2014 年连续下降，以至于到 2014 年排位达到了第 24 名，需要认真反思。云南在 2007 年曾经一度位列第 3

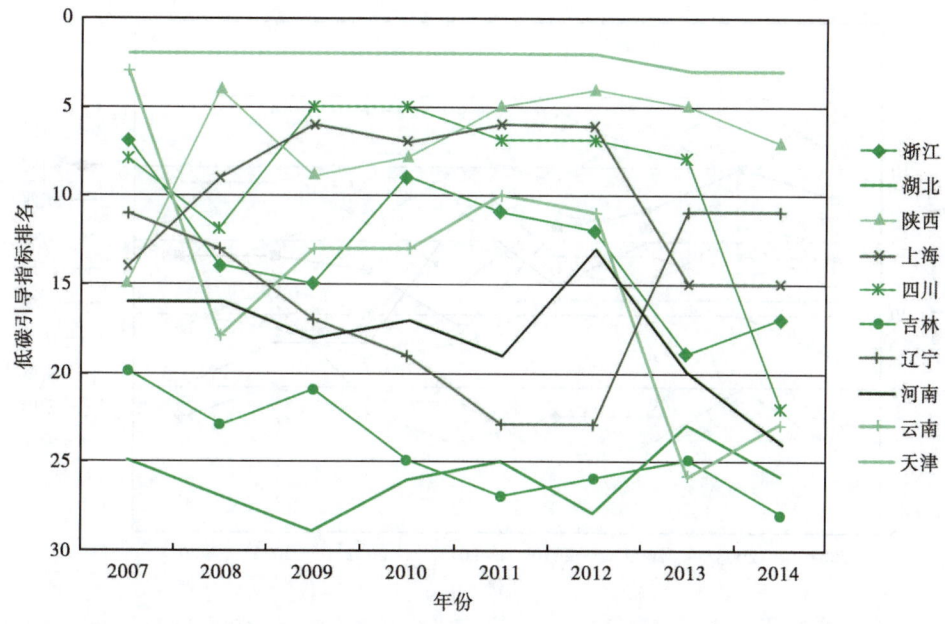

图 7-8 中碳地区 2007—2014 年低碳引导指标排名变化

名,但是在 2008 年跌落到第 18 名,之后就一直在第 10 名以后徘徊,主要原因是云南的生活垃圾无公害化处理率和燃气天然气占比一直比较低迷,2013 年起更是跌破历史最低点,下降到第 26 名,2014 年排名虽然稍有回升,但改进完善的需求仍然很紧迫。

上海的低碳引导水平在 2013 年从昔日的第 6 名下降到第 15 名,主要是城市环境保护投资较其他省市力度不够。2014 年依旧保持在全国的平均水平,依然是环境引导和生活引导方面需要重点加强。

湖北、吉林低碳引导水平相对较低,基本都在后 10 位。湖北在 2007—2012 年排名始终在第 25 名之外,2013 年较之前有微弱增长,排到 23,但在 2014 年又下降到第 25 名以外,可见其在低碳引导各方面的努力不能停止。吉林 2012—2013 年名次比之前有所提升,达到第 25 名,但 2014 年又降到第 28 名,说明其成果需要被及时巩固才能持续保持在一个良好的水平。

四川之前一直保持在 5~10 名的位置,但 2014 年出现了断崖式下降,跌到 20 名开外,说明四川要恢复并加强政府对低碳经济发展的引导。

(三) 中碳地区的低碳社会指标稳中有降,上海提升明显

图 7-9 描述了中碳地区 2007—2014 年低碳社会指标排名变化情况。从中可见,中碳地区除了上海外,整体的排名情况基本稳定,但稍有下降,大多数省份排名的波动并不太明显。

图 7-9 中上海近几年的提升特别明显,而其他省份则每年有部分波动,总体处于

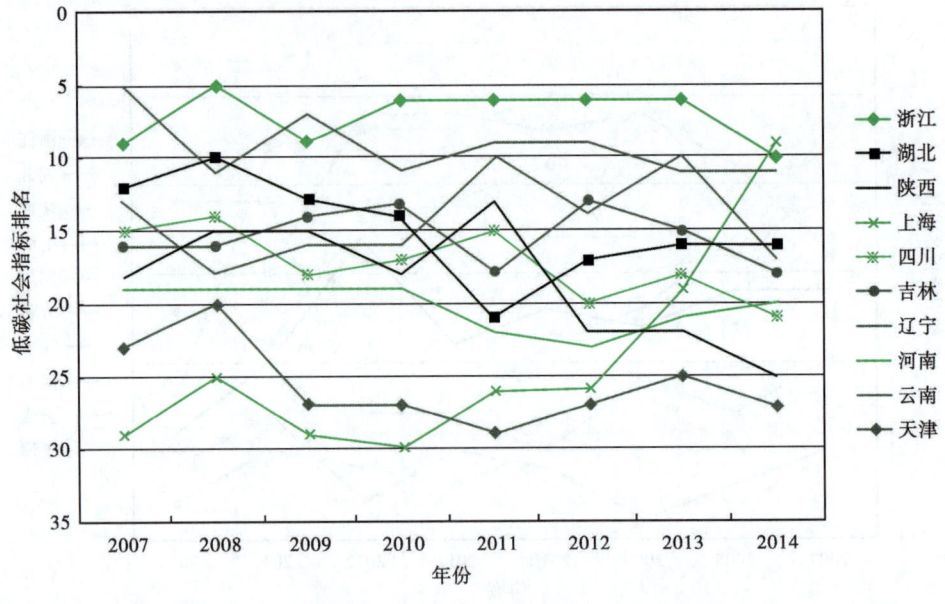

图 7-9 中碳地区 2007—2014 年低碳社会指标排名变化

全国中等偏下的水平。相比来说，浙江、湖北和辽宁 3 个省份基本处于全国中等水平，大致处于 15 名左右，天津和陕西稍差，基本处于 25 名以后的水平，亟待提升，而其他省份则都在 20 名上下，有很大的提升空间。

具体来讲，上海在 2010 年之后，在低碳社会指标上排名上升明显，从 2007 年的第 30 名上升到 2013 年的第 19 名，而在 2014 年一跃进入前 10 名队列，排名第 9。具体来看，上海低碳环境指标的表现不错，尤其是"人均城市园林绿地面积"单项指标排名靠前，这也是上海社会指标总体靠前的重要原因之一。

中碳地区中，排名较好的三大省份，只有湖北在 2014 年的排名跟前一年稳定在同一水平上，浙江、辽宁两个省份都稍有跌落，需要特别引起注意；而另外几大省份，除了河南在 2014 年稍有提升之外，其他省份都多少有所下降，尤其是天津，总体处于全国比较靠后的水平，在 2013 年稍有起色后，2014 年又降到第 27 名，主要是其低碳环境方面的建设太弱，天津政府需要适当加大绿化水平和森林面积，提高这方面的表现，希望在社会指标排名中再上升一个档次。

三、高碳地区竞争力分析

（一）低碳效率大多数处于下游，近年来波动不大

从图 7-10 可以看出，高碳地区除黑龙江排在第 12 名，而且还是相比前几年有所下降外，其他地区低碳效率方面的排名基本处于全国最低的档次。低碳效率指标偏低，是制约高碳地区发展低碳经济的重要因素。

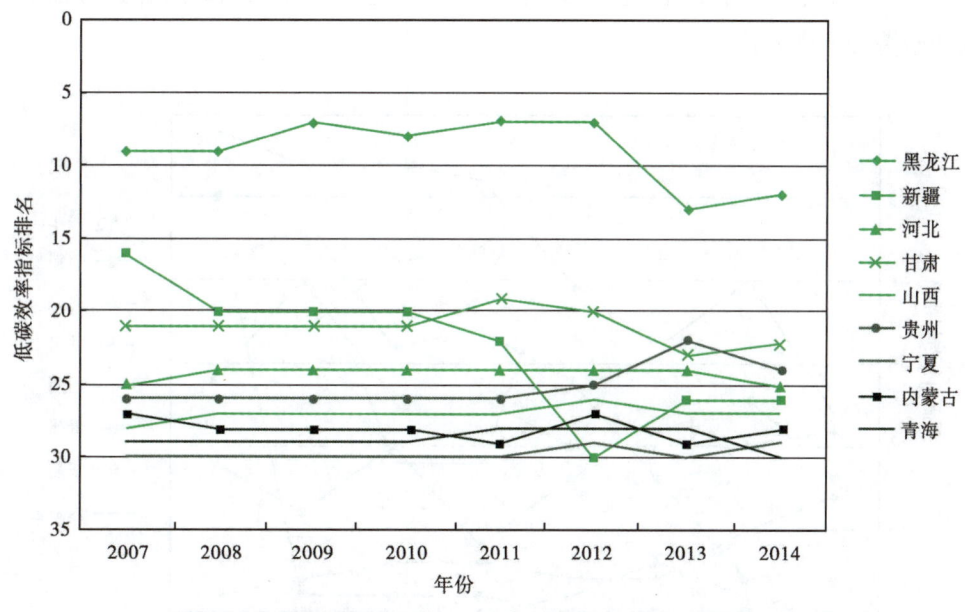

图 7-10　高碳地区 2007—2014 年低碳效率指标排名变化

内蒙古、山西和河北是能耗及碳排放大省，在低碳效率评比上相关的指标都处于全国的末尾。甘肃、新疆和贵州较其他高碳地区更加具有进入中碳地区的潜力，各部分指标水平还是有很大的发展空间，当地政府需要通过发展低碳经济实现赶超式发展，在政策和引导上加强对低碳发展的投入。青海和宁夏在低碳效率层面基本属于每年轮流垫底的状态，这与其过高的人均能源消耗、人均电力消耗、单位 GDP 能耗、单位 GDP 电耗等指标有密切关系，要想提高低碳发展的综合水平，这两个省份必须下决心下大力气调整经济发展结构，改革发展方式，使得碳排放效率得到提升。

(二) 低碳引导略有优势，新疆进步显著

从高碳地区的 9 个省（直辖市、自治区）在 2007—2014 年低碳引导方面的排名变化（图 7-11）可以看出，这 9 个省（直辖市、自治区）虽然在低碳经济竞争力的综合排名中实力较弱，但是在低碳引导水平上并非都在落后集团中；新疆、内蒙古、山西和青海四地具有比较高的低碳引导水平，2014 年分别排名第 5、第 1、第 6 和第 9，其中内蒙古是在 2011 年之后一路上升，在 2014 年低碳引导的水平达到全国第 1，如果能再有效提高一下低碳效率和低碳社会方面的实力，进入中碳地区也是很有可能的。另外一个增长迅速的省份就是新疆了，从 2013 年的第 29 名跃升至 2014 年的第 5 名，其子指标里最耀眼的就是环境保护投资比例居全国第 1 位，占 GDP 的 3.4%，足可见新疆大力保护环境的决心与努力。只有甘肃、黑龙江和贵州在低碳引导方面略显落后，需要积极借鉴其他省份的经验找到适合本地情况的低碳引导模式。

另外，从 2014 年与 2013 年的排名对比来看，除河北、青海和黑龙江有 1~2 位的跌落之外，其他地区均保持稳健或具有良好的上升趋势，显示出政府在这方面的先期投入开始慢慢产生效应。

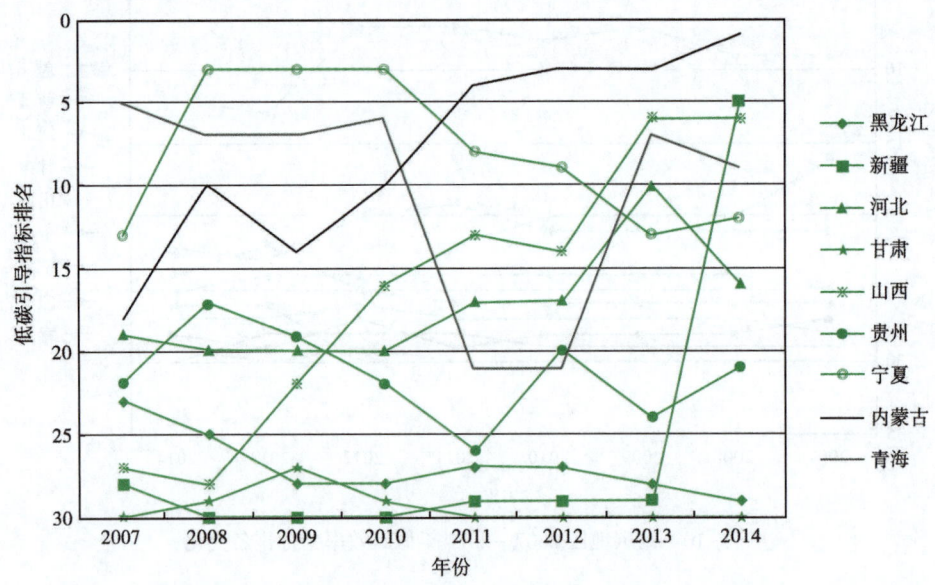

图 7-11　高碳地区 2007—2014 年低碳引导指标排名变化

（三）低碳社会指标全面落后，且波动幅度较大

从 2007—2014 年高碳地区的低碳社会指标排名变化（图 7-12）可见，高碳地区整体在低碳社会竞争力方面除宁夏逆势上扬 8 位，达到第 4 外，其他地区基本处于全

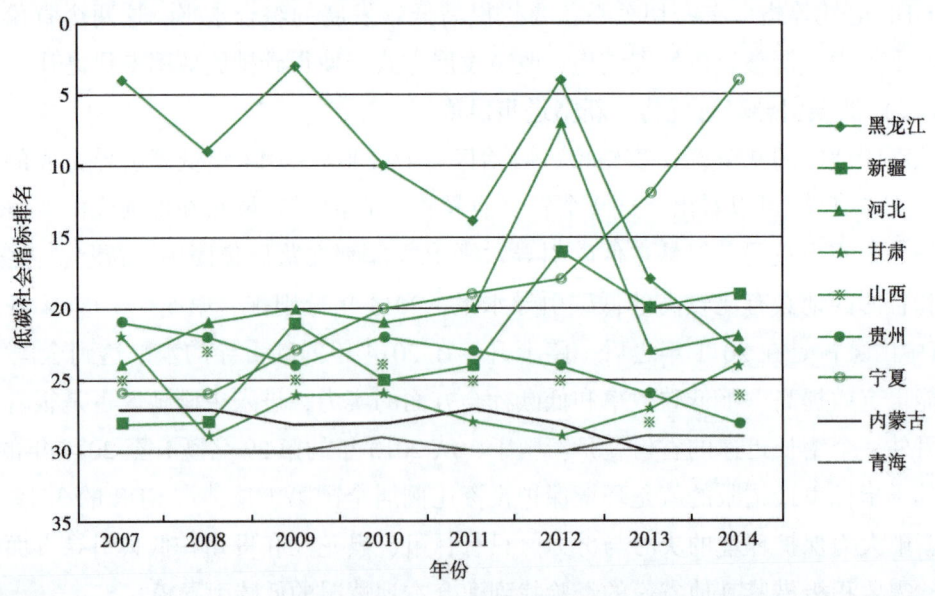

图 7-12　高碳地区 2007—2014 年低碳社会指标排名变化

国后10位，山西、甘肃和黑龙江具有较为明显的改善趋势。

2007—2014年，高碳地区表现最突出的是宁夏，几乎年年排名都有所上升，从2007年的第26位跃升至2013年的第12位，并且一路升至2014年的第4位。细看其子指标得分，其低碳生活水平类的指标分数优势都很大，单位面积生活能耗指标仅有3.97千克（标准煤）/米^2，单项指标全国排名第3，而且人均生活消费二氧化碳排放量仅有280.13千克二氧化碳，排名全国第8，都是很不错的成绩。宁夏下一步低碳经济的改革重点应该放在低碳效率和低碳引导上，有希望将宁夏整体的低碳经济实力提高。

其他地区基本处于全国后列，山西、甘肃、新疆和河北则是在2014年有改善趋势的4个省份，可以总结积极经验继续保持。而贵州、内蒙古和青海则占据了低碳社会指标的倒数3名。近7年来，其在低碳社会的排名中也基本处于全国末尾。究其原因，这些地区在低碳环境中的森林覆盖率、人均城市园林绿地面积、建成区绿化覆盖率，以及低碳生活中的单位面积生活消费能耗等指标上均处于全国末位水平，导致了其在低碳社会中的排位靠后。受地理条件限制，这些地区的低碳社会建设存在一定的困难。

此外，河北2007—2012年低碳社会竞争力从全国第24位不断上升，2012年一跃至第7位，但2013年和2014年急剧下降，2014年已跌至第22位。黑龙江在2012年名列第4位，2013年迅速下降至第18位，2014年进一步跌至第23位，低碳社会指标全面下降，应高度重视下降原因，提高低碳社会竞争力。

参 考 文 献

[1] 中国人民大学气候变化与低碳经济研究所. 中国低碳经济发展报告（2011）[M]. 北京：石油工业出版社，2011.
[2] 中国人民大学气候变化与低碳经济研究所. 中国低碳经济发展报告（2012）[M]. 北京：石油工业出版社，2012.
[3] 中国人民大学气候变化与低碳经济研究所. 中国低碳经济发展报告（2014）[M]. 北京：石油工业出版社，2015.

第八章 中国低碳经济国际竞争力分析

本章从国际比较的角度对中国低碳经济竞争力进行了深入剖析，并将本书得出的各国及地区低碳经济竞争力排名与其国家综合竞争力排名进行比较，进一步考察低碳经济竞争力与综合国力的关系。总体来看，中国的低碳经济竞争力还处于弱势地位，各子竞争力呈现出不同特点，亟待改进。

第一节 低碳经济国际竞争力综合排名

低碳经济国际竞争力是以低碳效率为核心，能耗效率为主体，依据低碳社会、低碳引导两大外围作用机制共同作用形成，在构建评价体系时亦是严格遵照这一结构。评价结果显示，瑞典、瑞士、芬兰位列低碳经济国际竞争力排名前3名，而中国的排名靠后，仅为第49名。

一、低碳经济国际竞争力指标体系的基本设计

低碳经济国际竞争力评价指标体系是在中国省域低碳经济竞争力评价体系基础上，根据国际低碳经济发展情况，由中国人民大学气候变化与低碳经济研究所在《中国低碳经济年度发展报告（2011）》中研究提出的，已用于对2005—2014年包括中国、美国、英国等在内的国家及地区的低碳经济竞争力评价分析。

低碳经济国际竞争力评价指标体系的设计机制与中国省域低碳经济竞争力评价体系相同——以低碳效率为核心，综合考虑低碳效率的直接影响因素能耗效率以及低碳社会、低碳引导两大外围作用机制。其中，低碳社会与低碳引导又是相互作用的，即低碳引导改善低碳社会的发展，同时低碳社会的发展将进一步推进低碳引导的改革。

低碳经济国际竞争力评价指标体系详见表8-1，数据均来自世界银行（World Bank）的世界发展指数数据库（World Development Indicator，WDI）及瑞士洛桑国际管理发展学院（International Institute for Management Development，IMD）的世界竞争力年度发展报告（World Competitiveness Yearbook）。基于国际惯例，硬指标数据（非调查数据）的收集会存在2~3年的滞后性，因此本书中涉及的硬指标数据采用的是从WDI及IMD中获得的最新数据，为2006—2011年数据；软指标数据（调查数据）时效性更强，采用的是最新数据，即2009—2014年数据。根据对硬指标数据的年度

趋势分析可知，在 2~3 年范围内，各国之间的相对水平变化差异变动不大，总体结构差异不会发生根本性变化，因此在研究过程中，部分指标采用滞后 3 年数据仍可以对目前国家间的相对地位做出准确定位。

基于以上分析，本书对包括中国、美国、英国等在内的国家及地区计算了 2009—2014 年低碳经济国际竞争力指数，并基于此指数对中国在国际中的低碳经济发展变化进行具体分析。

表 8-1 低碳经济国际竞争力评价体系

一级指标	二级指标	单位/类型	指标属性	数据来源
低碳效率	人均二氧化碳排放量	吨	N	WDI
	单位 GDP 二氧化碳排放量	吨/万美元（2000 年不变价）	N	WDI
	单位 GDP 工业过程排放二氧化碳量	吨/万美元（2000 年不变价）	N	IMD
能耗效率	人均能源消耗量	吨油当量	N	IMD
	单位 GDP 能源消耗量	吨油当量/万美元（2000 年不变价）	N	IMD
	人均电力消耗量	千瓦时	N	WDI
	单位 GDP 电力消耗量	千瓦时/万美元（2000 年不变价）	N	WDI
	电力传输损失比例	%	N	WDI
	可替代能源和核能占比	%	P	WDI
	化石燃料能耗占比	%	N	WDI
低碳社会	森林覆盖率	%	P	WDI
	交通部门人均能源消耗量	吨油当量	N	WDI
	单位美元 GDP 消费的商业能源数量	千焦/美元（2000 年不变价）	N	IMD
低碳引导	能源基础设施有效性	定性	P	IMD
	可持续发展能力	定性	P	IMD
	没有受到严重的污染问题影响	定性	P	IMD
	环境法案没有妨碍商业发展	定性	P	IMD

注：N 代表逆向指标，即指标值越小越好；P 代表正向指标，即指标值越大越好。

二、2014 年全球低碳经济国际竞争力综合排名

根据低碳经济国际竞争力评价体系，本书对包括中国、英国、美国等在内的主要国家及地区 2009—2014 年的低碳经济竞争力进行了测度。2014 年，综合得分前 20 名的国家及地区（满分 100）如图 8-1 所示。

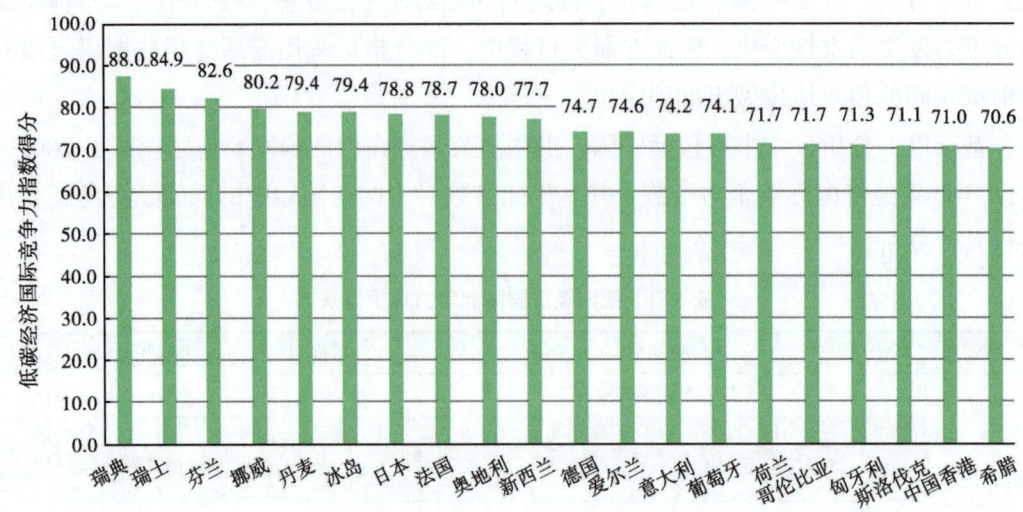

图 8-1 2014 年低碳经济国际竞争力指数得分排名前 20 的国家及地区

从图 8-1 可以看到，瑞典、瑞士和芬兰的低碳经济国际竞争力位于前三名。排名前 20 名的国家及地区中欧洲国家占到 16 个，显示出欧洲国家在低碳经济发展方面的显著优势，中国香港排名靠前，位于第 19 名，表明中国香港在经济快速发展的同时，在低碳领域做出的努力。英国、美国的排名处于中后位置，分别为第 32 名和第 47 名。中国的低碳经济国际竞争力排名靠后，为第 49 位。"金砖五国"中，除了巴西位列第 21 名外，其他国家均排名靠后。

第二节 中国低碳经济国际竞争力综合水平评价

中国的低碳经济国际竞争力一直处于弱势地位，落后于世界平均水平，2009—2014 年低碳经济国际竞争力水平没有提升，这说明中国低碳经济发展之路仍然任重而道远。

一、2014 年中国低碳经济国际竞争力处于弱势地位

从图 8-2 可知，低碳经济国际竞争力综合排名前 6 位的国家瑞典、瑞士、芬兰、挪威、丹麦和冰岛的各项指标得分普遍较高。在"金砖五国"中，巴西的低碳经济国际竞争力表现突出，在低碳效率方面高于排在第 1 位的瑞典，但低碳引导得分很低。中国、俄罗斯、印度和南非的低碳经济国际竞争力的排名落后，低碳经济国际竞争力综合得分与欧洲发达国家差距较大，尤其在低碳效率、低碳社会和低碳引导方面具有很大的发展空间。

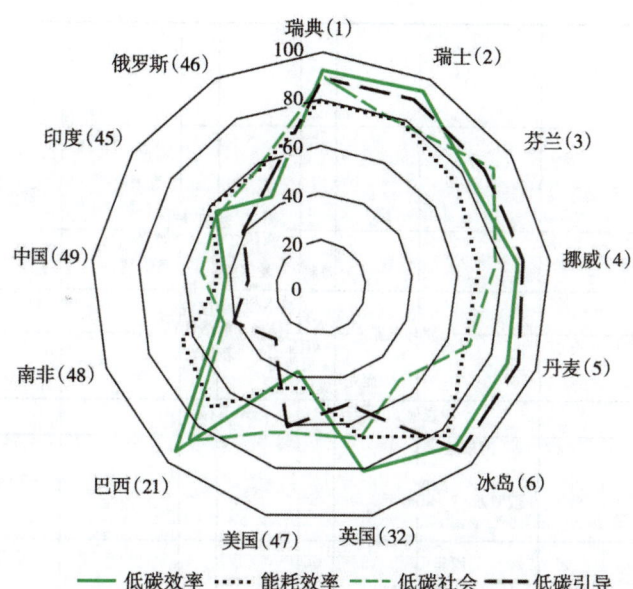

图 8-2 重点国家的低碳经济国际竞争力得分对比

(数字为综合排名)❶

二、2014 年中国低碳经济国际竞争力排名较 2009 年有所下降

以各国及地区 2009 年与 2014 年的低碳经济国际竞争力指数得分作图（图 8-3），对角线以上的点，说明对应的国家及地区在 2014 年的竞争力强于 2009 年的竞争力，即该国家及地区的低碳经济国际竞争力有所增强；相对的对角线以下的点，说明对应的国家及地区在 2014 年的竞争力弱于 2009 年的竞争力，即该国家及地区的低碳经济国际竞争力有所减弱。

根据各国及地区 2009 年与 2014 年低碳经济国际竞争力的不同，将国家及地区分为 3 个梯队（表 8-2）。2009 年和 2014 年低碳经济国际竞争力指数得分位于前 25%（第一梯队）的国家及地区，即低碳经济国际竞争力始终处于领先地位的国家及地区包括瑞典、瑞士、芬兰、日本、挪威、丹麦和法国等；2009 年与 2014 年低碳经济国际竞争力指数得分位于 25%~75%（第二梯队）的国家及地区，即低碳经济国际竞争力处于中等地位的国家及地区，主要包括比利时、英国、荷兰、葡萄牙、希腊、韩国和马来西亚等；2009 年与 2014 年低碳经济国际竞争力指数得分在后 25% 位次（第三梯队）的国家及地区，即低碳经济竞争力处于落后地位的国家及地区，主要包括中国、美国、印度、俄罗斯、南非和约旦等。与 2009 年相比，中国的低碳经济国际竞

---

❶ 本书中所有雷达图的各项指标数据均为标准化分值。

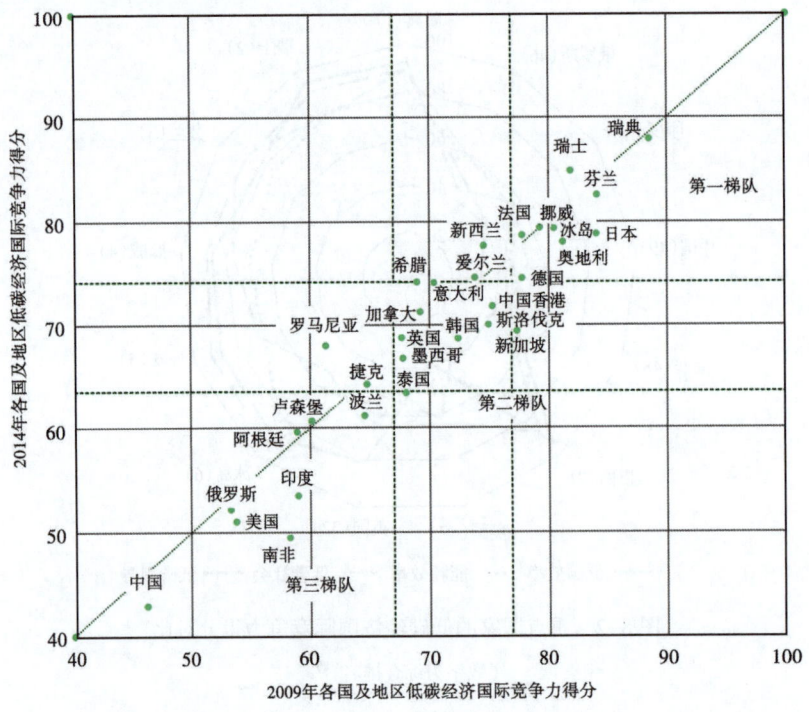

图 8-3　2014 年较 2009 年各国及地区低碳经济国际竞争力动态变化

争力得分有所下降,竞争力整体水平有待提高。

部分国家及地区 2014 年竞争力水平较 2009 年存在梯队变化。从 2009 年的第二梯队上升到 2014 年的第一梯队的有爱尔兰、新西兰;从第三梯队上升到第二梯队的有罗马尼亚、澳大利亚、捷克;从第一梯队下降到第二梯队的有中国香港、新加坡。从第二梯队下降到第三梯队的有泰国、印度尼西亚和爱沙尼亚。

表 8-2　依据 2014 年较 2009 年低碳经济国际竞争力动态变化对各国及地区进行的梯队划分

2009 年	2014 年	2014 年较 2009 年增长率			
		<-5%	-5%~0	0~5%	>5%
第一梯队	第一梯队	日本(-6.34%)	瑞典(-0.67%)、芬兰(-1.93%)、冰岛(-1.5%)、奥地利(-4.03%)、德国(-3.71%)	瑞士(3.54%)、挪威(1.37%)、丹麦(0.04%)、法国(1.04%)	
第一梯队	第二梯队	中国香港(-9.82%)、新加坡(-10.54%)			

续表

2009年	2014年	2014年较2009年增长率			
		<-5%	-5%~0	0~5%	>5%
第二梯队	第二梯队	巴西（-6.63%）、斯洛文尼亚（-9.59%）、比利时（-7.93%）、马来西亚（-5.17%）、韩国（-7.44%）、西班牙（-5.53%）、墨西哥（-6.52%）、土耳其（-5.21%）	荷兰（-2.97%）、哥伦比亚（-4.94%）、斯洛伐克（-1.08%）、智利（-3.83%）、菲律宾（-0.02%）、以色列（-1.45%）、英国（-4.98%）	匈牙利（2.93%）、加拿大（1.47%）	意大利（7.23%）、葡萄牙（5.33%）、希腊（5.02%）
第二梯队	第一梯队			新西兰（4.1%）、爱尔兰（0.89%）	
第二梯队	第三梯队	印度尼西亚（-6.83%）、爱沙尼亚（-6.91%）、泰国（-9.45%）			
第三梯队	第三梯队	波兰（-5.17%）、印度（-9.39%）、美国（-5.21%）、中国（-7.23%）、南非（-15.15%）	约旦（-0.5%）、俄罗斯（-2.19%）	卢森堡（0.89%）、阿根廷（1.16%）	
第三梯队	第二梯队		捷克（-0.97%）、澳大利亚（-4.48%）		罗马尼亚（10.73%）

三、中国低碳经济国际竞争力中各子竞争力提升乏力

由图8-4可知，2009—2014年中国低碳经济国际竞争力中各子竞争力提升乏力，其中低碳效率子竞争力呈先下降后上升的趋势，2012—2014年基本保持平稳；能耗效率子竞争力呈平稳下降趋势；低碳社会子竞争力呈先下降后上升再略有下降的趋势；低碳引导子竞争力呈先上升后下降的趋势，总体保持平稳。总体来看，中国低碳经济国际竞争力总指数在这6年间呈现波动平稳态势，说明中国发展低碳经济，增强低碳经济国际竞争力的任务仍然很艰巨，寻求经济与环境的协调发展是中国的重要课题。

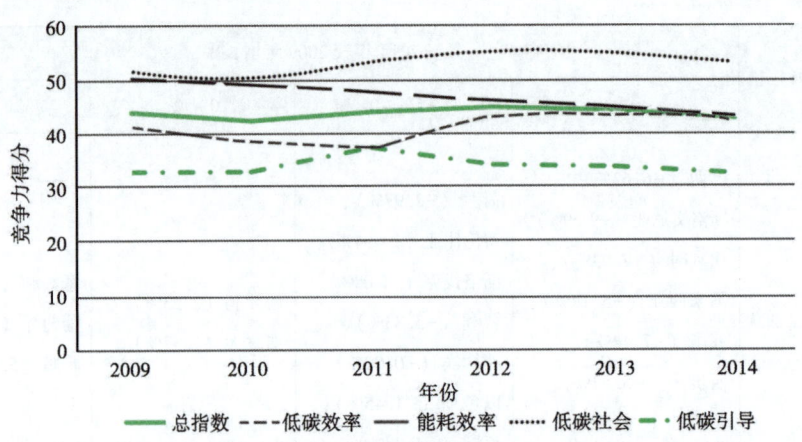

图 8-4　2009—2014 年中国低碳经济国际竞争力及 4 项子竞争力动态变化

第三节　2014 年中国低碳经济国际竞争力变动分析

一、低碳效率子竞争力分析

低碳效率子竞争力是一国低碳经济竞争力评价的核心内容，主要对一国排放的二氧化碳量进行比较，具体指标体系见表 8-3。由于二氧化碳排放量与国家的经济总量、人口总量有密切关系，因此采用人均二氧化碳排放量、单位 GDP 二氧化碳排放量可以更好地消除人口规模、经济规模间的差异，利于对国家及地区间进行统一尺度的对比。此外，工业部门是产生二氧化碳的最主要的部门，一国工业部门二氧化碳的排放量很大程度上决定了该国的总二氧化碳排放水平。因此，在低碳效率子竞争力中也引入了单位 GDP 工业过程排放二氧化碳这一指标。

表 8-3　国际低碳效率子竞争力指标体系

一级指标	二级指标	单位
低碳效率	人均二氧化碳排放量	吨
	单位 GDP 二氧化碳排放量	吨/万美元（2005 年不变价）
	单位 GDP 工业过程排放二氧化碳量	吨/百万美元

（一）2014 年中国低碳效率处于弱势地位

从 2014 年各国及地区低碳效率子竞争力综合得分（图 8-5）来看，瑞士以 94.4 分排在第 1 位，巴西、哥伦比亚、瑞典和法国 4 国得分也在 90 分以上，而中国仅列于第 48 位，美国仅排第 49 位，英国则位于中游，排在第 26 位。在"金砖五国"中，巴西以 93.3 的高分位于第 2 位，低碳经济发展优势明显；居于其次的印度排名第 44 位；而南非和俄罗斯则分别位于第 45 位、第 46 位。这 5 个国家在低碳效率发展方面存在明显差异，其中巴西具备很强的实力，而中国、印度、南非和俄罗斯均较落后。

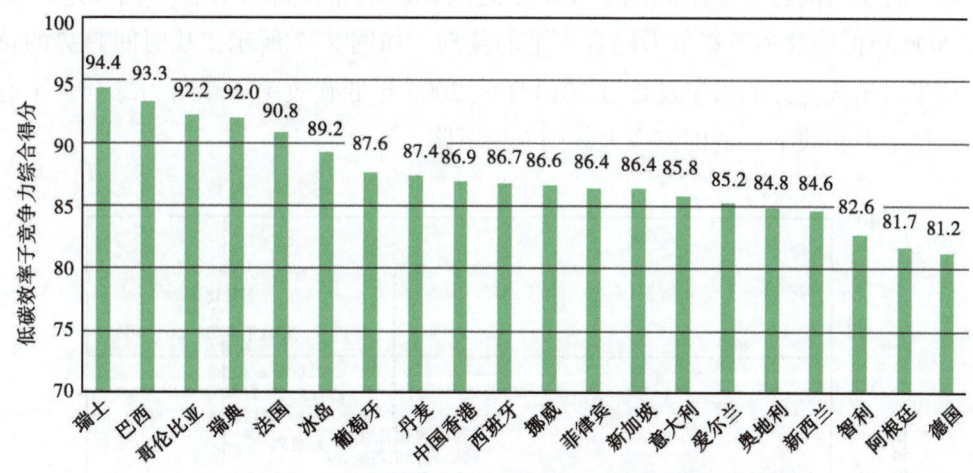

图 8-5　2014 年低碳效率综合水平排名前 20 的国家及地区

通过进一步比较各国及地区低碳效率子竞争力构成要素得分（图 8-6），可以深入探究各国及地区低碳效率子竞争力综合得分存在差异的根源所在。

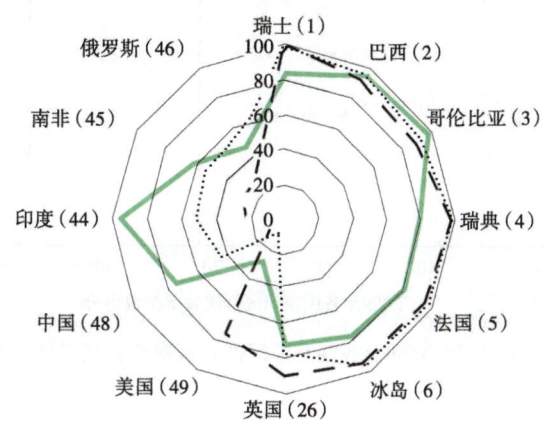

图 8-6　重点国家低碳效率二级指标得分比较

分列第 1 至第 3 的瑞士与巴西无论在人均二氧化碳排放、单位 GDP 二氧化碳排放，还是单位 GDP 中由工业过程排放的二氧化碳方面，都具备很强的竞争力。居于第 4 至第 6 的瑞典和法国，在单位 GDP 二氧化碳排放和单位 GDP 工业过程排放二氧化碳上具有明显优势，体现出良好的经济发展低碳控制水平。对于印度、中国等国家而言，过高的单位 GDP 二氧化碳排放和单位 GDP 工业过程二氧化碳排放是导致低碳效率子竞争力综合得分较低的主要原因。

（二）2014 年中国低碳效率较 2009 年增速较缓

以下将从时间趋势和不同国家及地区之间比较的角度综合分析各国及地区 2014 年较 2009 年低碳效率子竞争力综合水平的变动。如图 8-7 所示，从时间趋势的角度看，位于对角线上方的国家及地区 2014 年较 2009 年低碳效率子竞争力综合水平有所提高，位于对角线下方的国家及地区则有所下降。

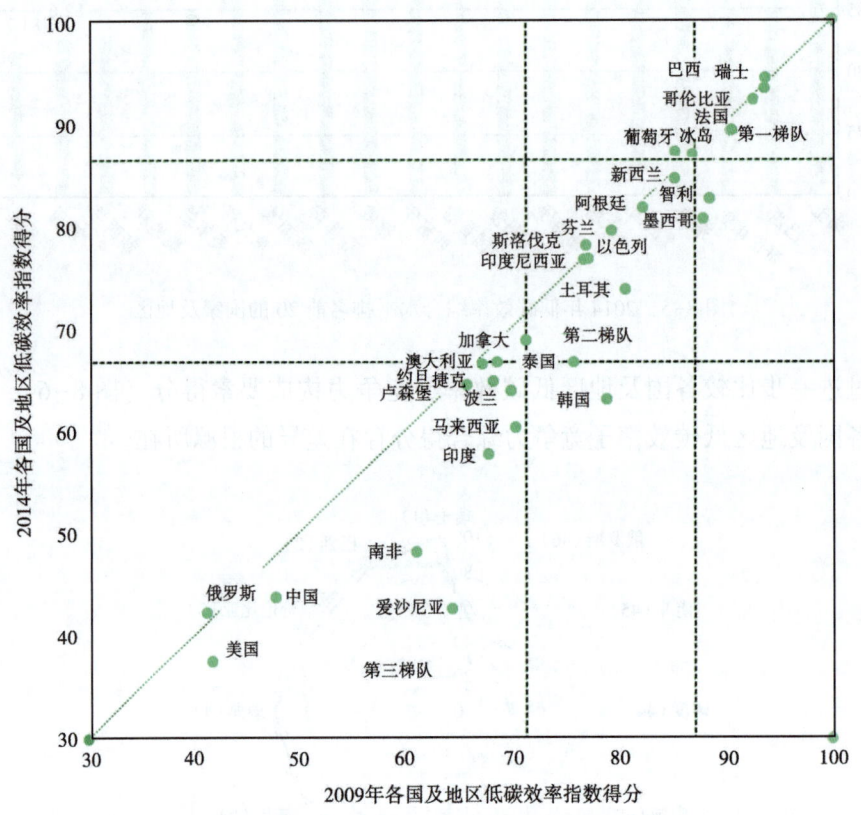

图 8-7　2014 年较 2009 年各国及地区低碳效率综合水平动态变化

根据国家及地区 2009 年与 2014 年低碳效率子竞争力的不同，将国家及地区分为 3 个梯队（表 8-4）。第一梯队代表 2009 年与 2014 年低碳效率子竞争力指数在前 25% 的国家及地区，即低碳效率水平处于领先地位的国家及地区，从表 8-4 中可以清晰地看到，瑞士、冰岛、哥伦比亚、瑞典、巴西、法国和中国香港等的低碳效率子竞争力在 2009 年和 2014 年均保持在前 25 分位数水平上。同时有部分国家从 2009 年的第一梯队滑落到了 2014 年的第二梯队，包括智利和墨西哥。

第二梯队代表 2009 年与 2014 年低碳效率子竞争力指数得分在 25%～75% 分位的

国家及地区，即低碳效率水平处于中等地位的国家及地区；处于第二梯队没有变化的国家包括以色列、斯洛文尼亚、德国、英国、日本、荷兰等，2009年第二梯队的丹麦和西班牙在2014年晋级第一梯队，韩国落入第三梯队。

第三梯队代表2009年与2014年低碳效率子竞争力指数得分在75%分位之后的国家及地区。2009年第三梯队多数国家在2014年仍处于第三梯队不变，澳大利亚从第三梯队升至第二梯队。2014年中国的低碳效率得分与2009年相比略有提升，仍处于第三梯队，可见中国还需要有更大的改进与作为。

表8-4 依据2014年较2009年低碳效率水平动态变化对各国及地区进行梯队划分

2009年	2014年	2014年较2009年增长率			
		<-5%	-5%~0	0~5%	>5%
第一梯队	第一梯队		巴西（-0.4%）、哥伦比亚（-0.41%）、瑞典（-1.81%）、法国（-0.99%）、冰岛（-1.57%）、葡萄牙（-2.04%）、中国香港（-4.37%）、挪威（-2.24%）、菲律宾（-2.95%）	瑞士（0.64%）	
第一梯队	第二梯队	智利（-6.69%）、墨西哥（-8.36%）			
第二梯队	第二梯队	荷兰（-5.26%）、土耳其（-8.54%）、泰国（-12.09%）	意大利（-1.65%）、爱尔兰（-0.36%）、奥地利（-2.31%）、新西兰（-0.85%）、阿根廷（-0.81%）、德国（-3.41%）、比利时（-3.23%）、匈牙利（-3.77%）、日本（-4.29%）、芬兰（-0.48%）、斯洛文尼亚（-4.88%）、以色列（-4.39%）、罗马尼亚（-0.69%）、印度尼西亚（-0.21%）、加拿大（-3.61%）、英国（-4.46%）、希腊（-4.95%）	新加坡（1.18%）、斯洛伐克（1.21%）	
第二梯队	第一梯队			丹麦（2.19%）、西班牙（0.02%）	
第二梯队	第三梯队	韩国（-20.19%）			

续表

2009年	2014年	2014年较2009年增长率			
		<-5%	-5%~0	0~5%	>5%
第三梯队	第三梯队	捷克（-5.12%）、波兰（-8.72%）、马来西亚（-14.35%）、印度（-15.08%）、南非（-21.14%）、俄罗斯（-8.66%）、爱沙尼亚（-33.69%）、美国（-10.36%）	约旦（-1.28%）、卢森堡（-2.22%）	中国（2.26%）	
第三梯队	第二梯队		澳大利亚（-2.88%）		

（三）中国低碳效率二级指标分析

综合以上分析，中国的低碳效率子竞争力综合水平竞争力不强，且增速较缓，因此有必要进一步对中国低碳效率子竞争力各项指标进行考察以找出原因（图8-8）。为了保证数据可比性，2014年低碳效率子竞争力硬指标数据（非调查数据）采用的是各国2011年的原始数据，实际表述时仍旧采用2014年低碳效率子竞争力的说法，这一说法同样被用于能耗效率和低碳社会子竞争力部分。

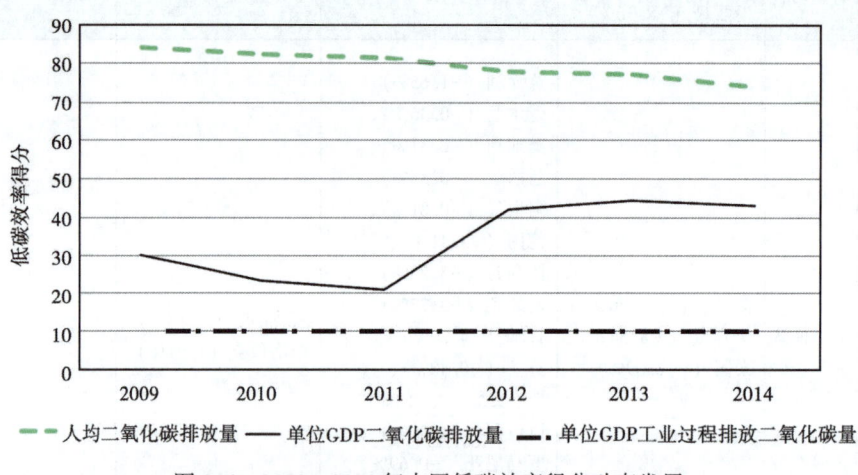

图8-8 2009—2014年中国低碳效率得分动态发展

2009—2014年，中国人均二氧化碳排放得分位于世界前列，平稳中略有下降，显示出在这个分指标上的显著竞争优势。中国单位GDP二氧化碳排放得分在2009—2011年处于下降趋势，2012年有所提升，此后保持平稳。总体来看，此项指标得分处于中下游水平，说明中国单位GDP二氧化碳排放控制效率仍有待提升。进一步考察中国单位GDP工业过程二氧化碳排放，2009—2014年得分始终较低，虽然从2009

年的 2179.7 吨/百万美元下降到 2014 年的 1086.4 吨/百万美元，但与 2014 年瑞士 57.2 吨/百万美元的水平相比仍有较大差距。

二、能耗效率子竞争力分析

能耗效率子竞争力从能源利用率与清洁能源所占比重两方面来度量一国的低碳水平，具体指标体系见表 8-5。传统能源的使用是二氧化碳的主要来源，因此国家能源的利用率直接决定了该国二氧化碳的排放量，同样在度量能源利用率时需要消除人口规模与经济规模的影响，采用人均能源消耗量与单位 GDP 能源消耗量。能源的一个主要用途在于供电，因此本指标体系加入电力消耗的相关指标以进一步度量能源利用率。另外，传统能源即化石燃料会对环境造成较大的污染，而可替代能源与核能则对环境的污染很小，因此一国不同种类能源的使用量不同，对环境的影响也不同，可认为一国可替代能源与核能的利用比例越高，则其低碳成就越大，为此本部分又引入了可替代能源和核能占比、化石燃料能耗占比两个指标。

表 8-5 国际能耗效率子竞争力指标体系

一级指标	二级指标	单位
能耗效率	人均能源消耗量	千克油当量
	单位 GDP 能源消耗量	吨油当量/万美元（2005 年不变价）
	人均电力消耗量	千瓦时
	单位 GDP 电力消耗量	千瓦时/万美元（2000 年不变价）
	电力传输损失比例	%
	可替代能源和核能占比	%
	化石燃料能耗占比	%

（一）2014 年中国能耗效率处于弱势地位

从 2014 年各国能耗效率子竞争力综合得分（图 8-9）来看，冰岛以 83.1 分排在第 1 位，瑞典以 79.5 分排名第 2，法国以 79.1 分位居第 3。而中国仅以 43.4 分列于第 48 位，美国排第 49 位，得分为 41.9，英国则以 66.2 分排在第 30 位。在"金砖五国"中，巴西居于第 23 位，其低碳经济发展体现出的明显优势起到重要的支撑作用；南非、印度和俄罗斯分别位于第 37 位、第 44 位和第 47 位。与低碳效率发展状况相似，这 5 个国家在能耗效率发展方面同样存在明显差异，其中巴西具备较强的能耗效率竞争力，而南非、中国、印度和俄罗斯相对比较落后。

进一步比较各国及地区能耗效率构成要素得分（图 8-10），可以深入探究各国及地区能耗效率综合得分存在差异的根源所在。

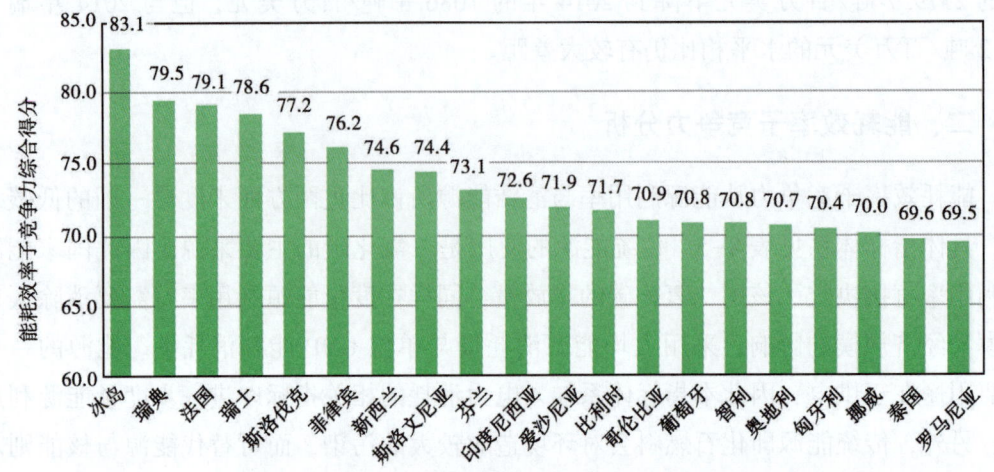

图8-9 2014年能耗效率综合水平排名前20国家

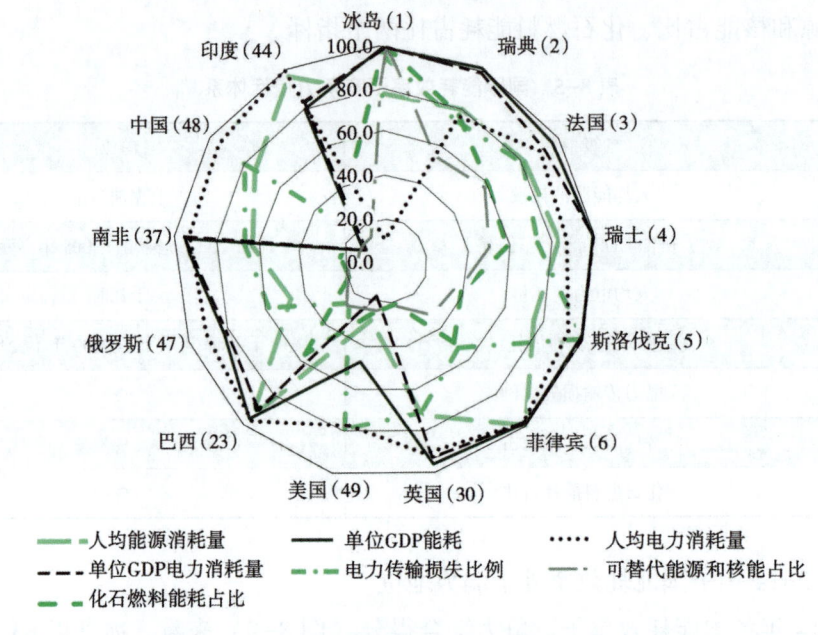

图8-10 重点国家的能耗效率二级指标得分对比

(数字为综合排名)

从单位GDP能源消耗和单位GDP电力消耗来看,中国和美国明显落后于其他国家,能源利用效率不高,而英国的这两项指标得分较高接近于前6名的国家;从人均电力消耗和人均能源消耗来看,印度、巴西和菲律宾在这两个指标上都占有绝对优势,"金砖五国"在人均电力消耗这个指标上得分较高,但南非和俄罗斯在人均能源消耗上得分不高。中国、巴西、印度等发展中国家的能耗效率有部分指标明显高于其他国家及地区,这部分因为有些指标通过用人口或者GDP总量做分母,使人口大国或 GDP 总量大国的指标值相对得到降低，因此对电力或能源的消耗强度看起来比较具有比较优势。

由于化石燃料是阻碍低碳经济发展的重要因素之一，越来越多的国家致力于开发可再生能源，其中可替代能源和核能等清洁能源的开发尤为重要。从图 8-10 可以看出，冰岛等国的能源结构在清洁化方面显示出较强的竞争力，而俄罗斯、南非和中国则大大落后，削弱了能耗效率子竞争力。

电力传输损失比例可在一定程度上代表一国能源科技的强弱，从而反映出该国节能技术的开发能力与能耗效率的提升潜力。斯洛伐克和冰岛表现出明显的优势。值得一提的是，在这方面中国和美国也具备一定的竞争优势，若将其更多地投入可再生资源的开发中，能耗效率的大幅提升指日可待。

（二）2014 年中国能耗效率较 2009 年有所下降

以下将从纵向和横向的角度综合比较各国及地区 2014 年较 2009 年能耗效率综合水平的变动。如图 8-11 所示，从时间发展趋势的角度看，位于对角线上方的国家及地区 2014 年较 2009 年有所增长，位于对角线下方的国家及地区则有所下降。

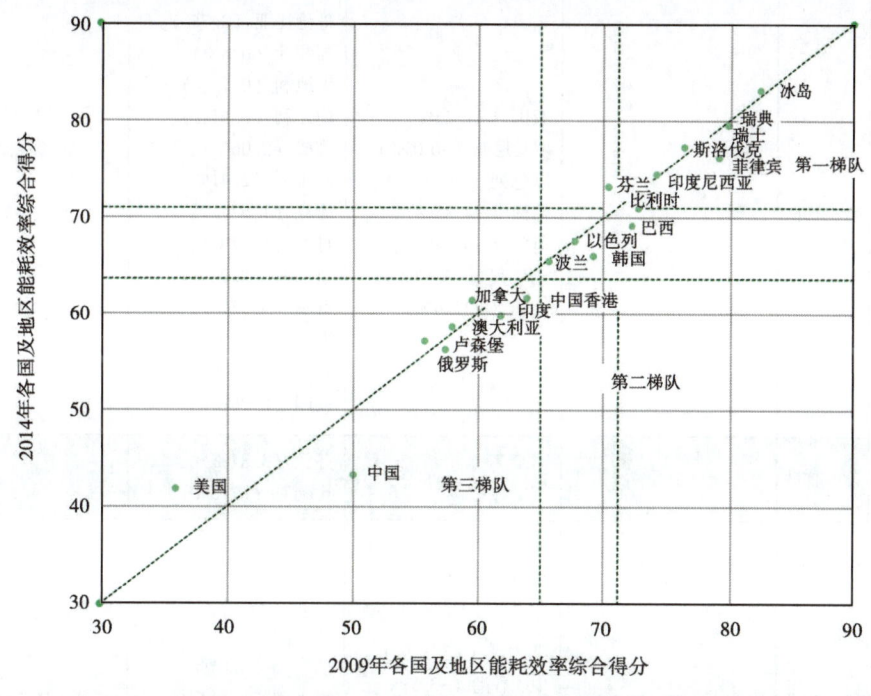

图 8-11　2014 年较 2009 年各国及地区能耗效率综合水平动态变化

将本书所研究的国家及地区大体分为 3 个梯队（表 8-6），能耗效率子竞争力指数得分位于前 25%分位数的归为第一梯队，包括冰岛、斯洛伐克、斯洛文尼亚、新西兰和瑞士等；位于后 25%分位数的属于第三梯队，包括中国、美国、加拿大、俄罗斯等；中间50%的国家及地区归为第二梯队，包括哥伦比亚、泰国、葡萄牙和西班牙等。2009年处于第一梯队的国家智利、巴西在2014年落入第二梯队。2009年的第二梯队国家中，芬兰和比利时在2014年晋升第一梯队。2009年处于第三梯队的爱尔兰、波兰、日本在2014年升入第二梯队。2009年处于第二梯队的马来西亚、阿根廷和约旦在2014年落入第三梯队。与2009年相比，2014年中国能耗效率综合水平有所下降，提升空间较大。

表8-6 依据2014年较2009年能耗效率水平动态变化对各国及地区进行梯队划分

2009年	2014年	2014年较2009年增长率			
		<-5%	-5%~0	0~5%	>5%
第一梯队	第一梯队		瑞典（-0.56%）、法国（-0.33%）、瑞士（-0.4%）、菲律宾（-3.83%）、印度尼西亚（-2.15%）	冰岛（0.68%）、斯洛伐克（1.07%）、新西兰（2.63%）、斯洛文尼亚（0.37%）、爱沙尼亚（0.42%）	
第一梯队	第二梯队		智利（-2.59%）、巴西（-4.37%）		
第二梯队	第二梯队		泰国（-1.25%）、罗马尼亚（-0.05%）、以色列（-0.35%）、韩国（-4.85%）、荷兰（-0.34%）、土耳其（-3.87%）、南非（-2.16%）	哥伦比亚（2.7%）、葡萄牙（0.8%）、奥地利（0.73%）、匈牙利（0.61%）、挪威（2.06%）、西班牙（2.41%）、捷克（1.67%）、丹麦（1.27%）、新加坡（2.04%）、希腊（4.27%）、德国（0.81%）、意大利（1.49%）、英国（0.96%）	
第二梯队	第一梯队			芬兰（3.84%）、比利时（0.75%）	
第二梯队	第三梯队	马来西亚（-5.42%）	阿根廷（-3.74%）、约旦（-3.55%）		
第三梯队	第三梯队	中国（-13.48%）	墨西哥（-3.31%）、中国香港（-3.63%）、印度（-3.33%）、俄罗斯（-1.97%）	加拿大（3.07%）、澳大利亚（1.15%）、卢森堡（2.51%）	美国（16.35%）
第三梯队	第二梯队		日本（-1.09%）	爱尔兰（1.81%）、波兰（1.16%）	

(三) 中国能耗效率二级指标分析

综合以上分析，中国的能耗效率综合水平竞争力不强，且相比于 2009 年，在 2014 年有所下降，因此有必要进一步对中国能耗效率各项指标进行考察。

能耗效率的变化趋势如图 8-12 所示，从人均的角度来看，2009—2014 年中国人均能耗指标得分虽然与大多数国家相比具备较大的优势，但呈现逐渐下降的趋势。中国的单位 GDP 能源消耗指标得分始终处于落后水平，与排名靠前的国家差距较大。随着经济的高速发展以及工业化进程的深入，中国能源消耗与日俱增，尽管与快速增长的 GDP 相比，能耗的增速相对较缓，为保证可持续发展，中国亟待通过开发可再生资源等有效手段缓解能耗压力。在各类能源中，电力消耗在能源消耗中始终占有较大的比重，电力消耗效率的变化趋势如图 8-12 所示。与能源消耗指标得分变化趋势类似，尽管中国人均电力消耗得分在 2009—2014 年始终处于世界领先位置，但单位 GDP 电力消耗得分排名逐渐下降。随着人民生活水平的提高、全社会信息科技的迅猛发展，电力消耗的增长成了必然的趋势，中国有必要借鉴巴西的经验，充分利用可再生资源，增强科技创新投入以大力提高能源利用效率。

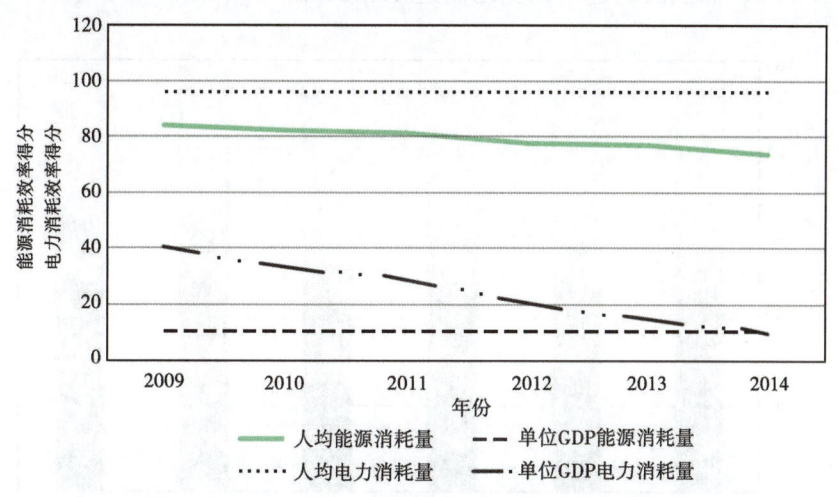

图 8-12　2009—2014 年中国能源消耗、电力消耗效率得分变化

电力传输损失比例可在一定程度上代表一国能源科技的强弱，从而反映出该国节能技术的开发能力与能耗效率的提升潜力。如图 8-13 所示，2009—2014 年中国电力传输损失比例得分总体保持稳定，处于全球前列。从绝对值角度看，2009 年中国的电力传输损失比例为 6.68%，到 2014 年下降至 5.74%，呈现出较强的竞争力，能耗效率的提升仍具备较大潜力。

进一步考察中国能耗的构成，如图 8-14 所示。化石燃料在能源消耗中始终占有较大比重，2009—2014 年呈现小幅波动上升的趋势，2014 年占总能源消耗的

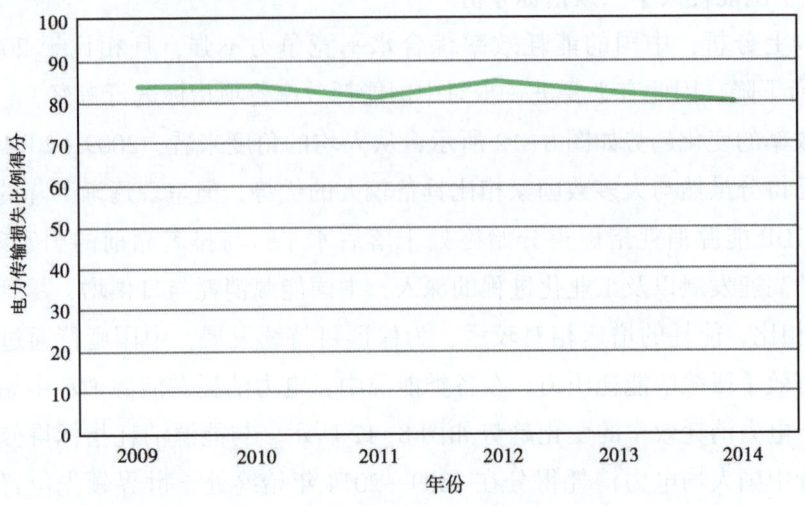

图 8-13　2009—2014 年中国电力传输损失比例得分变化

87.52%。而可替代能源和核能占比尽管呈总体扩大趋势，但始终非常微小，至 2014 年也仅占 3.83%。而法国的这一比例已高达 47.92%。

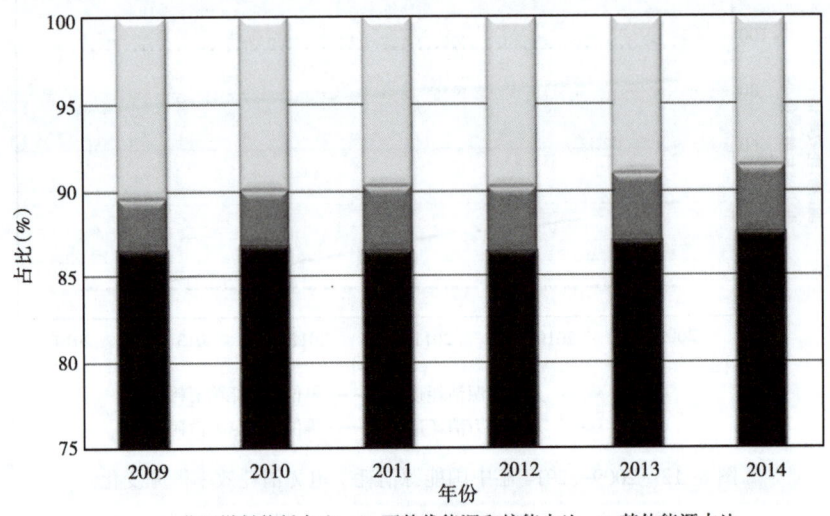

图 8-14　2009—2014 年中国能耗构成变动

三、低碳社会子竞争力分析

低碳社会子竞争力是从人们居住的自然环境与生活环境两方面进行评价度量，森林覆盖率可代表一国的自然环境状态，交通与商业是与人们生活密切相关的两个主要耗能部门，因此用这两个部门的能源消耗量测度人们生活过程中的能源利用强度（表 8-7）。

表 8-7 国际低碳社会子竞争力评价体系

一级指标	二级指标	单位
低碳社会	森林覆盖率	%
	交通部门人均能源消耗量	千吨油当量
	单位美元 GDP 消费的商业能源数量	千焦/美元

（一）2014 年中国低碳社会处于弱势地位

由图 8-15 可知，低碳社会子竞争力排名前 6 的国家及地区依次为瑞典、日本、中国香港、芬兰、巴西和哥伦比亚，说明这 6 个国家及地区在自然环境与交通、商业部门的能源消耗率方面都已达到相对很高的水平。美国名列第 41 位，英国名列第 31 位。"金砖五国"中的巴西、俄罗斯、印度、中国和南非分列第 5 位、第 43 位、第 44 位、第 45 位和第 49 位。对中国而言，其低碳社会水平也仍然很低，仍需提升低碳社会的建设力度。

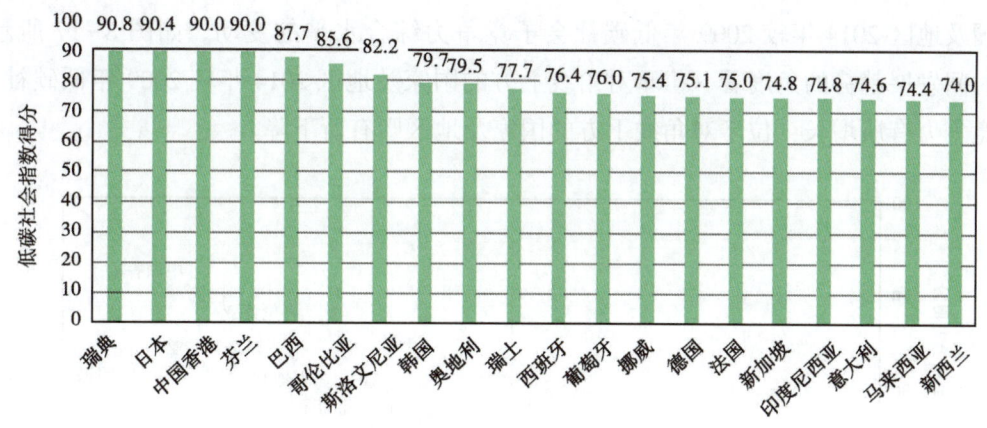

图 8-15 2014 年低碳社会指数排名前 20 国家

根据图 8-16 中各个国家及地区在低碳社会 3 个二级指标的得分对比可知，前 6 位国家及地区中瑞典、日本、中国香港、芬兰、巴西和哥伦比亚的森林覆盖率、交通部门人均能耗和单位美元 GDP 消费的商业能源数量标准化得分均较高，相比之下，美国、英国、中国、南非和印度的森林覆盖率得分较低，而中国的森林覆盖率仅为 21.53%。中国、巴西、俄罗斯、印度和南非的交通部门人均能源消耗量低于瑞典和芬兰，这部分是因为交通部门人均能源消耗以人口总数作为分母来提高可比性，使人口大国的人均指标值相比能源消耗量更具有相对优势。中国 2014 年的交通部门人均能源消耗量为 0.11 千吨油当量，数值比排名第一的瑞典的 0.77 千吨油当量还低。相对于人均数值，单位美元 GDP 消费的商业能源数量更能体现出国家及地区的能源利用效率。排名前 6 位的国家以及英美的该项指标远远好于中国、印度、俄罗斯和南

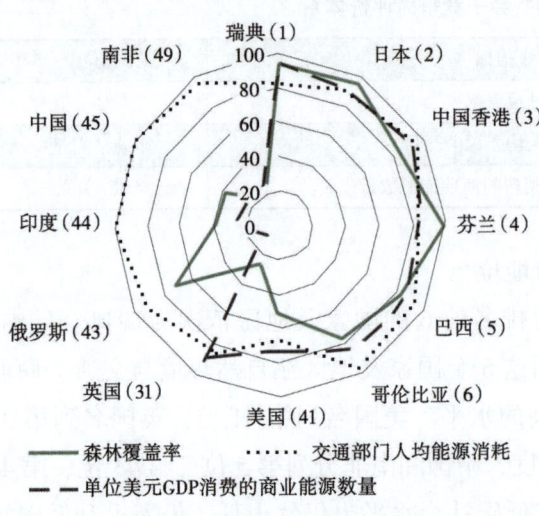

图 8-16 重点国家的低碳社会二级指标得分对比
（数字为综合排名）

非。2014 年，中国的单位美元 GDP 消费的商业能源数量为 12969.11 千焦/美元，瑞典为 1990.73 千焦/美元，中国的数值是瑞典的 6.5 倍。由此可以看出，中国虽然在提高能源使用效率方面进行了不懈的努力，但是距离国家较好水平还存在较大差距，仍然有较大的提升空间。

（二）2014 年中国低碳社会构建较 2009 年有所成效

以各国及地区 2009 年与 2014 年的低碳社会子竞争力得分作图（图 8-17），从纵向和横向的角度综合比较各国及地区 2014 年较 2009 年低碳社会子竞争力综合水平的变动。如图 8-17 所示，从时间发展趋势的角度看，位于对角线上方的国家及地区 2014 年较 2009 年低碳社会子竞争力有所增长，位于对角线下方的国家及地区则有所下降。

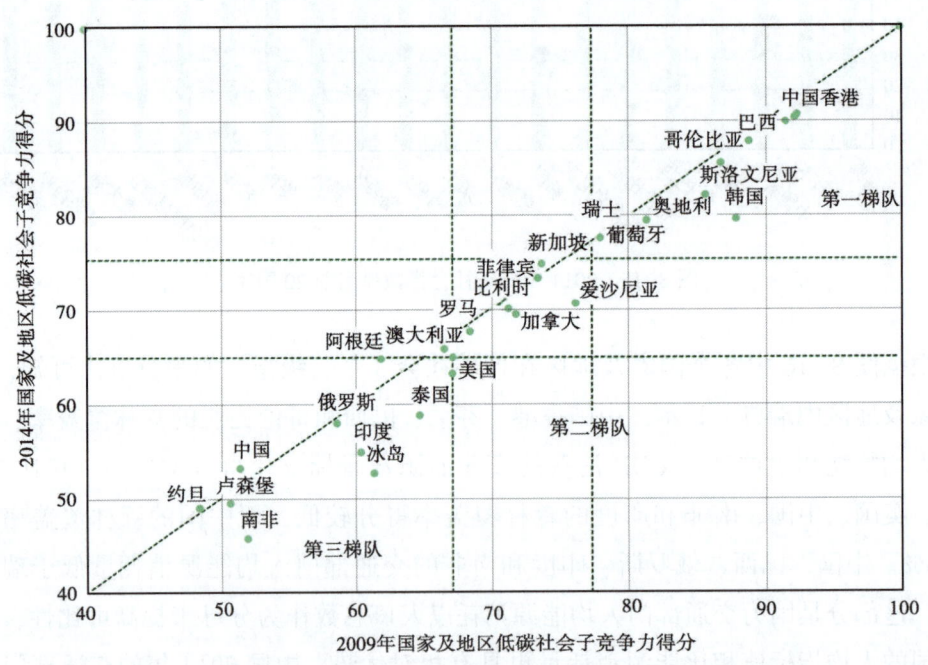

图 8-17 2014 年较 2009 年国家及地区低碳社会综合水平动态变化

根据国家及地区 2009 年与 2014 年低碳社会子竞争力的不同，将国家及地区分为 3 个梯队（表 8-8）。2009 年与 2014 年低碳社会子竞争力指数在前 25%（第一梯队）

的国家及地区,即低碳社会水平处于领先地位的国家及地区,主要包括瑞典、巴西、哥伦比亚、奥地利和中国香港等;2009年与2014年低碳社会子竞争力指数得分在25%~75%分位(第二梯队)的国家及地区,即低碳社会水平处于中等地位的国家及地区,主要包括比利时、丹麦、加拿大、土耳其和墨西哥等;2009年与2014年低碳社会子竞争力指数得分在75%分位之后(第三梯队)的国家及地区,即低碳社会水平处于落后地位的国家及地区,包括中国、俄罗斯、印度和南非等。与2009年相比,中国的低碳社会子竞争力指数得分有一定提升,说明其低碳社会构建有所成效。

除了一直处于同一个梯队水平的国家及地区以外,也有一些国家及地区所处梯队发生变化。2009年处于第二梯队的西班牙在2014年升到第一梯队,印度尼西亚由第一梯队降至第二梯队,第三梯队的爱尔兰升至第二梯队,美国由第二梯队降至第三梯队。

表8-8 依据2014年较2009年低碳社会水平动态变化对各国及地区进行梯队划分

2009年	2014年	2014年较2009年增长率			
		<-5%	-5%~0	0~5%	>5%
第一梯队	第一梯队	韩国(-9.29%)	瑞典(-1.73%)、日本(-1.92%)、中国香港(-2.9%)、芬兰(-1.7%)、巴西(-1.38%)、哥伦比亚(-1.33%)、斯洛文尼亚(-3.98%)、奥地利(-2.25%)、瑞士(-0.44%)、葡萄牙(-3.34%)		
第一梯队	第二梯队		印度尼西亚(-4.7%)		
第二梯队	第二梯队	墨西哥(-7.16%)、爱沙尼亚(-9.02%)、加拿大(-5.39%)、波兰(-5.01%)、土耳其(-6%)	挪威(-2.55%)、德国(-2.33%)、法国(-1.77%)、荷兰(-3.21%)、意大利(-1.63%)、马来西亚(-2.34%)、新西兰(-1.45%)、斯洛伐克(-0.2%)、希腊(-2.44%)、菲律宾(-2.87%)、比利时(-1.63%)、智利(-2.59%)、捷克(-2.34%)、丹麦(-1.01%)、罗马尼亚(-1.16%)、英国(-2.98%)、匈牙利(-4.08%)	新加坡(1.24%)	
第二梯队	第一梯队		西班牙(-1.09%)		

续表

2009年	2014年	2014年较2009年增长率			
		<-5%	-5%~0	0~5%	>5%
第二梯队	第三梯队	美国（-5.83%）			
第三梯队	第三梯队	泰国（-9.11%）、印度（-9.13%）、冰岛（-14.21%）、南非（-12.08%）	以色列（-1.06%）、澳大利亚（-0.08%）、俄罗斯（-1.08%）、卢森堡（-2.43%）	阿根廷（4.69%）、中国（3.41%）、约旦（1.07%）	
第三梯队	第二梯队		爱尔兰（-1.4%）		

（三）中国低碳社会二级指标分析

中国 2014 年低碳社会子竞争力的排名为第 45，落后于芬兰、日本、英国、美国等。从低碳社会要素的 3 个指标具体分析中国近年的动态变化，由图 8-18 可知，2009—2014 年中国的森林覆盖率综合排名相对保持稳定，与世界平均水平相比具有一定差距，森林覆盖率绝对数值有所上升，虽然上升幅度不大，从 2009 年的 20.72% 上升至 2014 年的 21.53%，说明中国的退耕还林及一系列加大绿化的政策有所成效，但相较芬兰（73.11%）、日本（68.48%）的森林覆盖率还有相当大的差距，说明中国应进一步加强对森林的保护及造林力度。

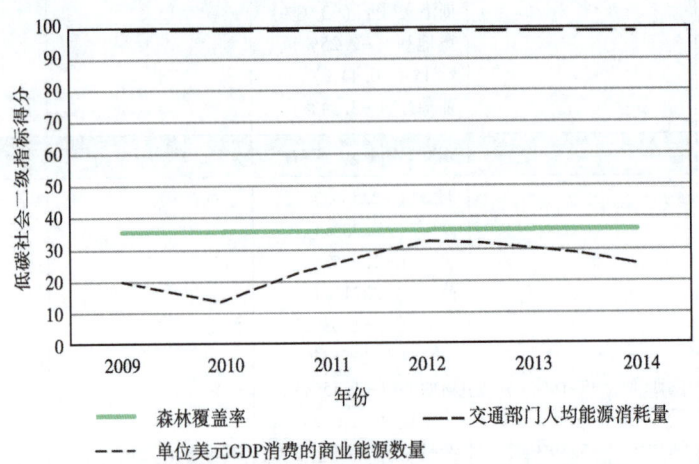

图 8-18　2009—2014 年中国低碳社会二级指标得分排名动态变化

随着中国经济的发展与人民生活水平的提高，汽车的普及化程度逐步提高，私人汽车拥有量也随之增多，因此交通部门的人均能源消耗量自 2006 年以来逐年提高，由 0.04 千吨油当量上升至 0.11 千吨油当量。相比其他发达国家，如美国的 1.63 千吨油当量、英国的 0.61 千吨油当量，中国的人均能耗量相对较低，2009—2014 年这项指标得分始终处于世界前列（图 8-18）。

从能源消耗角度分析，中国的商业部门能源利用量在国际排名得分始终较低，2009—2010年有所下降，之后有所上升，2012年后略有下降（图8-18）。从绝对数值角度看，2014年，相较于美国的5458.1千焦/美元、英国的2821.9千焦/美元，中国单位美元GDP商业部门能源利用量为12969.1千焦/美元，说明中国在商业部门能源利用方面存在利用不完全、过度浪费、利用率过低的问题，需要从高科技角度进一步提高商业部门能源利用率。

综合以上三方面分析，在低碳社会的建设过程中，中国交通部门的人均能源消耗虽然目前相较其他国家有优势，消耗量低，但随着经济的发展，绝对值的上涨趋势显著；森林覆盖率近年来有所上升，但仍低于世界平均水平，需进一步加大造林力度；在商业部门能源利用率方面明显落后于世界上其他国家及地区，需要进一步引进技术、发展技术，提高商业部门能源利用率。由此可知，中国建设低碳社会目前仍是任重而道远。

四、低碳引导子竞争力分析

低碳引导指标主要考察低碳经济发展过程中的政府行为，重点在于政府制定的政策对发展规划的导向作用的量化评价。低碳经济对政府的行为提出了更高的要求，寻求建设与制约之间、经济发展与环境保护之间的平衡成为各国政府普遍面临的问题。但是政策内容的复杂性不同，政策针对的对象也存在差异，因此不同国家、地区的政策和规划难以比较；而且政策从上至下的传达、实施过程中受到各种因素的影响，政策的实际作用效果也会有所变化。鉴于以上因素，对于政策的度量应当转换角度，从直接测量转向间接测量，从政策成效角度入手进行量化分析。

这里低碳引导主要从三方面体现政府在低碳经济体系中的引导作用：首先，选择了能源基础设施指标，因为低碳效率等指标考察的是能源利用的效率，而在此之前不妨考虑一下为其提供保障的能源基础设施的建设；其次，选择了可持续发展能力和没有受到严重的污染问题影响两个指标，这两个指标立足于低碳经济的两个重要关注点——环境和可持续发展，以此考察政府在这两大问题上的把握；最后，选择了环境法案没有妨碍商业发展指标，以此考察政策制定对低碳发展与经济发展两者的平衡，因为低碳经济应当是低碳发展与经济发展并重，而不是以牺牲经济发展为代价实现低碳（表8-9）。

表8-9 国际低碳引导子竞争力指标体系

一级指标	二级指标	类型
低碳引导	能源基础设施	定性
	可持续发展能力	定性
	没有受到严重的污染问题影响	定性
	环境法案没有妨碍商业发展	定性

(一)污染问题制约 2014 年中国低碳引导提升

如图 8-19 所示,在低碳引导方面,欧洲国家普遍表现出色,在前 20 名国家中仍然占据了 13 席,并且再次包揽了前 7 名,前 7 位依次是冰岛、丹麦、瑞典、瑞士、挪威、芬兰和爱尔兰。同时,在低碳引导综合得分上,排名前两位国家得分超过了 90 分,显示出了其在低碳经济领域较强的综合实力与较为完善的政府引导机制。综合得分在 80 分以上的国家有瑞典、瑞士、挪威、芬兰、爱尔兰和日本。美国和英国的表现也相对较好,分列第 23 名和第 25 名。而"金砖五国"的得分都较低,俄罗斯、中国、南非、巴西和印度得分排名依次为第 35 名、第 40 名、第 43 名、第 47 名和第 48 名(图 8-20)。

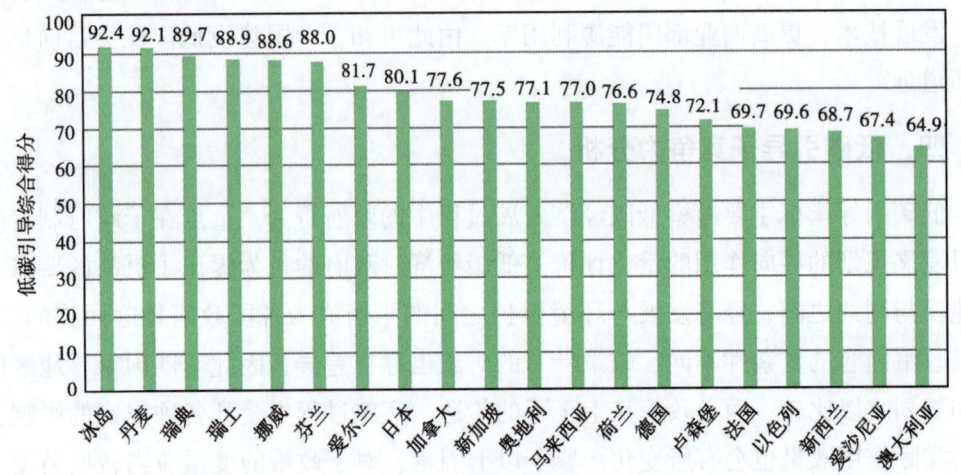

图 8-19　2014 年低碳引导综合水平排名前 20 国家

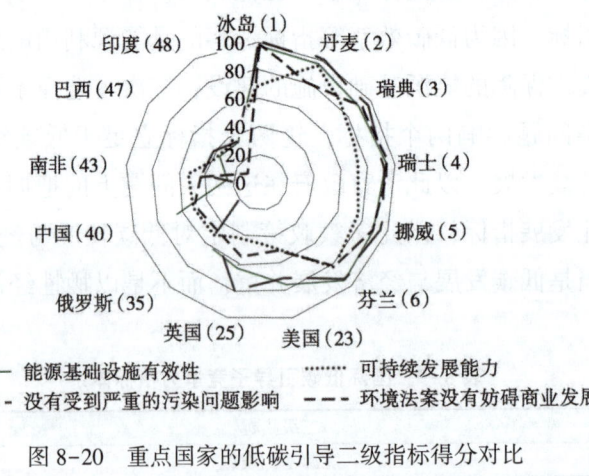

图 8-20　重点国家的低碳引导二级指标得分对比

(数字为综合排名)

得分排名前6的冰岛、丹麦、瑞典、瑞士、挪威、芬兰，在分要素考察中也都表现良好，各方面发展较为均衡，与这6国相比，美国、英国以及"金砖五国"的分要素得分不均衡，水平也较低。美国和英国的可持续发展能力得分较低。"金砖五国"中，俄罗斯在可持续发展、没有受到严重的污染问题影响和环境法案没有妨碍商业发展3个方面得分较低，中国在没有受到严重的污染问题影响方面得分较低，印度、巴西和南非在能源基础设施有效性方面得分较低，印度和巴西的环境法案一定程度上妨碍了商业的发展。

（二）2014年中国低碳引导较2009年有所上升

以各国及地区2009年与2014年的低碳引导子竞争力得分作图（图8-21）。如图8-21所示，从时间发展趋势的角度看，位于对角线上方的国家及地区2014年较2009年低碳引导子竞争力有所增长，位于对角线下方的国家及地区则有所下降。

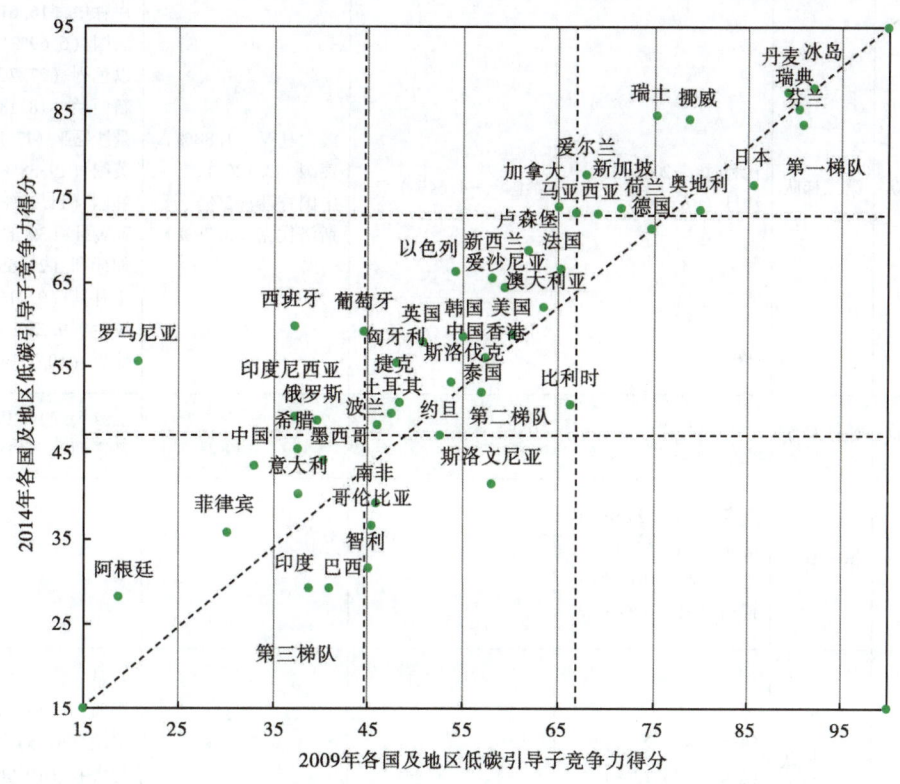

图8-21 2014年较2009年各国及地区低碳引导综合水平动态变化

根据国家及地区2009年与2014年低碳引导子竞争力的不同，将国家及地区分为3个梯队（表8-10）。2009年与2014年低碳引导子竞争力指数均在前25%（第一梯队）的国家及地区，包括瑞士、冰岛、芬兰、丹麦和瑞典等；2009年与2014年低碳引导子竞争力指数得分均在25%~75%分位（第二梯队）的国家及地区，包括葡萄牙、澳大利亚、英国、匈牙利和中国香港等；2009年与2014年低碳引导子竞争力指数得分均在75%分位之后（第三梯队）的国家及地区，即低碳社会水平处于落后地位的国家及地区，包括中国、阿根廷、巴西和菲律宾等。2014年中国低碳引导子竞争力得分较2009年有所提高，但仍有较大的提升空间。

表8-10 依据2014年较2009年低碳引导水平动态变化对各国及地区进行的梯队划分

2009年	2014年	2014年较2009年增长率			
		<-5%	-5%~0	0~5%	>5%
第一梯队	第一梯队	日本（-6.34%）	奥地利（-3.31%）、瑞典（-0.84%）、芬兰（-3.37%）	冰岛（0.12%）、丹麦（3.14%）	瑞士（18.01%）、挪威（12.82%）、新加坡（8.37%）、爱尔兰（20.02%）
第一梯队	第二梯队			德国（0）	荷兰（10.84%）
第二梯队	第二梯队	比利时（-20.24%）、约旦（-6.54%）	泰国（-4.64%）	澳大利亚（1.88%）、美国（2.12%）、中国香港（2%）、斯洛伐克（3.79%）	卢森堡（16.61%）、法国（6.69%）、以色列（27.76%）、新西兰（18.18%）、爱沙尼亚（13.17%）、英国（19.38%）、韩国（11.28%）、葡萄牙（39.1%）、匈牙利（20.65%）、土耳其（9.21%）、波兰（9.25%）、捷克（10.21%）
第二梯队	第一梯队				加拿大（19.2%）、马来西亚（15.05%）
第二梯队	第三梯队	斯洛文尼亚（25.84%）、南非（-11.6%）、哥伦比亚（-16.47%）、智利（-27.42%）			
第三梯队	第三梯队	印度（-79.22%）、巴西（-26.73%）			希腊（25.37%）、墨西哥（13.84%）、中国（37.54%）、意大利（10.96%）、阿根廷（54.12%）、菲律宾（22.56%）
第三梯队	第二梯队				西班牙（68.85%）、罗马尼亚（178.62%）、印度尼西亚（37.56%）、俄罗斯（28.34%）

除了一直处于同一个梯队水平的国家及地区以外，还存在梯队变化的国家。2009年第一梯队中的德国和荷兰在2014年降到第二梯队；第二梯队的斯洛文尼亚、南非、哥伦比亚和智利从第二梯队降到第三梯队；而马来西亚和加拿大则从第二梯队上升到第一梯队，罗马尼亚、俄罗斯、西班牙和印度尼西亚则从第三梯队晋升到第二梯队。

（三）中国低碳引导二级指标分析

从图8-22中可以看出，在中国的低碳引导4项分指标中，2009—2014年指标没有受到严重的污染问题影响与其他几项指标相比，得分水平始终较低；环境法案没有妨碍商业发展、可持续发展能力和能源基础设施有效性指标整体得分水平近似。2014年几项指标值与2009年相比均有所提高，能源基础设施有效性指标得分提高幅度相对较大；2009—2014年环境法案没有妨碍商业发展和可持续发展能力指标得分较不稳定，呈波动趋势。

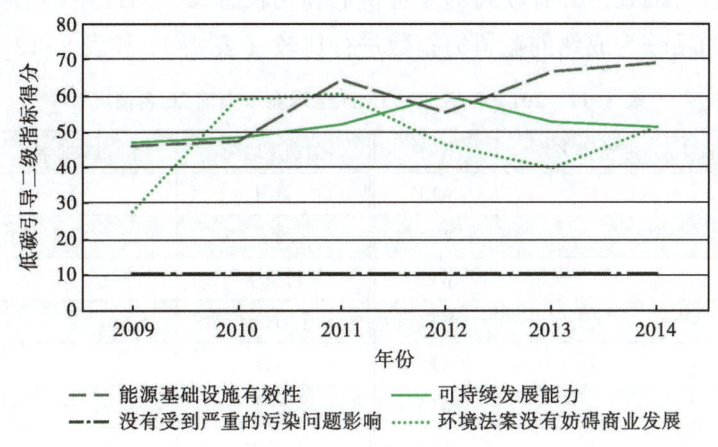

图8-22　2009—2014年中国低碳引导二级指标得分排名动态变化

第四节　低碳经济国际竞争力与国际综合竞争力比较

本节利用国际影响力最大的综合国际竞争力排名——IMD国际竞争力指标和世界经济论坛全球竞争力排名，进一步考察一国低碳经济竞争力与综合国力的关系。由于侧重点不同、数据资源不同、发展阶段不同等，二者之间的排名有较大差距，印证了低碳经济竞争力指数编制的必要性。

一、WEF、IMD全球竞争力与低碳经济国际竞争力排名比较

自1989年以来，IMD每年发布世界竞争力年鉴，对世界市场上的主要国家进行全面而综合的竞争力分析，被公认为是研究国家及地区竞争力最好的一手资料。根据相关文献和已有研究成果，并结合商业团体、政府机构和学者们的意见，IMD精选

300多个指标进行竞争力指数的构建，并且在过去20多年里，不断进行适当的调整以适应环境变化和新研究发展的需要。IMD全球竞争力报告采用多构面的分析方法，除了分为四大竞争因素——经济表现、政府效能、企业效能和基础建设外，每个因素又由5个分项因素指标构成，而分项因素指标又进一步由多个细项指标构成，其中约2/3为统计指标，1/3为调查指标。

世界经济论坛（World Economic Forum，WEF）全球竞争力指标（Global Competitiveness Index，GCI），将一个国家的竞争力定义为"能够持续性地保持经济增长的能力"，包含3个一级指标、12个二级指标和100多个具体指标。按照各国经济发展程度，分成要素驱动、效率驱动和创新驱动3个阶段，给予不同评比的权重。与IMD的全球竞争力评比稍有不同的是，WEF竞争力中调查指标的比重较高，约占7成。

作为负有盛名的两大竞争力指数，WEF和IMD对各国竞争力的度量涵盖内容较广，度量方法较为细致，具有较高的参考价值和比较意义，因此用本书中构建的低碳竞争指数与这两项较为成熟的竞争力指数进行比较（表8-11和表8-12）。

表8-11 2014年WEF、IMD全球竞争力前20名情况

国家及地区	指数排名	排序	国家及地区	指数排名	排序
瑞士	1	WEF	美国	1	IMD
新加坡	2	WEF	瑞士	2	IMD
美国	3	WEF	新加坡	3	IMD
芬兰	4	WEF	中国香港	4	IMD
德国	5	WEF	瑞典	5	IMD
日本	6	WEF	德国	6	IMD
中国香港	7	WEF	加拿大	7	IMD
荷兰	8	WEF	阿联酋	8	IMD
英国	9	WEF	丹麦	9	IMD
瑞典	10	WEF	挪威	10	IMD
挪威	11	WEF	卢森堡	11	IMD
阿联酋	12	WEF	马来西亚	12	IMD
丹麦	13	WEF	中国台湾	13	IMD
中国台湾	14	WEF	荷兰	14	IMD
加拿大	15	WEF	爱尔兰	15	IMD
卡塔尔	16	WEF	英国	16	IMD
新西兰	17	WEF	澳大利亚	17	IMD
比利时	18	WEF	芬兰	18	IMD
卢森堡	19	WEF	卡塔尔	19	IMD
马来西亚	20	WEF	新西兰	20	IMD

表 8-12 部分国家及地区的 WEF、IMD 全球竞争力排名与低碳经济竞争力排名情况（按国别）

国家及地区	本书低碳经济竞争力排名	WEF 排名	IMD 排名	本书排名与 WEF 排名差距	本书排名与 IMD 排名差距
瑞典	1	10	5	9	4
瑞士	2	1	2	−1	0
芬兰	3	4	18	1	15
挪威	4	11	10	7	6
丹麦	5	13	9	8	4
冰岛	6	30	25	24	19
日本	7	6	21	−1	14
英国	32	9	16	−23	−16
美国	47	3	1	−44	−46
巴西	21	57	54	36	33
南非	48	56	52	8	4
中国	49	28	23	−21	−26
印度	45	71	44	26	−1
俄罗斯	46	53	38	7	−8

二、造成全球竞争力与低碳经济竞争力排名差异的因素

竞争力研究的侧重点不同是导致评价结果存在差异的重要原因。IMD 全球竞争力指数更加侧重对国家综合实力的考察，环境、生态等低碳范畴在其考察范围之内，但对经济发展、对外贸易、财政、公司运营以及政府管理等方面的研究占据了更大比重，而这些内容与低碳问题并没有直接联系，更多的是间接的影响与被影响的关系。因此，IMD 全球竞争力中所包括的低碳以外的信息是导致竞争力评价结果之间存在差距的最主要因素。

此外，本书对低碳竞争指数编制所采用数据主要来自 IMD 年鉴和世界银行的 WDI 数据库，所使用数据在个别国家和个别年份存在一定的缺失。我们采用了线性插补法对个别年份的数据缺失进行插补，另有部分指标存在 2014 年数据缺失的情况，统一采用上一年的数据进行插补。对数据缺失的插补也在一定程度上造成误差，并影响评价结果。

三、低碳经济国际竞争力与 WEF 竞争力排名比较分析

图 8-23 中，虚线表示在本书所涉及的部分国家及地区中，2014 年的低碳经济国

际竞争力与 WEF 竞争力排名相等。可以看出：以瑞典、瑞士、日本、芬兰、丹麦和挪威等为代表的"双高"国家，即低碳经济国际竞争力排名和 WEF 全球竞争力排名都名列前茅，说明这些国家在整体实力和低碳经济发展上都具有很强的竞争优势；以美国、英国和中国为代表的国家，与处于世界前列的国家综合实力相比，其低碳经济国际竞争力依然有较大的提升空间；以巴西、印度、南非和俄罗斯为代表的国家，国家综合实力尚属中等，除巴西在低碳经济这一新兴领域起步较早，表现出了较强的竞争力外，其他国家在低碳经济国际竞争力发展方面任重而道远。

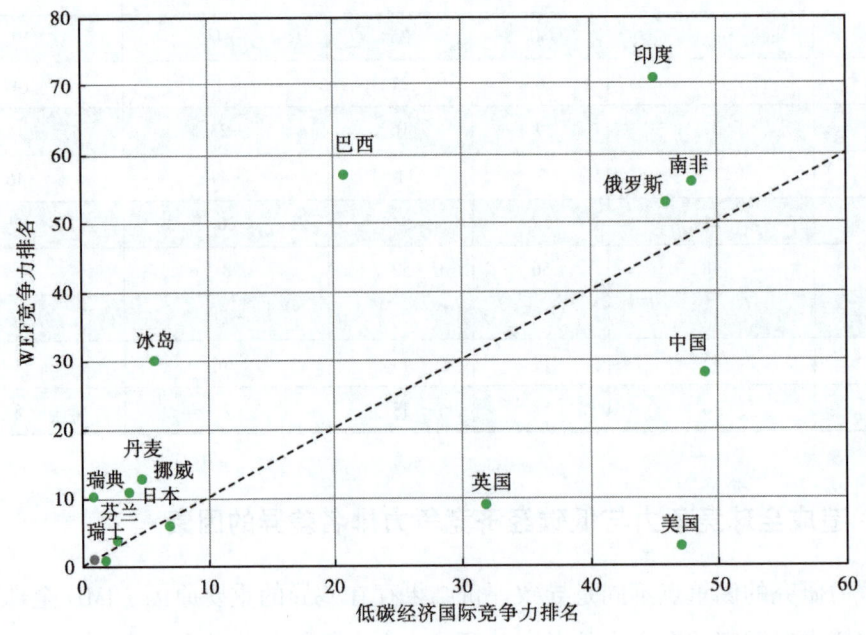

图 8-23　2014 年部分国家及地区低碳经济国际竞争力与 WEF 竞争力排名比较综合分析

四、低碳经济国际竞争力与 IMD 国际竞争力排名比较分析

图 8-24 中，虚线表示在本书所涉及的部分国家及地区中，2014 年的低碳经济国际竞争力与 IMD 竞争力排名相等。可以看出：以瑞士、瑞典、丹麦等为代表的"双高"国家，即低碳经济国际竞争力排名和 IMD 竞争力排名都名列前茅，说明这些国家在整体实力和低碳经济发展上都具有很强的竞争优势；以美国、中国为代表的国家及地区经济实力较强，但其低碳经济国际竞争力排名却相对比较靠后，与其实际经济地位不符；以巴西为代表的国家在低碳经济这一新兴领域起步较早，表现出了较强的竞争力，但其国家综合实力有待提高；以南非、印度等国为代表，这些国家 IMD 竞争力和低碳经济国际竞争力均具有较大的上升空间，不仅需要发展经济，而且需要注意发展过程中对碳排放的控制，可谓充满挑战。

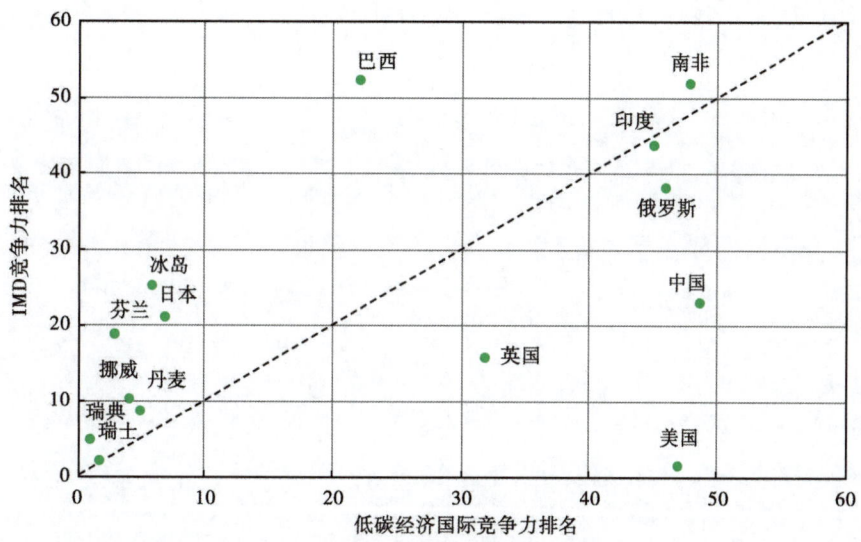

图 8-24　2014 年部分国家及地区低碳经济国际竞争力与 IMD 竞争力排名比较分析

参 考 文 献

［1］ IMD. World Competitiveness Yearbook（2014）［R］. Lausanne，Switzerland，2014.
［2］ 赵彦云，甄峰. 中国国际竞争力：强劲增长、成本优势、政府引领、社会基础——2004—2006 年中国国际竞争力评价和分析［J］. 经济理论和经济管理，2007（2）：26-30.
［3］ 赵彦云. 国际竞争力统计模型及应用研究［M］. 北京：中国标准出版社，2005：1-19.

第五部分
低碳经济发展案例

在"GDP至上"的发展模式下,低碳经济的初期发展必然与地方政府的实际利益产生矛盾。而一些地区正在探索一种生态环境与经济增长协调的低碳经济发展模式。三明与湖州两地都是发达地区中资源丰富但又欠发达的区域,而两地分别探索出了值得他地借鉴的低碳经济发展之路,实现着各具特色的赶超式发展。绿色矿山与蓝色硅谷的案例共同谱写了一部低碳发展的"山海经"。

第九章　三明林业资源有偿使用和生态补偿制度改革

党的十八届三中全会要求"实行资源有偿使用制度和生态补偿制度",具体指出要"加快自然资源及其产品价格改革,全面反映市场供求、资源稀缺程度、生态环境损害成本和修复效益。坚持使用资源付费和谁污染环境、谁破坏生态谁付费原则,逐步将资源税扩展到占用各种自然生态空间。稳定和扩大退耕还林、退牧还草范围,调整严重污染和地下水严重超采区耕地用途,有序实现耕地、河湖休养生息。建立有效调节工业用地和居住用地合理比价机制,提高工业用地价格。坚持谁受益、谁补偿原则,完善对重点生态功能区的生态补偿机制,推动地区间建立横向生态补偿制度。发展环保市场,推行节能量、碳排放权、排污权、水权交易制度,建立吸引社会资本投入生态环境保护的市场化机制,推行环境污染第三方治理。"由于福建省三明市拥有极其丰富的林业资源,如何推进林业资源有偿使用制度和生态补偿制度改革,对于三明市来说是一个核心问题。回顾三明市的以往探索可以发现,三明市在福建"生态省"建设的总体进程中,在"生态立市"的战略指导下,利用丰富的林业资源,完善林权交易制度、创新林业碳汇交易制度并健全林业生态补偿制度。❶

第一节　完善林权交易制度

随着林权改革的进一步深入,三明市林权交易制度面临新的转型和升级。一方面,林权交易状况在近几年发生了重大变化。在出让方方面,随着林权确权到户的逐步到位,集体林权流转趋于不甚活跃,而小规模林农的林权流转则趋于上升;在受让方方面,特别是以2014年底出台的《国务院办公厅关于引导农村产权流转交易市场健康发展的意见》为代表,更多的社会主体被允许进入林权流转市场。这都导致林权市场潜在规模的扩大和结构的复杂化。另一方面,三明市林权交易制度在起始阶段,无论是产权的确定,还是林权交易行为的规范等,特别是林权交易中心的建立和运行几乎全部是政府行为,因此逐渐显现出专业化水平偏低、效率偏低等问题,既降低了林权交易中心的吸引力,也在事实上影响了林权交易市场的规范性,不利于林权交易市场的进一步发展。

---

❶ 本章内容节选修改自国务院发展研究中心课题"三明生态文明建设综合配套改革研究"成果。

因此，三明市政府应把下一步林权交易制度改革的重点放在依据国家和省政府的相关法律法规政策，坚持公益性为主的基本原则，进一步发挥市场的作用，引入社会力量提供专业化的中介服务，同时将政府工作的重点放在进行行政管理，提供公共服务，调整完善以交易中心为核心的交易网络体系，进行公益林流转和林地经营权流转证发证等配套制度创新，为市场有效配置资源创造良好环境，打造公开透明、自主交易、公平竞争、规范有序的林权交易市场（图9-1）。

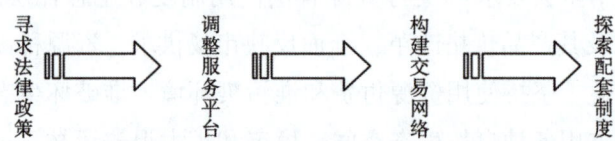

图9-1 三明市林权交易制度改革思路

一、寻求相关法律法规政策依据

国家立法和福建省法规以及重要规章政策是三明市林权交易制度改革的主要规范依据，也是依法行政的重要依据（表9-1）。但在国家层面，中国并没有针对林权交易的专门立法，相关法律也存在不完善之处。一方面多为原则性规定，缺乏实际的操作性；另一方面，部分条款已经不适应当前经济发展的需要，甚至和现有政策存在冲突之处。因而，三明市需要结合自身实践情况，密切关注政策导向的变化。党的十八届四中全会决定提出，明确地方立法权限和范围，依法赋予设区的市地方立法权。《中华人民共和国立法法》也在修订中，三明市可以争取地方立法权，进而制定符合本地林权发展的法规体系。在目前的实际操作中，三明市林权交易制度改革的主要依据来源于国家和福建省的政策文件。其中，《国务院办公厅关于引导农村产权流转交易市场健康发展的意见》作为中国首部针对农村产权流转交易市场的全国性指导文件，是三明市进行下一阶段集体林权交易制度改革、建立林权交易市场的主要依据和战略指导。该意见首次对包括林权管理服务中心和林业产权交易所等在内的农村产权流转交易市场的基本原则、定位和形式、运行与监管以及保障措施等都予以明确，也给予了地方政府的自由度。

表9-1 国家和福建省林权交易相关法律法规和政策（截至2015年3月）

名称	发布时间	发布部门	相关内容
《福建省森林资源转让条例》	1997年7月（2005年修订更名）	福建省人大常委会	对森林资源转让进行了比较集中的规定，包括转让范围、转让程序和转让的相关管理
《中华人民共和国宪法》	1988年4月修正	全国人民代表大会	增加了"土地使用权可以依照法律的规定转让"的条款，为集体林权流转奠定了基础

续表

名称	发布时间	发布部门	相关内容
《中华人民共和国森林法》	1998年4月修正	全国人大常委会	规定在不改变林地用途的条件下,用材林、经济林、薪炭林的所有权及其林地使用权可以采取转让、作价入股或者作为合资、合作造林、经营林木的出资、合作条件的方式流转
《中华人民共和国土地管理法》	1998年12月修订	全国人大常委会	原则性规定了农民集体土地的承包经营权和转包权
《中华人民共和国农村土地承包法》	2002年8月	全国人大常委会	在第五节土地承包经营权的流转中相对详细地规定了土地承包经营权转包、出租、互换、转让或者其他方式流转
《退耕还林条例》	2002年12月	国务院	规定退耕还林土地和荒山荒地造林后的承包经营权可以依法继承、转让
《关于加快林业发展的决定》	2003年6月	中共中央、国务院	提出在明确权属的基础上,国家鼓励森林、林木和林地使用权的合理流转,各种社会主体都可以通过承包、租赁、转让、拍卖、协商、划拨等形式参与流转
《福建省森林资源流转条例》	2005年9月修订	福建省人大常委会	对转让条例进行了部分细化及修改,如认可了承包或其他形式的转让,延长流转期限到70年等,还提出县级以上地方人民政府林业行政主管部门和乡(镇)人民政府可以建立森林资源流转信息库并发布供求信息,为流转活动提供指导和服务,有条件的地方还可以建立森林资源流转市场
《中华人民共和国物权法》	2007年3月	全国人大常委会	明确规定林地承包经营权为用益物权,通过招标、拍卖、公开协商等方式承包荒地等农村土地依照《中华人民共和国农村土地承包法》等法律和国务院的有关规定,其土地承包经营权可以转让、入股、抵押或以其他方式流转
《关于全面推进集体林权制度改革的意见》	2008年6月	中共中央、国务院	提出在依法、自愿、有偿的前提下,林地承包经营权人可采取多种方式流转林地经营权和林木所有权,并要求建立健全产权交易平台,加强流转管理,依法规范流转,保障公平交易,防止农民失山失地
《关于切实加强集体林权流转管理工作的意见》	2009年11月	国家林业局	新中国成立以来在国家层面关于集体林权流转规定最为集中的文件。从5个方面规范集体林权流转行为:一是稳定林地家庭承包经营关系;二是建立规范有序的集体林权流转机制;三是加强集体林权流转的引导;四是切实维护集体林权流转秩序;五是禁止强迫或妨碍农民流转林权

续表

名称	发布时间	发布部门	相关内容
《福建省"十二五"林业发展专项规划》	2011年6月	福建省政府	提出林权管理服务平台建设目标,构建省、市、县、乡(包括国家级自然保护区、国家级森林公园、省属国有林场)四级互联互通的林权动态管理服务平台,在林权登记造册、核发证书、档案管理、流转管理、林权抵押登记和林地承包经营纠纷调解与仲裁等方面提供服务
《关于推进农业适度规模经营的若干意见》	2011年6月	福建省政府	要求加快乡镇土地流转服务平台建设,2012年6月全省所有涉农乡镇都要因地制宜建立土地流转服务平台,开展土地使用权流转服务工作。经验收合格,省级财政给予适当奖补
《关于进一步加强集体林权流转管理工作的通知》	2013年2月	国家林业局	重申了流转需要遵循的原则,强化流转秩序管理和加强组织领导等方面的工作要求,提出要尽快建立健全林权流转管理和服务制度,建立"村有信息员、乡镇有服务窗口、县有服务场所"三级联动的林权流转管理服务网络及互联互通的集体林权流转信息采集系统和共享平台,逐步实现林权流转信息网络化管理。积极探索林权流转合同制和备案制管理。不断加大林权流转服务,逐步建立和完善流转服务平台和网络,研究发布林权流转信息和流转指导价格并实行动态管理
《关于进一步深化集体林权制度改革的若干意见》	2013年8月	福建省政府	按照"依法、自愿、有偿"原则,以林权管理为重点,建立规范有序的森林资源流转市场;以海峡股权交易中心等机构为依托,建立规范有序的林权流转交易平台和信息发布机制
《关于推进海峡股权交易中心建设的若干意见》	2014年1月	福建省政府	提出通过建设多要素登记托管与交易平台,逐步建立全省集中统一、规范有序的林权及相关产品交易市场
《关于金融服务"三农"发展的若干意见》	2014年4月	国务院办公厅	探索推进农村产权交易市场建设,积极培育土地评估、资产评估等中介组织,建设具有国内外影响力的农产品交易中心
《关于印发进一步完善金融市场体系实施方案的通知》	2014年7月	福建省政府	支持海峡股权交易中心建设要素交易平台。健全规范有序的林权流转平台,推动林权流转市场体系建设
《关于创新重点领域投融资机制鼓励社会投资的指导意见》	2014年11月	国务院	鼓励荒山荒地造林和退耕还林林地林权依法流转。减免林权流转税费,有效降低流转成本
《关于印发集体林地承包和集体林权流转合同示范文本的通知》	2014年12月	国家林业局、国家工商行政管理总局	对集体林权流转合同进行了全国统一,为林权流转的规范性提供了支持

续表

名称	发布时间	发布部门	相关内容
《关于引导农村产权流转交易市场健康发展的意见》	2014年12月	国务院办公厅	中国首部针对农村产权流转交易市场的全国性指导文件,对包括林权管理服务中心和林业产权交易所等在内的农村产权流转交易市场的基本原则、定位和形式、运行与监管以及保障措施等都予以明确。提出农村产权流转交易市场是坚持公益性为主,政府主导、服务"三农"的非营利性机构,现阶段市场建设应以县域为主,并着力形成"一个屋顶之下、多个服务窗口、多品种产权交易"的综合平台,实行市场建设和运营财政补贴等优惠政策,通过采取购买社会化服务或公益性岗位等措施,支持充分利用现代信息技术建立农村产权流转交易和管理信息网络平台等重要的具体要求
《关于认真做好农村土地承包经营权确权登记颁证工作的意见》	2015年1月	农业部、中央农村工作领导小组办公室、财政部	提出推进信息应用平台建设,建立中央与地方互联互通的土地承包经营权信息应用平台,并以县级为单位建立土地承包经营权确权登记颁证数据库和土地承包经营权登记业务系统

二、调整交易服务平台的定位

作为为林权交易提供服务的平台,三明市现有林权交易中心(林业服务中心或林业要素市场)主要为隶属所在地林业行政主管部门的事业单位,兼具中介服务、公共服务和行政管理等多重职能,既当"裁判员",又当"运动员",定位不清,效率偏低(图9-2)。根据《关于引导农村产权流转交易市场健康发展的意见》对林权交易中心的定位,结合三明市的实际情况,下一步改革中三明市可以职能分离为先导,以调整组织构成为重点,改变林权交易中心的定位。

一方面,继续坚持交易中心政府主导的服务型事业单位的性质,逐步完善公共服务体系,侧重发展成为林权交易行政管理的窗口,进行林权证、林木采伐许可证、木材运输许可证等方面的行政管理以及提供林业科技与法律服务、林权抵押贷款登记等方面的公共服务,但将中心转为由当地政府直接领导,运作经费纳入财政资金支持范畴,中心员工编制纳入事业单位编制,进而针对公共服务取消或降低收费标准,增强对于小规模林农的吸引力。另一方面,鼓励社会力量的介入,提供更加专业化的中介服务,引入财会、法律、资产评估等中介服务组织以及银行、保险等金融机构和担保公司,提供发布交易信息、受理交易咨询和申请、协助产权查询、组织交易、出具产权流转交易鉴定证书,协助办理产权变更登记和资金结算手续等基本服务,以及资产评估、法律服务、产权经纪、项目推介、抵押融资等配套服务。针对中介服务组织等提供的服务，管理部门在充分调研的基础上，遵循市场规律，由市场主体在合理的收费标准范围内进行决策，并通过财政补贴、税费减免等方式保证服务的公益性。

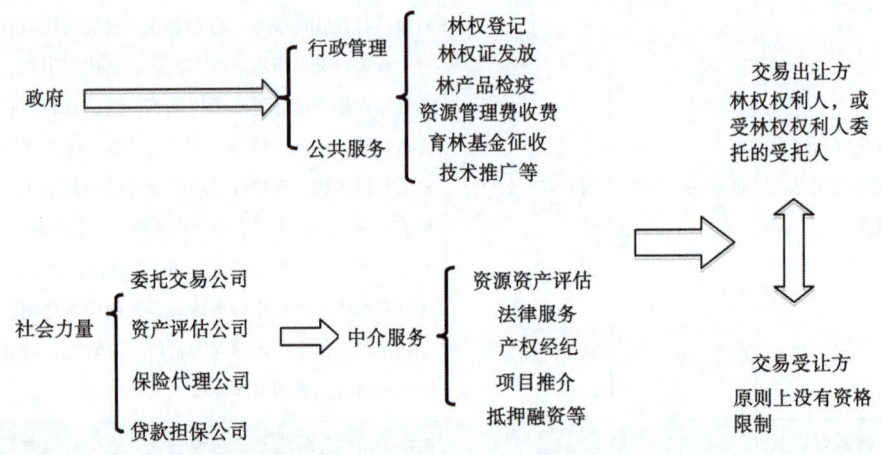

图 9-2　三明市林权交易中心制度设计

三、构建林权交易网络体系

三明市目前已经基本建成了覆盖所有乡（镇）的林权交易中心，但发展水平并不均衡，而且由于制度、规则和信息网络等方面的原因还没有实现完全的互联互通，存在一定程度的市场隔离。根据国家对于农村产权流转交易市场的部署，为了充分发挥平台县（乡镇）交易端植根农村、贴近农户、熟悉农情的优势，又便于平台承担更大范围的信息整合发布和大额流转交易，三明市下一步的重点任务可以在利用现有的交易平台的基础上，以县域平台为核心，构建纵横交错的交易网络体系（图9-3）。

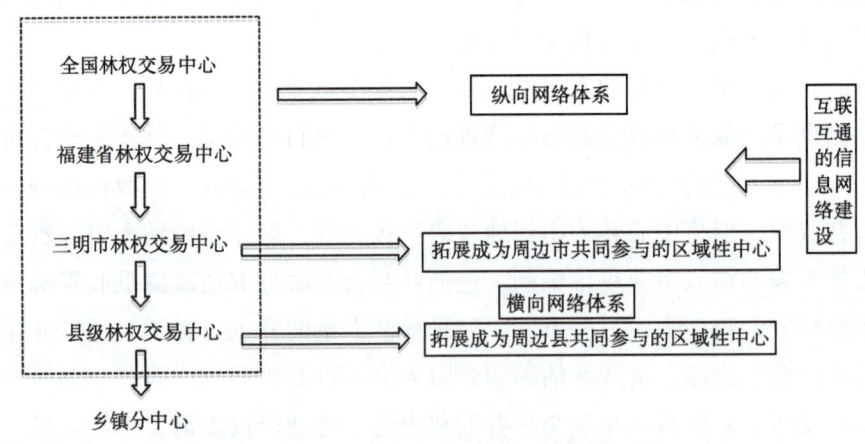

图 9-3　三明市林权交易制度网络组织构建

就纵向而言，三明市可以县级林权交易中心为核心，向下延伸至乡镇林权交易终端，向上延伸至省级林权交易中心，乃至下一步延伸到全国林权交易中心。主要工作是对市场运行、服务规范、中介行为、纠纷调处、收费标准等做出统一的具体规定，实行统一规范的业务受理、信息发布、交易签约、交易中（终）止、交易（合同）鉴证、档案管理等制度，保障市场的互联互通，扩大市场，提高活跃度，降低交易成本。就横向而言，可以鼓励有能力、有条件的县级林权交易平台将业务拓展至周边地区，通过服务区域的拓展提高林权交易中心的运行效率，成为周边地区的林权交易服务领头人。在市域层面，三明市作为林权交易平台发展相对水平较高的城市也可以积极带头，通过与周边城市寻求合作组建区域性林权交易中心。

同时要继续加强信息网络平台的辅助建设。三明市可以依托由三明市林业局和三明银监分局共同设立的林权流转与林业金融服务网，健全和完善全市联网、县乡村互动互联、一体化、网络化的信息服务平台，构建上下信息通畅、运行高效、规则一致的无形交易平台。还可以进一步以县级为单位积极寻求建立和完善与上级政府互联互通的包含林权在内的土地承包经营权确权登记颁证数据库和土地承包经营权登记业务系统的信息应用平台。此外，根据上级政府的政策导向，三明市可以通过购买社会化服务的方式加快信息平台建设，引入如中兴通讯等企业打造的惠农云服务平台，不仅支持林权的数字化与管理，借助手机等作为信息传递的载体随时随地为林农提供数字化林权信息和政府惠农政策等信息服务，而且支持林业与电子商务相结合，通过林产业大宗电子交易平台的建立，形成林产品集中式的在线交易，还可以支持林业与金融服务相结合，实现定制化的惠农金融服务，构建银行、保险等金融机构与林农的金融服务"直通车"。根据《关于认真做好农村土地承包经营权确权登记颁证工作的意见》这本身也是确权登记颁证的一项工作，可以考虑申请中央和福建省的财政补助。

四、探索公益林的有限流转制度

三明市公益林面积占林地总面积约30%，对于林权交易市场的规模有着重要的影响。在实践中公益林的林权流转问题对于公益林的经营乃至生态效益的发挥也有直接的影响。但无论是公益林的定义还是流转限制，《中华人民共和国森林法》及其实施条例都没有做出明确规定，集体林权改革的重要政策性文件也存在不一致之处。在实践中国家主要推行以管护为主的政策，公益林既不便于抵押，也不便于流转。在这样的政策相对空白的区域，三明市作为集体林权改革的先行者可以考虑进行局部的探索。

一方面三明市可以继续探索政府赎买非国有公益林的制度；另一方面在有限制的条件下，比如在不改变公益林林地性质、林地用途以及不影响国家特种需求和生态安全的条件下，可以允许公益林林地使用权和管护权（如生态效益补偿权、林下空间使用权、森林景观开发使用权）在林业主管部门的监督下进行流转，或者借鉴浙江省龙泉市的经验开展生态公益林损失性补偿基金信托，由当地政府作为委托人，以当地公益林收益权作为信托财产，以当地村民作为受益人，在不改变公益林的所有权、承包权、使用权及管护权前提下设立信托计划。信托收益权凭证有3个价值，一是领取政府公益林补偿金，二是用于抵押贷款，三是通过产权交易平台进行交易，从而为林农提供融资的便利性和可操作性，实现公益林收益多样化和林农增收。

五、探索林地经营权流转证发证制度

2014年，中央全面深化改革领导小组明确了中国农村土地三权分置的制度，即所有权、承包权和经营权分置。但在实际操作中，林地承包经营权属于用益物权，有林权证做权属凭证保障；但林地经营权是一种债权，虽然在出让方的林权证上登记备案流转合同的主要内容，但暂不换发林权证，只能靠流转双方签订的合同来保护。一纸合同往往无法让受让方获得权属上的安全感。加之工商资本无法凭借债权进行抵押贷款，融资的途径受限，这在实际上制约了社会资本进入林业生产。

虽然在法律和政策上没有明确的要求，但是三明市可以参考浙江省、甘肃省等省市的经验，探索林地经营权流转证发证制度，这项由浙江龙泉首创的改革在2014年的两会上得到李克强总理的肯定。林业主管部门可以应林地经营权流出流入双方的申请，为林地流入者颁发林地经营权流转证，在实践中将林地承包权和经营权分离。林地经营权流转证赋予林地经营权人在权属证明、林权抵押、采伐审批等方面的法律权益，在其中注明承包权利人，则保证林地承包权仍由林农掌握，防止农民失山失地。此外，三明市还需要出台相应的林地经营权流转发证管理办法，完善诸如凭借林地经营权流转证进行抵押贷款、申请采伐许可证等相关配套制度的建设，与现有相关林业行政管理规章制度有效衔接。

第二节 创新碳汇交易制度

三明市发展碳汇潜力巨大。全市森林覆盖率为76.8%，居全省前列，活立木蓄积量超过10000万立方米。根据福建省委、省政府关于建设"森林福建"的战略目标及三明市国民经济和社会发展的总体要求，三明市提出"十二五"森林蓄积量，确保1.35亿立方米，力争达到14865万立方米；到2020年，全市森林蓄积量达15000万立方米，继续位居全国全省前列。三明市平均每年的造林计划约454万立方米，因此可以通过增加森林面积的途径增加森林碳汇。三明市可以通过可持续的森林经营和管理，提高森林质量增加碳汇。

虽然中国林业碳汇项目起步较早，第一个 CDM 项目注册在中国，在亚洲和太平洋地区 9 个注册的 CDM 森林碳汇项目中中国占 3 个。但是总体而言，中国碳汇交易尚处于刚刚起步的阶段，而三明市的碳汇还处于起步阶段。因此，三明市的重点任务在于基于永安市现有的探索和实践了解碳汇交易的基本情况，做好长期的发展规划，做好前期的基础工作，并借助社会力量争取在环节上进行突破。具体建议按照以下步骤（图 9-4）开展工作。

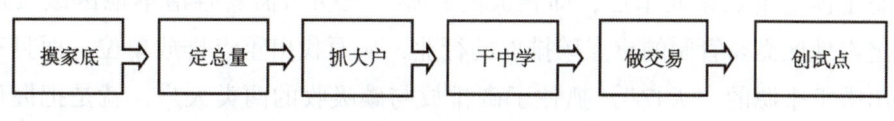

图 9-4　三明市林业碳汇交易制度政策支撑措施

一、摸清碳资产家底

虽然三明市是森林大市，拥有丰富的森林资源，但是在碳市场交易中的"林业碳汇"是一个增量的概念（指"在确定了基础线的土地上，以增加碳汇为主要目的，对造林及其林木生长过程实施碳汇计量和监测而开展的有特殊要求的造林活动"），森林覆盖率不等于林业碳汇量，而且由于三明市的森林覆盖率已经极高，想要获得"增量"相对于其他地区更加困难。另外，"碳资产"是指一个地区整体的碳收支情况，碳汇是碳吸收情况，一个地区的碳资产大小还要看该地区的碳源，即碳排放情况。因此，急需查清三明市的碳汇潜力及碳排放情况，摸清三明碳资产的家底——是盈余还是亏损。首先，三明市可以依托福建省第八次森林资源清查工作或委托第三方开展碳汇盘查，摸清家底。并充分利用样地清查、遥感信息、碳通量及模型模拟等多种途径，在不同区域尺度上开展研究实践工作，探索完成覆盖全市的林地绿地生态系统碳汇监测网络体系建设，形成长期固定监测样地和定点即时通量塔监测为主，以遥感监测为补充和验证的碳汇监测网络体系。实现对林地生态系统碳储量及碳汇动态的定时监测与预测模拟，为编制三明市林业碳汇中长期发展规划提供数据支持。

二、确定排放配额总量

根据 2011 年发布的《"十二五"控制温室气体排放工作方案》，国家已经在各省（直辖市、自治区）节能目标分解的基础上，综合考虑各地"十二五"时期能源消费结构变化、可再生能源发展状况和森林碳汇潜力等因素，以及个别地区的特殊情况和地区间的平衡，明确了"十二五"各地区单位国内生产总值二氧化碳排放下降指标，这是首次把单位生产总值二氧化碳排放下降指标作为约束性指标分解到各省（直辖市、自治区）。目前，国家发改委正在具体要求各地级市制定当地的碳排放总量控制目标，三明市可以此为契机，提前完成这项工作。然后，三明市要根据控制碳排放目标的要求，综合研究本地区碳排放、碳汇、经济增长、产业结构、能源结构以及重点排放单位纳入情况等因素，确定排放配额总量。

三、确定区域内碳"大户"

根据国家发改委2014年12月发布的《碳排放权交易管理暂行办法》，中国现行的碳交易主体是重点排放单位，即相关的企业。三明市需要查清本地区碳资产的基础，确定本地区需要管制的重点碳排放的行业，从而找出重点排放单位。而且三明市还要找出碳汇来源的"大户"。抓住了碳排放与碳吸收的两类大户，就是把握住了碳交易机制的核心主体。

四、政府与"大户"一起干中学

由于碳交易是新事物，而且是自然科学与社会科学多学科交叉的领域，因此还需要深入研究、学习。据调研，三明市政府工作人员对碳交易认识还比较浅，相关企业、机构更是了解很少。目前，已经有许多低碳及碳交易相关的专业研究机构（图9-5），三明市可以与这些机构合作，首先学习碳交易的相关知识。而且，目前国内已经有7个碳交易试点省市，国际上有欧盟、美国加利福尼亚州、新西兰等碳交易成熟市场，可以把"大户"送到这些碳市场上先"试水"碳交易，在干中学，尤其是要发挥三明优势，多开展碳汇交易。这个领域一定要吸取国内许多地区的教训：在没有经验的基础上盲目成立碳交易所。目前，非碳交易试点省市建立的相关碳交易所名不副实，根本没有碳交易，大部分成了"闲置资产"。

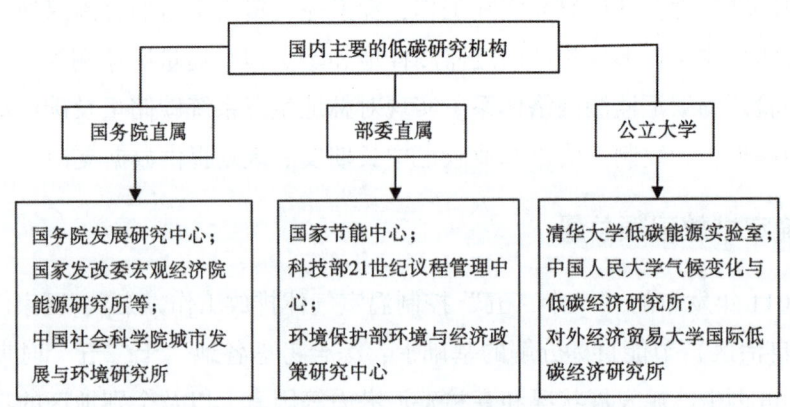

图9-5　国内主要的低碳研究机构
来源：《21世纪经济报道》

五、尝试碳汇交易

三明市在碳汇交易方面已经具备了一定经验，比如永安市实施了福建省首家自愿碳标准（Voluntary Carbon Standard，VCS）森林管理碳汇项目，2015年2月上旬已顺利通过了中环联合认证中心的材料审核和现场审定工作。下阶段还将继续采取有效措施维护林区稳定，力争2015年内在国际VCS注册中心完成注册，并协助做好项目监测、检查工作，获得减排量的签发、交易，实现项目预期目标。该项目面积为11万亩，项目期20年，主要分布在永安市13个乡镇和3个办事处。该项目产生的碳汇经国际VCS注册中心注册交易后，每年可增加林农收入约300万元。

另外，三明市还可以开发符合国内要求的碳汇项目，即国家发改委认可的中国核证减排量（Chinese Certified Emission Reduction，CCER）碳汇项目。这类项目必须全部满足以下条件：

（1）土地合格性要求：满足2005年2月16日以来林地状况的要求（参考国家林业局对于无林地或有林地的定义），项目活动所涉及的每个地块上的植被状况还需满足一定的要求。

（2）额外性要求：所谓额外性，是指项目在财务、技术等方面存在障碍因而无法独立开展活动，必须通过碳汇项目的支持克服障碍才能使项目得以实施，这样项目产生的碳汇量才具备额外性。评价项目是否具有额外性，须根据方法学要求，按照一定的步骤和程序进行分析。

（3）适宜的方法学：截至2015年，国家发改委办公厅共发布了5批关于温室气体自愿减排方法学，其中包括国家林业局报送的"碳汇造林项目方法学""竹子造林碳汇项目方法学""森林经营碳汇项目方法学"。这3个方法学几乎可覆盖中国林业行业碳汇项目的需求。

按照项目的开发模式，碳汇项目可按照项目资源条件差别分为两大类：一是碳汇造林项目；二是森林经营项目。这两种项目由于开发方法差异，森林经营项目开发周期普遍略长于碳汇造林项目，因此目前国家发改委公示的项目以碳汇造林项目为主。需要注意的是，其中广州长隆和北京顺义碳汇造林项目属于第一批国家发改委公示的示范项目，由于减排量过小并不产生直接的经济效益。江西丰林碳汇造林项目、内蒙古根河碳汇造林项目、黑龙江翠峦森林经营项目在香港排放权交易所的协助帮助下，作为第一批大型林业碳汇项目，在开发费用既定的情况下，合理增加造林、森经面积，增加业主投资回报率，起到了深远的示范作用，成功地克服了林业碳汇项目减排量小、成本高、开发难度大等特点（表9-2）。

表9-2 已经公示的中国自愿减排碳汇项目相关资料（截至2015年）

项目名称	方法学	项目类型	项目业主	年均减排量（吨二氧化碳）
广东长隆碳汇造林项目	碳汇造林	集体林造林	广东翠峰园林绿化有限公司	17365
北京顺义区碳汇造林一期项目	碳汇造林	绿化造林	北京天虹信诚园林绿化有限公司	5978
丰林碳汇造林项目	碳汇造林	荒地造林	江西丰林投资开发有限公司	252736
内蒙古根河碳汇造林项目	碳汇造林	火烧迹地造林	中国内蒙古森工集团根河森林工业有限公司	151208
丰宁千松坝林场碳汇造林一期项目		防风造林	丰宁满族自治县潮滦源园林绿化工程有限公司	46249
黑龙江翠峦森林经营碳汇项目	森林经营	国有林经营	黑龙江省翠峦林业局	494526

资料来源：国家发改委。

根据国家发改委颁布的《温室气体自愿减排交易管理暂行办法》，开发碳汇项目流程包括项目筛选和评估、设计与描述、审定、备案（项目）、实施与监测、核证、备案（减排量CCER）。具体开发流程如图9-6所示。

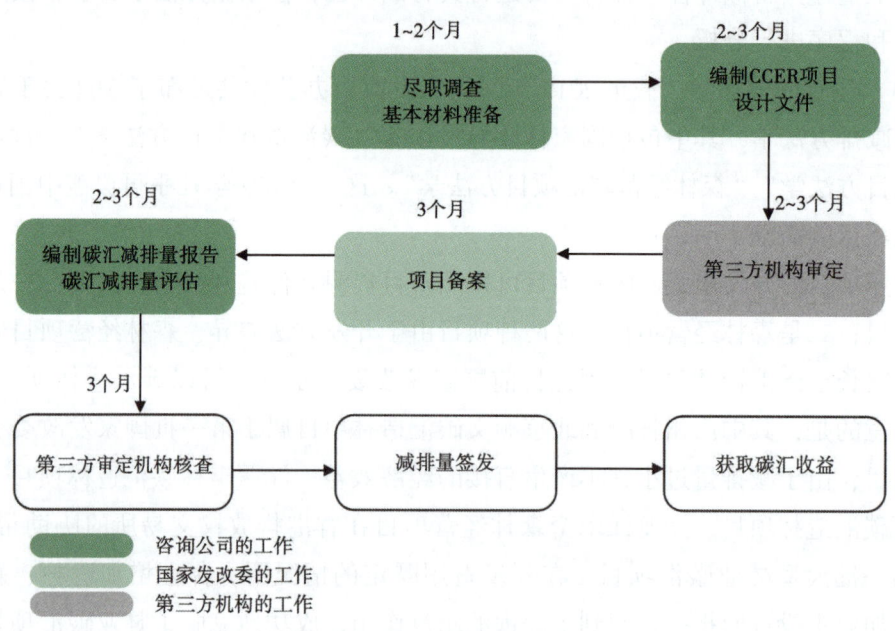

图9-6 CCER开发流程图

根据国家发改委相关规定，对于大型减排项目（年均减排量大于 10 万吨二氧化碳当量），至少需聘请两家第三方机构进行审定和核查工作，目前经过国家发改委认证的具有审定和核查资质的机构共有 9 家。关于项目方法学及第三方机构的有关资料，可参考中国自愿减排交易信息平台信息。

六、创建碳汇交易试点

2011 年 11 月，国家发改委发布《关于开展碳排放权交易碳交易试点工作的通知》，同意北京市、天津市、上海市、重庆市、广东省、湖北省、深圳市开展碳交易试点。2013 年 6 月 18 日，深圳正式启动碳交易，开启中国第一个正式运行的强制碳交易市场。之后，上海、北京、广州、天津也相继启动碳交易。2011 年开始的碳交易试点政策是中国在低碳经济领域中的市场机制创新，湖北、重庆也很快启动了地方碳市场。中国碳市场正在走出一条越来越明晰的发展道路，这条道路将是一条类似于中国经济体制中宏观调控与市场相结合的道路，将是一条强制交易与自愿减排相结合的道路。北京、天津、深圳碳市场对市场主体的限制较为宽松，允许个人参与交易。

试点碳市场都是以工业碳源为主要交易对象，但是目前国内还没有以林业碳汇为主要交易对象的试点。三明市可以利用自身现有优势，在完成以上 3 个步骤之后，认真研究碳汇交易市场试点的具体工作，争取获得国家发改委相关试点。建议借鉴新西兰碳市场的经验。2008 年，新西兰通过《气候变化应对法案（修正案）》，确定建立本国的碳市场，由于林业部门在国内经济所占权重较高，并且林业是新西兰减缓气候变化战略的重要组成部分，因此林业部门在碳交易的设立初期即被纳入碳市场。

七、引入社会资本参与碳汇建设

2014 年 12 月，国务院印发了《关于创新重点领域投融资机制鼓励社会投资的指导意见》，提出在创新环保领域的投资运营机制方面推行环境污染第三方治理，鼓励社会资本参与排污权和碳交易。2015 年 1 月，财政部印发了《政府购买服务管理办法（暂行）》，提出发挥市场机制作用，把政府直接提供的一部分公共服务事项以及政府履职所需服务事项，按照一定的方式和程序，交由具备条件的社会力量和事业单位承担，并由政府根据合同约定向其支付费用。建议三明市向碳交易行业中权威的第三方机构购买服务，并适当引入社会资本，协助建设碳汇市场。比如，前期的碳交易知识的学习，要引入第三方机构对政府、"大户"开展培训；碳资产的盘查需要大量专业人才，而目前各地级市难以推进的核心便是单纯依靠当地发改委主管处室的人员，这个领域便急需引入有资质的第三方机构；尤其是碳汇交易目前规模不大的最重要原因是前期成本投入较大、开发复杂、周期较长。建议与香港排放权交易所等专业碳汇开发机构合作。这类第三方机构可以进行立项、盘查、聘查、第三方核查、省级与国家报批、签发项目碳汇等工作，统筹负责整个流程。三明市方面只需配合提供项目所需的资源数据、权属证明、相关数据法律文本及必要协助，并且前期部分投入由第三方机构承担，而且可以包销三明市全部或部分碳资产，并承担全部销售风险。

第三节　健全林业生态补偿制度

目前，三明市已经初步建立了生态公益林补偿制度，探索形成了富有成效的多个模式，以其作为突破口对于完善整个生态补偿制度具有实际意义。但是，目前也存在生态区生产受影响，生态区地方经济发展、林农致富增收受影响，补偿标准偏低等问题。下一步，三明市可以通过提高补偿标准扩展补偿来源、创新补偿机制、提高补偿款使用效率等对生态公益林补偿制度进行完善和优化，提高管护的积极性和效率，推动公益林生态效益的充分实现，为实现福建省主体功能区规划的真正落地提供制度保障（图9-7）。

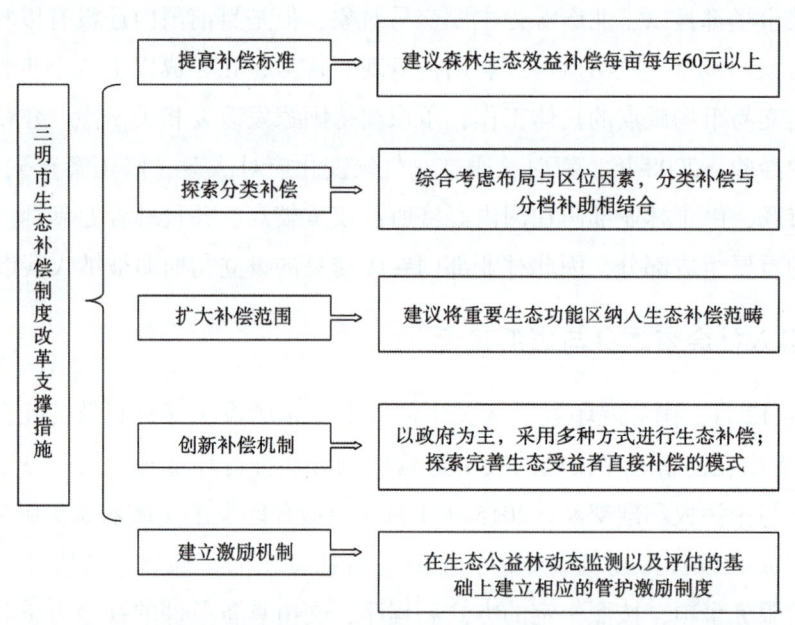

图9-7　三明市生态补偿制度改革支撑措施

一、提高补偿标准，实现动态增长

作为三明市生态公益林补偿的重要资金来源，当前森林生态效益补偿资金的补偿标准经过国家和福建省的几次提高，已经达到了每亩每年16.75元。但与国家对粮农种粮的直接补贴、农资综合补贴、良种补贴和农具购置补贴等每亩110~170元补贴相比，仍存在较大差距。与同地类商品林经营收益相比，也存在相当大的差距。这严重制约了公益林林农管护的积极性和管护的质量。以杉木商品林为例，从种植到主伐大约经营 26 年，按主伐时平均每亩出材 8 立方米（不含抚育采伐木材收益）计算，亩林木价值达 8800 元，扣除相关费用 4394 元，收益期每亩收益 4406 元，平均每亩每年收益 169 元。考虑到生态成熟期比商品成熟期长 1~2 龄级，在可进行生态经营的条件下，分年度折算延期损失，则每亩每年补偿标准应在 47 元左右。综合考虑，森林生态效益补偿标准每亩每年应为 50 元，加上每亩每年管护费 10 元，约为 60 元。建议更改现行的森林生态效益补偿基金制度，森林生态效益补偿每亩每年在 60 元以上，并与财政收入挂钩保持动态增长，按照全省财政收入增长速度逐年增加。

二、探索分类补偿，提高公平性

根据上级政府的规定，三明市的公益林补偿标准主要根据权属关系的不同进行分类。由于三明市的生态公益林的布局存在县市之间分布不均衡，同一县市不同乡镇和同一乡镇不同村也不尽相同的情况。在生态补偿偏低的情况下，划分生态公益林给当地生产生活带来的损失与各地生态公益林占有林地的比重密切相关，比重越大，群众经济损失越大，导致的区域矛盾也越大。此外，根据国家林业局和财政部联合印发的《国家级公益林管理办法》和福建省《福建省生态公益林管理办法》，国家和省级的公益林都推行了分等级保护管理制度，根据其所在的生态区位、立地条件和林分状况等差别划分为 3 个保护等级，也规定了与其相适应的保护管理要求，但在相应的补偿标准上没有体现出生态区位不同所产生生态价值的差异，自然条件不同带来的保护投入的差异，经营受限损失发展机会而产生的经济损失，以及不同起点、不同经营投入成本的差异等。

主要依据不同的权属关系进行补偿的补偿标准分类方法，尽管有利于降低补偿成本和顺利推进补偿工作，但从长远来看，并不利于发挥生态补偿的社会效益，也有害于补偿的公平价值。因此，三明市下一步可以积极探索，根据本地实际，进一步丰富和细化分类补偿的内涵，如参考浙江等地的做法，确立"建立和完善分类补偿与分档补助相结合，量力而行，分步推进，补偿标准基本合理的森林生态效益补偿制度"的总体目标，在具体规定上除考虑权属关系进行分类补偿外，还着重考虑生态区位因素，保护级别越高所获得的生态补偿费用越高，以及布局因素，以行政村（或县、乡）为单位，生态公益林占全村（县、乡）林地比重越大，所得的生态补偿越高，并在摸索的过程中将其进一步推广，进而制度化、规范化。

三、扩大补偿范围，辅助功能区建设

三明市生态公益林补偿仅限于国家和省确定的公益林，其他具备重要生态功能的

林地和地区，如闽江源、沙溪、金溪、尤溪流经区域等以及2014年刚刚确定的三明市内福建省限制开发区和禁止开发区实际上也因保护生态环境承担了相关的支出，为提供生态服务做出了重要贡献，却并没有得到相应的补偿，在实践中这既损害了这一区域的林权所有人的实际权益，也不利于三明市落实福建省主体功能区规划，提供相应的生态产品。建议将重点生态区位内的商品林纳入生态效益补偿之列；申请将闽江源列为国家生态补偿试点，将沙溪、金溪、尤溪流经区域纳入国家重点生态功能区范围；提高重点生态功能区转移支付系数，财政加大转移支付力度；对生态区位内生态公益林面积占林业用地面积70%以上的，建议列为生态村，申请上级政府从资金、政策上给予倾斜扶持，解决林农的生活出路问题。

四、创新补偿机制，增加补偿来源

首先，建议上级政府采用多种方式从全国生态一体化的角度统一进行生态补偿。一是中央财政和省级财政分别提取当年财政收入的10%，建立下一年生态补偿专项资金和财政转移支付资金，对生态功能区的农村、农民进行生态补偿。一方面，通过建设生态环境设施、发展村组公益事业、发展村组生态经济、安排当地农民生态公益性岗位对农民进行间接补贴；另一方面，参照类似粮食直补方式，按照各村林地面积，将一定数额的生态补偿金直接补贴到农民手中，并按照全国经济增长速度，逐年提高对农民的生态补偿直接补贴，确保生态区农民不因限制开发或禁止开发而减收。二是建议上级采用财政转移支付等方式，每年向闽江源、沙溪上游的宁化县提供生态补偿资金，重点用于饮用水源保护、水污染治理、林业生态、土地使用等方面，大面积兴建生态公益林，保障生态安全。三是建议对生态功能区农户给予燃料补贴或电价优惠补贴，减少对生态功能区林木的砍伐，实现以电以气代柴；增加电源点建设，大力发展生态功能区分布式光伏发电、风电项目。四是解决限制开发区和禁止开发区由于保护生态环境影响项目建设而带来的财政减收问题，对这些地区政府的法定支出项和基础设施建设项目从顶层设计的角度取消地方的配套，由中央、省一级财政统一打包，重点扶持地方的旅游、商贸等第三产业的发展。五是优先选择重点生态区位内林权属于集体或个体私营的商品林，由财政出资赎买，转为生态公益林，由当地林业主管部门组织当地林农进行管护，同时积极探寻当地群众的生活新出路。

其次，探索完善生态受益者直接补偿模式。一是从制度入手，进一步推广规范水库、水力发电厂、自来水厂、森林旅游部门等明确受益单位，以及石材、采矿、皮革行业等对环境造成较大破坏的企业，按照"污染者付费、受益者补偿"原则向生态建设项目者提供经济补偿。建立区域间生态补偿制度，推广和进一步规范完善三明市现有的下游区域补偿上游区域的制度。二是由国家或省级立法开征生态文明建设专项附加，力争在福建省先行先试，对经营性商住用项目使用林地指标，按照不同县（市）的森林覆盖率，确定不同的征收标准；设立税收收入附加，所有税种按1%计征。通过立法，规范各方面的权利和义务，有效解决局部利益与整体利益、眼前利益与长远利益、"私人"利益与公众利益的关系。此外，三明市还可以积极探索碳汇、生态公益林损失性补偿基金信托等市场化的公益林补偿手段，以及引导商业银行资金和社会资本投向生态环保领域和生态功能区项目建设，利用市场机制变现生态产品价值，增加林权所有人的收入。

五、建立激励机制，推动良性经营

三明市公益林生态补偿限于资金规模，基本上还是以补助为主，而且主要依据是公益林的面积，缺乏对于林分质量的关注。而在相对有限的生态补偿资金中，偏重于对于林权权益的补助，而管护支出的比例相对较低，在实际支出中也缺乏有效的监管。由于三明市当前政策设计中没有建立补偿效果和补偿资金的关联和激励机制，使得参与方缺乏森林保护与经营的意愿和动力，实际上影响了生态补偿资金特别是管护支出的使用效率，以及公益林的管护质量。

三明市下一步可以参考北京市和广东省等地的做法，以奖代补，在建立和加强生态公益林动态监测以及评估的基础上根据公益林质量的变化探索相应的激励制度。以北京为例，根据《北京市山区生态公益林生态效益促进发展资金管理暂行办法》，2011年北京市财政设立了森林健康经营管理资金，专门用于生态公益林的抚育，北京市规定山区生态公益林生态效益动态监测评估结果与健康经营资金挂钩，对项目实施单位未按规定履行生态公益林建设、保护和管理责任，造成生态公益林数量减少或质量下降、生态服务价值降低的，视情节轻重相应扣减下一年度健康经营资金。补偿金标准将根据山区生态公益林的资源总量、生态服务价值、碳汇量的增长情况和全市国民经济社会发展水平，每5年进行一次调整。广东省也于2013年全面实施公益林激励性补助政策，建立了差异化激励性补助机制，明确在补偿资金预算总额内，每年拿出一定资金，专门用于对生态区位重要、补偿资金落实到位、管护成效显著、整体质量高的公益林给予额外的奖励性补助。三明市可以结合实际情况，向上级政府申请相关制度的先行先试。

第十章　湖州以创新推动绿色低碳转型

习近平同志高度重视创新对于生态文明建设的重要性，在他担任浙江省委书记时就提出"科技创新是建设节约型社会的关键"。浙江省湖州市按照习近平同志的思路，坚持把创新驱动作为基本动力，使"技术升级—产业转型—制度设计"三者相互促进以推动绿色低碳转型。[1]

第一节　创新驱动绿色低碳技术升级

湖州出台了《湖州市全面实施创新驱动发展战略二十二条政策》及《关于进一步加强生态领域科技支撑能力建设的实施意见》，从2005年到2014年实施了绿色低碳相关科技项目292个，投入财政科技经费8000多万元，带动社会资本投入6亿元左右，创建了一整套以企业为主体、市场为导向、政府作支持、产学研相结合的绿色低碳技术创新体系。

一、加强绿色低碳科技创新平台建设

湖州深化与科研机构的交流合作，建立绿色低碳产学研创新平台。加强与浙江大学、中科院和省级科研院所合作，积极引进合作共建绿色低碳发展创新平台。与浙江大学合作共建了"湖州环境科技创新中心"；与中科院水生生物研究所合作共建了"南太湖水生态观测站"；与浙江工业大学合作共建了"膜分离与水处理协同创新中心湖州研究院"。同时，大力支持本地的科研单位主动参与绿色低碳发展，省淡水所牵头建立了"湖州渔业和水环境研究院"，湖州师范学院的"浙江省水生生物资源养护与开发技术研究重点实验室"被认定为省级重点实验室。湖州通过加快建立绿色低碳产业关键技术重点实验室、环保科技产业基地，培育和发展各类科技中介服务机构，为绿色低碳发展提供坚实的技术保障和平台支撑以及社会化、网络化、专业化的科技创新服务。

湖州支持企业建立研发中心，打造生态文明企业创新平台。支持科技企业建设省市级高新技术企业研发中心、省级农业企业研发中心、省级企业研究院等企业创新平台。引导企业加大科研投入，加快自身条件建设、人才培育、成果转化、知识产权创

---

[1] 本章内容节选修改自中央党校校级自筹课题"生态文明建设'湖州经验'研究"成果。

造运用等。鼓励企业依托研发中心积极发展生态农业，开发无公害、绿色、有机农产品；加快传统产业转型升级，加快节能技术改造，大力推行清洁生产，开发先进装备、新能源、生物医药、节能环保、新能源汽车、新材料等战略性新兴产品；积极提升生态休闲产业。加强科技企业孵化器和"三创"载体建设，积极推进南太湖科技创新中心二期、浙江大学（长兴）国家大学科技园、德清县科技新城、安吉县科技创业园、吴兴区科技城、南浔区科技创业园等重点项目，加快建立一批绿色低碳类的科技创新载体。

二、加大绿色低碳技术研发推广力度

湖州积极引进、消化、吸收和再创新国内外关键绿色低碳技术，着力突破生态恢复、污染治理、循环经济、低碳经济、能源替代等领域的技术瓶颈。大力发展先进制造技术，推广清洁生产技术，促进制造业绿色化、智能化。大力发展先进育种技术，推广节约资源、废弃物资源化利用等技术，提高农业可持续发展能力。大力发展生态环保技术，研发节能减排和循环利用关键技术，提升环境监测、保护、修复能力。支持生态适用新技术、新工艺的推广使用，促进科研成果向现实生产力转化。开展国际科技合作，在重大生态环境建设领域取得一批成果。

湖州实施了"生态科技 3310 行动计划"，即实施"科技治水、科技治霾、科技治土"三大生态科技行动，推广应用 30 项生态治理先进技术，建设 10 个生态科技示范工程。比如，在农村生活污水治理方面，以安吉县国家级科技惠民项目"农村生活污水处理综合集成技术示范工程"为试点，采用 7 种技术建设 30 个农村生活污水处理示范点，推动一批先进适用农村生活污水处理技术的推广普及，为全国农村环境整治提供经验与工程样板。德清县实施省级科技惠民项目"县域农村生活污水管网系统长效运维信息化建设"，建设信息化运维平台，建设"五位一体"的长效管理运维模式，为德清县农村生活污水管网系统提供高效的信息化管理服务。

三、加快培养和引进绿色低碳领域科技人才

湖州加强绿色低碳发展急需专业人才的引进，建设相关领域人才"小高地"。湖州造就了一批高水平的绿色低碳发展领军人才。坚持走开放合作的路子，充分发挥高校院所科技人才的作用。建立健全人才使用激励机制，调动和发挥专业人才的积极性、创造性，为绿色低碳发展提供强有力的智力支撑。

湖州大力借助"外脑"来弥补自身在绿色低碳发展科技人才领域的"短板"。从 2010 年开始，湖州每年召开湖州与中科院的政产学研合作大会，邀请中科院和其他院校专家来湖与企业面对面交流对接，组织开展以水处理设备、废水治理、废渣利用等

为主题的科技对接活动，征求企业和基层单位在生态文明建设中的技术难题和技术需求，组织部分企业与院校进行技术对接，促进各类先进适用技术推广应用。同时，组织"百名专家湖州行"等活动，以引进、聘请、顾问等形式，请环保装备、水处理、节能减排等各方面的专家教授为湖州生态文明建设出谋划策。

湖州也不忘培养本地生态文明"人才库"。湖州市人民政府、湖州师范学院与中科院正在合作组建生态文明研究院，打造生态文明研究基础平台，形成绿色低碳发展理论研究中心、制度创新中心、技术研究中心、交流合作中心和人才聚合中心。

第二节　创新驱动产业绿色低碳发展

从根本上缓解经济发展与资源环境之间的矛盾，必须构建科技含量高、资源消耗低、环境污染少的产业结构，加快推动生产方式绿色低碳化，大幅提高经济绿色低碳化程度，有效降低发展的资源环境代价。湖州正是沿着上述路径，以创新驱动产业绿色低碳发展：打造"生态+"产业，发展新型绿色低碳经济；调整优化产业结构，促进传统产业绿色低碳转型升级；发展循环经济，减少废弃物，实现资源绿色低碳化利用。

一、"生态+"产业发展

湖州是"生态+"的先行地。如何把生态资源转变为发展资本，生态优势转变为发展优势，湖州经历了十几年的摸索，现在走出了一条经济生态化、生态经济化的发展路子。尤其是湖州近年来以"生态+"理念提升产业发展，架起了"绿水青山"与"金山银山"之间的桥梁，有力地促进了经济发展和群众致富。

湖州已经建立起一套"生态+"的产业，包括生态+农业、生态+旅游、生态+金融、"生态+"与"互联网+"相融合产业。仅仅安吉县龙溪乡一个乡便是湖州"生态+"产业的缩影。湖州安吉县龙溪乡制定了规划，控制全乡1.8万亩茶园的总量，不再增加。一方面对生态进行修复，在茶园当中夹种树木，并用树木对景观进行点缀，让不同的树种给不同季节的茶园带来不同的颜色。另一方面，就是统防统治，靠着农药选择，降低农药使用，保证安吉白茶的品质，改变作业方式，降低人工成本。2003年4月，时任浙江省委书记习近平到安吉龙溪乡黄杜无公害白茶基地走访。当时习近平同志就给龙溪乡留下了一句话——"一片叶子成就了一个产业，富裕了一方百姓"。单单安吉白茶一项就贡献了当地农民人均年收入7000元。这是生态+农业的典型表现。该乡为了保证茶农的收入，尽可能减少清明前倒春寒给茶树带来的伤害，开始试点低温霜冻气象指数保险。只要当天气温低于0.5℃，不管有没有给茶树带来伤害，都会视为伤害事故已经发生，保险公司就会根据保险合同约定进行赔付。这是生态+金融的相互结合。2014年10月，与茶园深度结合的帐篷客酒店在龙溪乡开业，酒店的28个房间，每个都能看到茶园。这个酒店价格不菲，春节期间最贵近4000元、最便宜也要2000元的房间，很快被预订一空。据估算，一张床年税收大约10万元。这是生态+旅游的优秀代表。2015年8月，安吉白茶正式登录华东林权交易所大宗农林产品现货电子交易平台，标志着华东林权交易所安吉白茶上市的正式开启。挂牌上市半小时交易15万千克，每500克为459.6元，总交易额达14亿元。这是"生态+"与"互联网+"的深度融合。

二、传统产业转型升级

湖州打好"浙（湖）商回归""三改一拆""四换三名""四边三化"等"十招"组合拳，全力淘汰落后产能、推进转型升级。推动德清纺织、长兴蓄电池、安吉椅业、织里童装、南浔木地板等传统块状经济转型提升，印染、造纸、制革、化工四大行业整治提升工作全省领先，累计关停低小散企业1900多家，腾出110余万吨标准煤的用能空间。特别是对蓄电池行业实施两轮整治，蓄电池企业由225家减少到16家，而产值增长14倍、税收增长6倍，涌现了两家销售超500亿元的企业集团，长兴县被授予国家绿色动力能源高新技术产业基地。严格落实节能减排目标责任，加强能耗强度和总量双控管理，单位GDP能耗较"十一五"末下降18.2%，化学需氧量、二氧化硫排放削减提前完成"十二五"目标任务。

三、推动循环经济发展

自2007年以来，湖州共有34个重点项目列入中央投资支持的资源环境类项目计划，近30个项目列入省级循环经济专项资金支持计划，市本级每年还安排循环经济专项资金重点实施25~30个项目，通过规划引领、政策扶持和项目支撑，推动构建"企业小循环、园区中循环、区域大循环"的循环经济发展格局。在纺织、建材、机电等传统优势制造业领域和矿山开采、特色种养殖等行业，已经形成了各具特色的多元化循环经济模式，涌现出一批示范企业和示范点；长兴经济开发区以浙能长兴电厂为核心，通过在园区层面建链延链、系统耦合，实现了电厂粉煤灰资源化利用、电厂余热梯级化利用、园区污水循环化利用和污泥协同化利用；安吉县域实现了竹子从根到叶的全竹开发与综合利用，以全国1.8%的立竹量创造了全国22%的竹产值，南浔区通过"四个加强"回收和利用废旧木材，使区域原木综合利用率达到98.5%，长兴通过实施年回收处理30万吨废铅酸蓄电池生产线，实现区域蓄电池产业集群"生产—销售—回收—再生—再生产"的循环运作模式。在全社会共同努力下，南浔区木业基地成功创建国家资源综合利用"双百工程"示范基地,安吉竹产业科技创业园被评为首批省级工业循环经济示范园,德清县成为省级循环经济示范县,南浔和长兴开发区先后成为省级园区循环化改造试点,湖州市被评为浙江省发展循环经济先进市。

第三节 创新驱动生态文明制度设计

湖州正在创新驱动建立生态文明体制改革的基础性框架,构建产权清晰、多元参与、激励约束并重、系统完整的生态文明制度体系。建立归属清晰、权责明确、监管有效的自然资源资产产权制度;反映市场供求和资源稀缺程度,体现自然价值和代际补偿的生态补偿制度;更多运用经济杠杆进行环境治理和生态保护的资源要素市场体系。

一、建立自然资源产权制度

建立归属清晰、权责明确、监管有效的自然资源资产产权制度的第一步是摸清当地自然资源的"家底",即要编制湖州市自然资源资产负债表。2014年11月,湖州市政府与中国科学院地理科学与资源研究所签订了《编制湖州市自然资源资产负债表合作协议》,主要核算土地、矿产、森林、水、生物等自然资源资产的存量及其变动情况。自然资源的调查统计工作和自然资源资产负债表的编制工作都已于2015年4月完成。

二、健全生态补偿机制

湖州2006年就出台了《湖州市人民政府关于建立生态补偿机制的意见》,2009年设立市生态补偿专项资金,仅市本级财政累计安排生态建设专项资金就达5.18亿元,生态补偿专项资金达9280万元。各县区结合实际,按照"谁受益、谁补偿"以及多元筹资、定向补偿的原则,逐年加大生态补偿资金的投入力度。例如,2005年德清县在全省率先建立并实施生态补偿机制,累计安排2.38亿元对补偿范围内的生态修复、关闭企业、污染治理、环保基础设施建设项目及生态公益林、乡镇财政、行政村进行专项补助;安吉县2003年起设立生态县专项资金,先后直接以奖代补或间接项目形式累计达1.32亿元,从2012年起每年又安排2000万元生态文明示范建设专项资金,建立对乡镇的生态补偿机制。

在流域生态补偿方面,湖州实现了生态补偿"全覆盖",着力强化资金政策保障。通过内查外调,因地制宜地建立不同类型的水库水源地生态补偿机制,实现了供水水库全覆盖,解决了"谁来补、补给谁、补多少"的问题,化解了库区经济发展和生态保护的矛盾。一是"多渠道"筹集资金，解决"谁来补"的问题。湖州采取"受益区（受水区）承担一点、水资源费中提取一点、专项资金中安排一点、各级财政配套一点"4个"一点"的拼盘方式，每年筹集资金8000万元，专项用于水库水源地的生态补偿。比如，市本级每年从市级水资源费、生态保护专项资金、循环经济发展专项资金中整合2000万元用于老虎潭水库保护；长兴县从水资源费中提取10%，从排污费中提取15%等，落实1500万元用于合溪水库保护。二是"多元化"实施补偿，解决"补给谁"的问题。根据水源地经济现状和产业布局，科学设置补偿形式，将补偿资金灵活发放到镇、村、个人或具体项目，点、面结合强化政策引导。比如德清对河口水库，采用生物多样性保护补偿和生态项目补助相结合的方式；安吉县按照乡镇所辖集雨面积进行区域化补偿；市本级老虎潭水库采用镇村补偿与项目补偿相结合的方式。三是"全方位"考核评定，解决"补多少"的问题。每年对水源地各乡镇、村水质状况、封山育林情况、库区保洁情况、污染治理情况进行全方位考核，考核结果作为生态补偿资金下达的主要依据，充分发挥"奖优罚劣、以奖代补"导向作用，有效调动库区各级保护水源的积极性。比如，安吉县把乡镇交接断面水质状况作为核定资金奖励系数的重要标准。

三、推动资源要素市场化配置机制

湖州深化资源要素配置市场化改革，打造运用经济杠杆进行环境治理和生态保护的资源要素市场体系。

湖州利用差别电价、水价、排污权、土地使用税和亩均效益综合评价等优化资源要素配置方式，倒逼落后产能淘汰。如实行差别电价中，在国家8个高耗能行业基础上，扩大至砖瓦窑及印染、造纸、化工、制革5个行业实施差别电价。出台了《湖州市部分高耗能高污染行业实行差别电价认定标准》和《湖州市执行差别电价政策企业认定管理办法（暂行）》，对各县区落后产能企业进行梳理摸排，并最终确定执行差别电价政策企业名单。

湖州为实现矿产资源市场化配置，在全国最早开展采矿权有偿出让和公开出让。截至2006年，全市的采矿权已全部实行有偿出让，2006—2012年全市采矿权出让累计收入21.5亿元，累计收缴矿产资源补偿费2.3亿元。2011年11月，湖州成立市级矿业权交易中心（负责公开出让市、县登记发证的采矿权），从2011年11月1日起全市范围内的矿业权交易一律进入省、市两级交易平台，县区不再设立矿业权交易平台。采矿权的有偿出让和交易管理制度的完善，优化了矿业权市场环境，促进了矿产资源的有效保护和利用。

湖州不断深化林权改革。自20世纪80年代始，湖州先后开展了以林业"三定"

"大稳定、小调整""动钱不动山,分利不分林",稳定和完善山林承包责任制,延长山林承包期和换发林权证工作等为主题的改革工作。自2008年以来,又对主体改革不断完善,先后开展"均股均利"的试点、林权信息化工作;以县区为单位,建立了集林权管理、林权交易、资产评估为一体的森林资源交易平台。

湖州建立排污权有偿使用和交易制度。湖州是浙江省排污权有偿使用和交易试点地级市,2008年市政府颁布了《湖州市主要污染物排污权有偿使用和交易暂行办法》;随后又相继出台了《湖州市主要污染物排污权交易实施细则(试行)》和《湖州市本级排污权有偿使用和交易资金管理暂行办法》,按照"以新带老,新老有别"的原则,在省规定的化学需氧量和二氧化硫两项指标实施有偿使用的基础上,根据本地实际又增加了氨氮和总磷指标。截至2014年,全市已有1021家企业实施排污权有偿使用和交易,涉及资金1.86亿元。

湖州探索性开展了林业碳汇交易制度建设,初步拟定碳汇交易办法。在2012年联合国气候变化多哈大会上安吉县与国际竹藤组织、中国绿色碳汇基金会、浙江农林大学共同签署了"竹林碳汇试验示范区建设"的框架协议,进行竹产品储碳计量和交易研究。2012年和2013年,研究单位通过国家林业局先后公布了两份进行林业碳汇交易的方法学——《竹林项目碳汇计量与监测方法学》《竹子造林碳汇项目方法学》。

湖州在全国首创试点水权交易,与中国水利水电科学研究院合作,在天子湖开设水银行,探索水权交易。

专栏

湖州打造"绿色矿山"

说到开采中的矿山,很多人首先想到的是川流不息的大型车队、漫天的尘土、巨大的噪声、污水横流的工地现场。然而,来到浙江省湖州市的一家矿业公司,却发现整座矿山掩映在郁郁葱葱的绿树中,有瀑布、有喷泉、有凉亭,说这里是公园,一点也不为过。近年来,湖州市的绿色矿山建设一直走在全国前列,并享有很高的盛誉。湖州将绿色矿山作为开采的前提条件,让"绿色低碳生产"贯穿矿山开采过程,其治理矿山的模式已经成为我国绿色低碳的新样板。

直面挑战,应对矿业困境

湖州市位于浙江北部,处在由上海、杭州、南京构成的"长三角"经济带的中间位置,有明显的地理区位和交通优势,市域面积5818平方千米,总人口261万。湖州是矿业大市,全市已知矿产61种,主要出产建材类矿产资源,素有"华东建材基地"之称。湖州的矿山开采历史悠久,最早可以追溯到新中国成立前。全市矿山历史上最高峰 2002 年达到 612 家，建筑石料年开采量最多的 2012 年达到 2 亿余吨，其中港航出港量为 1.64 亿吨，是全省总量的三分之一。矿山遍布全市各个县区，涉及 38 个乡镇，其中有 10 个乡镇是矿山大镇，每个乡镇有矿山 20 家以上。

湖州矿业的迅猛发展，得益于资源禀赋、地理位置等因素的推动。湖州矿产资源丰富，有山有资源，加之靠近上海和苏南诸城市，工业化和城市化对建筑石料需求旺盛，交通半径小，矿产可经水路直接运到上海和苏南诸城市。再则，矿产开发是一种技术门槛相对较低的产业，"炮声一响，黄金万两"，这使得不少企业主甚至当地村民都纷纷加入矿产开发的大军中。

矿业的发展，给湖州带来了实实在在的好处：解决了大量的村民就业问题；矿山周边的基础设施建设得以改善；矿山开发后增加了整平的土地资源，扩充了政府的土地资源储备。然而，由于矿业管理处于较低水平，多数采取的是粗放式的发展方式，湖州的矿山开采与整治面临着严峻的挑战。干部群众反响强烈，每年"两会"关于矿山的提案议案居高不下，群众关于矿山开采的举报、来信来访数量居高不下。

第一，环境污染严重。矿山违法排污现象普遍存在，矿区扬尘满天、矿渣满地、垃圾满山、生活污水横流，人"穿着雨鞋进不去"，"晴天一身灰，雨天一身泥"，汽车过境湖州的高速公路变成肮脏的"皮蛋"。非法加工机组和码头遍地开花，偷挖盗挖行为屡禁不止，执法监管无力，洗石废水直排河道。据不完全统计，湖州的 52 家湿法加工企业，每年向河道排放废水 1.07 亿吨，排放淤泥 1200 万吨。曾经有水利部领导看到当时被污染的河流后感叹，原来"黄河"在湖州！

第二，安全事故多发。由于湖州矿山"小、散、乱"的特点带来了矿山安全生产死亡事故多。湖州矿山开采死亡人数最多的年份是 2002 年，死亡 72 人。甚至有戏言："上海一幢楼压着一个湖州人"。

第三，稳定问题突出。在经济利益的驱动下，千家万户都参与到矿山的无序开采中，户户成为股东。有的是一个队、有的是一个村，最典型的是一个年开采规模 15 万吨的矿山，周边村民集资款达到 1.45 亿元。这给矿山整治工作带来了巨大的维稳压力。2013—2014 年，矿山企业综合治理办公室白天挤满了上访的群众，晚上才能正常工作，甚至有矿主扬言用 30 万买矿山企业综合治理办公室主任的命。

矿业为湖州经济社会发展做出了较大贡献，矿业发展出现的问题也促使湖州必须要规范矿产资源开发利用秩序，探索具有湖州特色的矿产开发与环境保护协调发展的新路子。湖州矿山整治工作从2003年开始，所确定的目标就是要确保实现矿山"减点减量、治污达标、综合提升"，努力实现"理念更新、管理科学、和谐开矿、综合利用、循环经济、生态文明"治理目标，真正走出一条"环保建矿、生态强矿、管理兴矿"新型的"美丽矿山"之路。

减点减量，提升经济产值

矿业发展最主要的矛盾是开采量和环境容量之间的矛盾。因此，湖州开始从严治矿，调整规划，全力关闭不达标矿山，控制开采总量，提升产品质量，以实现减点减量不减收的目标。

超量开采是矿山领域一颗"毒瘤"，湖州认为，治理矿山，最核心、最有效的是要把总量压下来。针对比较普遍的超量开采、批小开大、批少开多现象，湖州采取矿山双控、年度限控、项目严控、区域总控和停电、停炸药的"四控双停"措施，采用开采量实测、出港量统计、用电量核定相结合的方法，核实实际开采量。采矿权出让时间到期或开采总量到量的矿山企业，一律停产关闭；当年开采量达到核定规模量的矿山企业，年度内一律停产休整；凡区域内开采总量达到年核定规模总量的，区域内所有矿山企业年内一律停产休整。

在减点控量的基础上，2013年6月出台的《湖州市市级绿色矿山管理办法》给湖州矿山综合治理树立了更明确的方向：凡是在产的矿山，都必须达到市级绿色矿山创建标准；凡是治污不达标的矿山，一律停产整治。

"这回动真格了。"这是近年来湖州市铁腕治矿以来，给许多矿老板的真实感受。经过严格的控制，近3年来，湖州矿山点量明显下降：依法关闭矿山75家，其中建筑石矿山63家，削减规模量3907万吨，开采总量从2012年的2亿余吨下降到2014年的4505万吨。

按照湖州矿产资源总体规划和"十二五"期末采矿权出让计划，湖州确定到2015年底，全市采矿权数量控制在54个以内，生产规模控制在每年6798万吨以内，其中建筑石料采矿权数量控制在32个以内，生产规模控制在每年4733万吨以内。同时，在国省道公路、铁路、航道两侧1000米可视范围内，原则上不再新颁发露天开采的采矿权证。

从2003年到2014年的十多年间，湖州矿山企业的数量逐年递减，但年均开采量、产值却在增加。据湖州统计数据，湖州矿山企业数量从612家减少到76家，年均开采量从13.1万吨上升到86.9万吨，2014年的产值达到24亿元，是2003年的1.5倍。这些数字足以说明对矿业的铁腕治理使矿山企业的布局优化取得了明显效果。

加强治理，建设绿色矿山

湖州市矿山整治的目标除了要减点控量外，在产矿山还要全部实现环保化开采、清洁化加工、无尘化运输、生态化闭坑，助河道变清、天空变蓝、山体变绿。在减点减量的基础上，湖州巩固矿产资源开采秩序整规成果，对破坏环境、污染严重、影响景观布局不合理的矿山进行关停和"小、散、乱"矿山集中的重点矿区进行整合，加大对矿山的生态环境整治力度，重视矿山生产过程中的环境保护与治理，积极引导矿山企业开展绿色矿山建设。

第一，出台政策。湖州相继制定下发了《关于创建绿色矿山的实施意见》等推进绿色矿山建设意见的规范性文件，明确了创建绿色矿山的指导思想、总体目标、创建标准和工作措施，为绿色矿山创建提供了政策依据。依据《湖州市绿色矿山创建管理办法》，全市所有在产矿山企业，都要在船舶"三废"规范处置、矿山粉尘防治、生产废水处理和淤泥处置等方面进行巩固提升。对重新出让的矿山企业，必须做到道路硬化、机组封闭、码头规范、清洁生产、环境保护、制度建设六个一步到位。

第二，生产过程环保化。在矿山的边坡及裸露地区，湖州要求企业边开采边复绿，生产厂区采用全封闭设计，以有效抑制扬尘污染。大型矿车运输往往伴随着漫天的扬尘，对此，一些企业投资建设了石料输送带，经过生产加工后的石料，通过这条输送带直接运到码头装船，不产生一点扬尘。

第三，开展"三废"专项整治。针对矿业生产过程中产生的废渣、淤泥、尾矿造成的二次污染问题，湖州通过与专业攻坚力量合作研发，使固体废弃物变废为宝。生产污水治理也通过多级沉淀、药物絮凝等技术达到循环利用。一些企业按照要求建起了标准化的码头，并且建了污水处理池。冲洗石子的水经过泥沙分离、絮凝沉淀，90%以上的污水可循环利用，分离出的淤泥则可甩干压制成泥饼制砖、制水泥，实现资源再利用，矿区的废水实现了零排放。此外，湖州的涉矿船舶"三废"专项整治开辟了全国先例，把运输过程中船舶上产生的生活污水和垃圾以及废机油，在船舶靠岸后全部抽取上岸。全市在产矿山全部建设涉矿船舶"三废"回收站，总投入资金4588万元。

第四，完善矿山自然生态环境治理备用金制度。湖州市出台了加强矿山自然生态环境建设的规范性文件，提高备用金缴纳标准，备用金标准体现了矿山生态环境治理经费的要求，提高到终了边坡面积每平方米50元，已征收1.6亿元。

第五，建立激励机制。只有建立健全激励机制，充分调动矿山业主的积极性，才能激发活力，产生动力，确保绿色矿山创建工作的顺利推进。湖州先后出台《湖州市鼓励绿色矿山创建实施办法》《湖州市市级绿色矿山管理办法》，明确奖惩政策，对绿色矿山企业给予资金补助。对列入试点的绿色矿山企业，在获得绿色矿山资格后的3年内可享受适当增加规模、简化有关手续、提前返还备用金、实施规费补助等优惠政策。绿色矿山企业在矿区矿产资源储量和生态环境承载能力允许的情况下，开采规模可适当增加；绿色矿山企业在原矿区重新受让采矿权时，在开采规模增加量不超出原开采规模30%情况下，可不再重新编制矿产资源开发利用方案、水土保持方案和环境影响评价报告；绿色矿山上交的矿山自然生态环境治理备用金，可分年度按治理进度提前返还；行政主管部门收取的各类规费，可按一定比例返还。

在建设绿色矿山的过程中，也出现了一些不同声音。在国内经济下行、矿业进入深度调整期、矿产品价格降幅大等背景下，有人开始顾虑建设绿色矿山的必要性和可持续性。

针对这些不同声音，湖州市认为，绿色矿山是矿业转型升级的必然选择。首先，绿色矿山建设可以实现开采科学化、经营规范化、矿山环境生态化，提高资源的利用效率，企业因为建设绿色矿山，提升了资源利用水平，提高了经营管理水平。在绿色矿山建设过程中，很多矿山企业的一大部分利润均来自资源综合利用的收益。其次，从短期看，绿色矿山建设增加了企业的投入和成本，但从长期看，通过资源的整合利用、科技创新，提升了企业的市场竞争能力，这是一个很好的发展方向。凡在科技创新、矿山环境治理投入较多的企业，提升了竞争力，都经受住了矿业下行的压力。绿色矿山是矿山企业资源利用、综合管理等方面的重要品牌，同时又是企业融资上市，走向海外的一个"绿色标签"，所以对企业而言，其本身就是另一种非常重要的无形资产。

这种认识最终也得到了一些矿山企业的认可。一名矿山企业负责人说："公司建设期间就对环保设施与主体工程同时施工，仅1.3公里的石料输送带，就耗资2300万元。如果不投入这些环保设施，投入5000万元就可以满足生产条件了，但现在我们足足投入了1.7亿元，也就是说，为了环保设施以及相关的配套设备，我们多花了1.2亿元。一开始我们也有点想不通，但是后来想明白了，从现实来讲，这也是政府的强制性要求，环保不达标就不允许开工生产。矿山环境的改善关系到附近村民的生活环境和企业的长远发展。"

"在以前，部分矿山开采者只知道开采，不懂得修复，青山已经被'啃'得剩下了一道白色'石墙'，被破坏的山体触目惊心。"不少市民担心道。通过矿山生态环境建设与治理后的矿山环境就不一样了，增加了植被覆盖面积，新增林木，矿渣堆植被覆盖率也提高了，生态环境得以恢复，部分矿山能让人眼前一亮。如今，走在S306省道长兴至吴山路段，两边的树木由"白"到"绿"，运输车都得到遮盖清洗，道路运输再无扬尘，粉尘和噪声污染减少，路旁居住的村民想开窗就能开窗，还可以上山散步游玩。

截至2015年11月，湖州已有22家市级以上绿色矿山，其中国家级绿色矿山8家，占全省总数的38%。湖州矿山企业中流传这么一句话："对于国土资源部，绿色矿山是一项评选活动，但对于湖州矿山企业，绿色矿山是一个必须达到的标准。"

综合利用，修复废弃矿山

废弃矿山不治理容易引发扬尘、山体滑坡、泥石流、水土流失等地质灾害，治理好了就可以变身建设用地、耕地、景观绿地等。为了不让关闭废弃的矿基地留下难看的"疤痕"，如何合理利用其土地资源，是一个重大课题。宜耕则耕、宜林则林、宜工则工、宜景则景，有的废弃矿山被改建成郊区公园，有的进行复垦成为农整地，在如今的湖州，不同"身份"下的废弃矿山正在不断发挥自身热量，放大了生态与经济的双重效益。

湖州目前基本形成了四种废弃矿山治理模式。

一是土地开发型，主要采取"边坡生态复绿、宕底土地平整"的方法。如仁皇山废弃矿地复垦成建设用地122亩；又如湖州开发区敢山煤矿废弃矿井治理工程、南太湖生物医药园区治理工程竣工后，分别获得1100亩、800亩可利用土地。这种治理模式比较适合城市周边的废弃矿山。

二是景观再造型，主要采取"同步设计、造绿添景、互为结合"的方法，如湖州潜山石矿，通过治理成为市民休闲观光的生态公园或矿业旅游景点。

三是生态复绿型，主要采取"边坡适当处理、单纯边坡绿化"的方法。一般交通要道两侧的废弃矿山主要采用这种治理方式。

四是土地整理型，直接对矿山整体平整复垦。曾是浙江省最大露天矿区的德清砂村矿基地占地7000多亩，现在人去矿车散，土地平整已进入尾声。这里将变成德清最大的工业平台，一期建设就有3500亩的土地资源。这种治理方式既可以改善生产环境，又能够新增建设生产用地。

2015年来，湖州市共完成废弃矿山治理21座，完成治理面积4030.5亩，其中复绿857亩，复垦630亩，腾出建设用地2543.5亩。

建章立制，保障矿山整治

要完成矿山整治和矿山生态环境建设任务，必须要有良好的机制、完善的制度作为保障。湖州坚持用"铁的纪律、铁的决心、铁的措施、铁的手段"这

"四铁精神"，综合运用经济的、行政的、法律的、政治的手段治理矿山，并配套了一系列保障制度。

创建治矿领导小组和专职机构

2003年7月，湖州市委市政府从建设"生态市"的战略高度，做出了以"四铁精神"开展矿山整治的重大决策，建立了以常务副市长为组长，分管国土资源、环境保护的副市长为副组长，各县区和市国土、环保、安监、公安、水利、林业、工商、交通、监察、经委、贸粮、电力等部门分管领导组成的矿山整治领导小组。领导小组下设办公室，从相关部门抽调一批常驻人员，负责对全市矿山整治工作的综合、协调和督查。各县区也建立了相应的组织机构。

2012年，湖州成立专门的矿山企业综合治理办公室，推动矿山治理工作。在矿山企业综合治理办公室的综合协调下，国土、环保、安监、水利、林业等部门定期召开绿色矿山建设工作协调会，研究分析绿色矿山建设推进中的新情况，及时解决存在的重点难点问题。

建立责任考核机制

湖州建立了市、县（区）、乡镇政府对本行政区域内矿山自然生态环境建设总负责的责任制，市政府每年召开一次全市矿山整治工作会议，下发一个指导性文件，并与各县区签订矿山整治目标责任书，将矿山生态环境建设和创建绿色矿山作为主要内容，列入各级政府年度工作考核和"生态市"建设考核的范围。按照"谁破坏、谁治理"的原则明确责任主体，落实具体责任：（1）因工程建设需要而关停的矿山由工程建设单位负责治理；（2）业主已灭失的、政府计划关停的或因公益性工程建设而关停的废弃矿山由县（区）政府落实治理主体，有关部门共同配合做好治理工作；（3）生产矿山生态环境保护由企业主负责，市、县国土资源部门与生产矿山签订生态环境治理责任书，足额缴纳备用金，边开采边治理。

打造技术创新机制

湖州与科研单位、大专院校开展矿山生态环境综合治理新方法的试验和研究，研究探索生态树种的选择、客土基质的配制、岩面人工快速绿化、生态治理的规范和标准等，提高生态治理工作的科技水平，克服了治理"一年青、二年黄、三年见阎王"的情况发生。为解决矿山淤泥的出路问题，由矿山企业综合治理办公室牵头，协调市老科技工作者协会，研究了矿山淤泥制砖、制陶和生产水泥项目。目前，该研究项目已登记为浙江省科学技术成果，填补了国内的技术空白，实现了矿山资源的变废为宝，使矿产资源能够得到最大化利用。

加强宣传培训机制

湖州通过加强宣传培训机制，不断提升矿山企业依法办矿理念，强化普通群众对矿产资源保护意识。湖州采用电视电台、互联网及报纸等多种途径，结合日常巡查、"地球日""土地日"等多种方式强化宣传工作，向社会、矿山企业宣传矿产资源开发相关法律法规及政策文件。针对矿政管理工作人员调整更新情况，不断加强培训工作，定期不定期开展培训活动。湖州还举办了全市矿长培训班。联合中国矿业大学举办了三期矿长培训班，共291名董事长、矿长参加，提升了他们的素质，改变了"土豪"的不良形象。

总结经验，湖州治矿启示

湖州市下大力度进行矿山治理的初衷，就是为湖州的经济社会发展创造良好的生态环境、投资环境和发展环境。把生态优势转化成为发展的优势、经济的优势，是湖州必然的选择。作为全国首个地市级生态文明先行示范区，湖州的治矿经验为我国绿色低碳发展做出了一个优秀案例。

从治理过程上看，湖州治矿经验可以概括为践行习近平总书记"绿水青山就是金山银山"两山理论的"三部曲"。首先，"保住绿水青山"，政府铁腕整治，关闭非法的、环境污染的、资源消耗过量的企业，修复生态环境。其次，"转变绿水青山为金山银山"，整合相关企业，实现企业规模化经营，提升经济效益。最后，"累积绿水青山与金山银山"，通过政府与市场相协调，来实现生态效益与经济效益共同增长。一方面，政府通过更有效的经济激励手段，比如调整相关税收、提高资源出让费、提高复绿备用金、建立矿权交易机制等，推动企业进一步向绿色发展转型升级，还可以激活民间资金，让矿山企业主参与矿山治理，以解决政府资金的不足。另一方面，企业通过提升管理、产品质量及品牌，向高端延伸产业链，提高附加值。在提升经济效益后，企业投入更多资金用于绿色发展创新。比如有的企业生产赛车、高铁、机场跑道等高技术含量、高附加值产品；有的企业看准国家推广装配式建筑的政策导向，投资预制混凝土装配式构件项目，把传统的卖高污染、低利润的碎石转变为环保、高利润的绿色产品，实现了石材从开采、加工、运输、施工、回收整个产品生命周期的绿色升级。

从治理结果上看，湖州治矿经验不仅在当地见效，还传播到了全国各地。而更有特色的是，这种传播不是行政命令，而是市场的力量使然。截至2015年底，湖州有12家矿山企业"走出去"到安徽、河北、江西等外省市投资。由于湖州矿山企业已经习惯于在严格的绿色矿山标准下生产经营，为了避免当地企业的无序竞争，这些企业按照湖州标准"倒逼"当地政府提升标准，还促使外地政府来湖州学习相关经验。这些企业通过对外地投资的方式把湖州绿色低碳发展经验带出去，通过市场的力量推广了湖州经验。因此，建议中央可以根据湖州经验提高相关标准、制定相关政策，把湖州治矿的基层探索转变为我国绿色低碳发展的顶层设计。

（来源：马丽、郭兆晖为中央党校校级自筹课题"生态文明建设'湖州经验'研究"撰写的《湖州矿山整治案例》）

专栏

"蓝色硅谷"低碳创新融入海洋生态文明

蓝色硅谷核心区位于崂山北麓、黄海之滨、鳌山湾畔，依山傍海，风景优美，拥有鹤山、东京山等山体资源，森林覆盖率56%；拥有鳌山湾、小岛湾等多处海湾，海水水质良好，生态环境优良。依托现有的自然资源，把河道景观建设作为提升生态环境的重要抓手，实施水土保持和河道治理工程，促进河口生态环境修复，有效保护海洋环境和海洋生物多样性。全面启动核心区内南泊河、温泉河两大河道的景观整治工程，在确保河道防洪排涝安全的前提下，按照体现"生态低碳、海洋科技、海洋文化"的特色，将其打造成为一条具有生态自然、休闲、旅游等多功能的滨水生态绿廊，打造成为集"生态休闲、康体养生、产业开发、旅游观光"等功能于一体的城市滨水景观休闲综合体。合理利用岸线资源，统一规划岸线使用标准和要求，对海岸线及沿岸一定纵深范围的区域实行严格的分级保护，先期在山东大学青岛校区东侧海岸线规划建设长2千米的滨海公园，同时对蓝色硅谷核心区启动区最南端的小岛湾及其周边进行综合整治，有效改善核心区生态环境，满足国家深海科技发展和核心区开发建设需求，营造良好的科研教育环境。推进滨海公路生态廊道建设，对滨海公路两侧实施高标准绿化，形成"花草相间、多树种结合、景观新颖、视觉效果优美"的生态景观长廊，对交通路网进行绿化升级，形成各具特色的生态路网体系；建设滨水公园、城市绿地和防护林等生态景观廊道，构建绿色生态屏障。河海新能源项目利用蓝色硅谷的海水资源、污水和太阳能等新型能源，采用水源热泵、太阳能等技术和合同能源管理模式，建设中央空调能源站，此项目建成后可为周边5平方千米范围内的建筑提供热、冷服务，供能面积达500万平方米，年可减排二氧化碳22万吨，减排二氧化硫698吨，节约标准煤9万吨，成为发展蓝色经济、低碳经济、新能源利用和节能减排的示范性项目。

蓝色硅谷还推动建筑的低碳化。低碳建筑是指在建筑材料、设备制造、施工建筑和建筑物使用的整个生命周期内，减少石化能源的使用，提高能效，降低二氧化碳排放量。研究表明，全球建筑行业及相关领域造成了70%的温室效应，从建筑的施工到建筑的使用，整个过程都是温室气体的主要排放源。另外，建筑中采暖、空调、通风和照明等方面的能源都参与其中，碳排放量很大。目前，低碳建筑已经成为国际建筑行业的主流趋势。蓝色硅谷在开发建设过程中，始终坚持把绿色、低碳、环保作为一个基本的原则，对入住蓝色硅谷的项目设立高门槛，要求按照绿色环保节能的理念进行建设。

　　（来源：节选自郭兆晖等. 打造中国蓝色硅谷　引领海洋文明发展 [N]. 学习时报，2014-11-24.）